KB273264

TOEIC® TEST 영단어 SPEED MASTER

나리시게 히사시 지음
Hisashi Narishige

(주)교학사

머리말

영단어 학습은 예금과 같은 것입니다. 나날의 영어 학습 속에서 꾸준히 늘리는 것이 기본입니다. 끊임없는 노력 – 이것이야말로 영단어 학습의 왕도라고 할 수 있습니다.

그러나 특히 일에 바쁜 비즈니스맨인 여러분에 대해서는 영어 학습에 할애할 시간은 한정이 되어 있는 것이 실정이겠지요.

이 책은 그와 같은 TOEIC 수험생을 위해 되도록이면 효율적인 단어 학습을 할 수 있도록 짜여진 한 권이라고 할 수 있습니다.

효율 학습의 포인트는 우선 외어야 할 단어의 수를 압축하는 일입니다. 이 책에서는 중학·고교의 "학교 어휘"와 "TOEIC 어휘"의 차이에 주목하여 학교 어휘에 추가하는 식으로 영단어를 보강할 수 있도록 하였습니다. 비즈니스와 생활에 연관된 단어·표현 등, 중학·고교에서 배우지 않은 중요한 어휘가 많이 실려 있습니다. 한편, 중학·고교의 기본 어휘 중에서 약간 고난도인 것과 중요한 용법이 있는 것은 되도록 많이 수록했습니다.

효율 학습의 또 하나의 포인트는 "네트워크 학습"입니다. 빈출 동사 · 형용사 · 명사 등은 한 단어씩 기억하는 것이 아니라 중요한 유의어와 파생어도 함께 외울 수 있도록 하였습니다. 비즈니스 어휘와 생활 어휘에 대해서는 카테고리별로 한꺼번에 외울 수 있도록 구성했습니다. 표제어 수(예문에 집어넣은 단어)는 약 1100개이지만 이 방법으로 약 3000개를 마스터할 수 있도록 하였습니다.

TOEIC은 Listening Comprehension이 총점의 절반을 차지하기 때문에 귀로 듣는 학습도 빠지면 안 됩니다. 이 책의 예문은 실제 TOEIC 문제의 수준에 가까운 것들로 구성되어 있습니다. 오피스 회화와 일상 회화, 비즈니스 문서에서 잘 부딪치는 경우인 것이 대부분입니다. CD(2장)를 잘 학습하면 빈출 단어가 자기 것이 될 뿐만 아니라 TOEIC을 대비하기 위한 종합적인 실력 향상을 기대할 수 있다고 생각합니다.

이 책을 이용하여 여러분의 실력이 향상된다면 더할 나위없는 기쁨이라 하겠습니다.

나리시게 히사시

Contents

영단어 스피드 마스터
7가지 전략

TOEIC 어휘를 학습하려면 먼저 기본적인 전략을 세워 놓는 것이 중요합니다. 물론 기억력에 자신이 있어서 술술 기억할 수 있는 사람에게는 그런 전략이 필요 없을지도 모르겠습니다. 그러나 대부분의 비즈니스맨이나 대학생도 단어의 기억에는 많은 고생을 하리라 봅니다. 여기서는 영단어 마스터의 노하우를 7개의 전략으로 소개합니다.

전략 1   TOEIC에 초점을 맞춘다

그러면, 그 전략이란 어떤 것인가를 말할 것 같으면 먼저 "필요한 것(잘 출제되는 것)부터 외우는" 일입니다.

필요한 것이란 TOEIC에 특징적인 어휘라는 뜻입니다. 그렇게 말할 수 있는 것도 TOEIC을 어휘의 측면에서 보면 중학 · 고교 · 대학 수험까지의 어휘(이하 학교 어휘라 함)와 서로 다른 큰 특징이 있기 때문입니다. 표 1을 참조하세요.

같은 영어이므로 학교 어휘와 TOEIC 어휘에는 겹치는 부분이 있습니다. 그러나 학교 어휘는 교양적인 어휘가 중요시되기 때문에 기본적인 비즈니스 어휘와 경제 어휘, 또한 일상생활에서 쓰이는 어휘가 결여되어 있다는 특성을 지니고 있습니다.

예를 들면 legend(전설), abolish(폐지하다), censure(비난 ; 비난하다)라는 단어는 대학 입시에서는 잘 출제됩니다. 그런데 passbook(예금통장), quotation(견적서), bottom line(최종 손익) 등의 비즈니스 단어, toddler(유아 ; 아장아장 걷는 아기), skid([차가] 미끄러지다), curb(갓돌 ; 도로의 가장자리) 등의 일상용어는 먼저 고교의 교과서와 입시 문제에는 나오지 않는다 해도 과언이 아닐 것입니다.

그러나 TOEIC을 공략하려면 이런 단어와 표현을 잘 익혀야 되기 때문입니다. 이것을 달리 말하자면 고교까지의 어휘를 어느 정도 잘 해 놓으면 표 1에서 겹치지 않은 부분의 TOEIC 어휘를 마스터하면 되는 것입니다.

이 책에서는 이 점을 중요시하여 단어를 수집해 보았습니다. 더군다나 고교 시절에 학습한 단어라도 TOEIC에 자주 출제되는 것도 있습니다. 그와 같은 중요한 단어는 이 책에서도 가능한 모두 포함하고 있습니다.

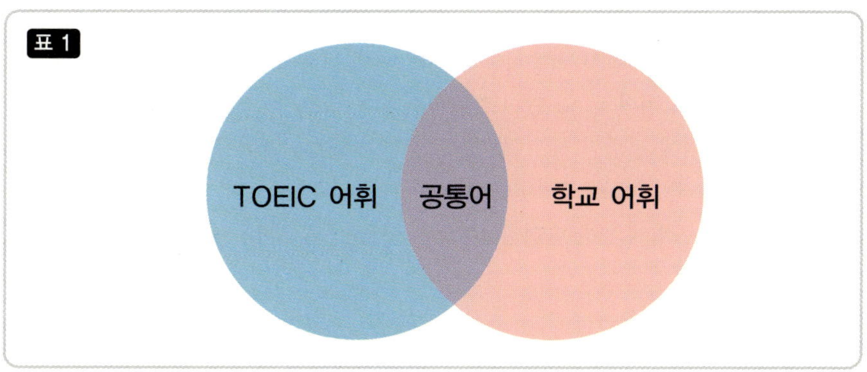

전략 2 유의어 · 관련어와 함께 정리하여 외운다

"효율적으로 외우는" 일도 중요한 포인트가 됩니다. 이것에는 단어를 1개씩 외우는 것이 아니라 어떤 것과의 관련성을 축으로 하여 여러 개의 단어를 함께 외우는 방법이 효과가 있습니다.

이 책에서는 어느 장르에도 공통적으로 등장하는 "동사" "형용사 · 부사" "명사"에 대해서 유의어 · 반의어 · 파생어를 동시에 외울 수 있는 형식으로 하였습니다.

예를 들면 increase(증가하다 · 시키다)라는 동사를 기억할 때는 boost, expand, multiply와 같은 유의어, decrease(감소하다 · 시키다)라는 반의어도 함께 기억해 놓으면 각각을 한 단어씩 외우는 것보다도 효율적일 뿐만 아니라 두뇌 정리도 잘 되므로 정착도가 높아집니다.

또한 이 방법의 이차적인 이점은 TOEIC의 Part 4와 Part 7 등에서 많이 이용되는, 다른 말로 바꾸기(주석)에 대응하는 기초가 튼튼해진다는 것입니다. 이들 Part에서는 문제문의 표현이 그대로 설문과 선다형에 사용되지 않으며 대부분의 경우 다른 말로 바뀌어 있습니다. 또한 그 때는 유의어와 파생어가 자주 사용됩니다.

비즈니스와 생활 어휘에 대해서는 장르별로 한꺼번에 외울 수 있게 하는 형식이 가장 좋습니다.

예를 들면 이 책에서는 비즈니스 어휘가 "회사" "임원" "재무" "판매" 등 32장르로 분류되어 있어서 각각의 장르에서 평균 30 단어가 넘는 어휘를 학습할 수 있습니다. 또한 외우기 쉽도록 각 장르를 다시 세분화하였습니다. "재무" 안에서는 "재무 계획" "수익" "경비" "투자 · 차입"으로 나누어 단어 · 어구를 소개했습니다.

정리하면 기본 단어(동사/형용사 · 부사/명사)에 대해서는 표제어 500 단어에 유의어(+파생어)를 보강하여 1500 단어로 늘렸습니다. 장르별 어휘(비즈니스/생활)에서는 표제어 430 단어에 관련어 네트워크를 보강하여 1800 단어로 늘렸습니다. 이 책은 이와 같은 "효율 하습"으로 구성했습니다.

또한 이 책은 이밖에 빈출 숙어를 200 단어(예문으로 제시) 수록하였습니다.

전략 3 "보고 알 수 있다"가 기본

어떻게 외우는가도 어휘 학습의 중요한 포인트입니다.

어휘 학습에는 단계가 있습니다. 먼저 "보고 알 수 있다"가 기본입니다. 다음에 "들어서 알 수 있다", 그리고 "어법과 뉘앙스를 알 수 있다", 그밖에 "활용할 수 있게 되다"의 순으로 단계를 높여 나갑니다. (표 3)

TOEIC만을 준비하는 것이라면 최종 단계인 "활용할 수 있게 하다"에 관한 문제는 풀지 않아도 됩니다. Part 7에서는 "보고 알 수 있다", Listening Comprehension에서는 "들어서 알 수 있다", Part 5와 Part 6에서는 "어법 · 뉘앙스를 알 수 있다"를 체크하게 됩니다.

먼저 "보고 알 수 있다" 단어를 늘리기로 합시다. "보고 알 수 있다" 단어가 어휘 수를 가장 요구되어 (Listening Comprehension에서는 Part 7만큼 고난도의 어휘는 나오지 않습니다), 다음에 "들어서 알 수 있다", 더 나아가서 "어법·뉘앙스를 알 수 있다"로 학습을 진행하는 것이 좋겠지요.

"들어서 알 수 있다"에 대해서는 부속 CD(2장)가 도움이 됩니다. CD에는 이 책에 수록되어 있는 700 문장의 예문, 50% 인용문의 예문이 모두 수록되어 있습니다. 모든 예문이 TOEIC의 내용과 수준을 생각하여 작성된 것입니다. 또한 표제어로서 나온 단어(1130단어) 이외에도 유의어와 비즈니스·생활의 중요 단어가 무수히 들어 있습니다.

CD를 학습만 해도 1130 단어와 상당수의 중요 단어를 익힐 수 있습니다.

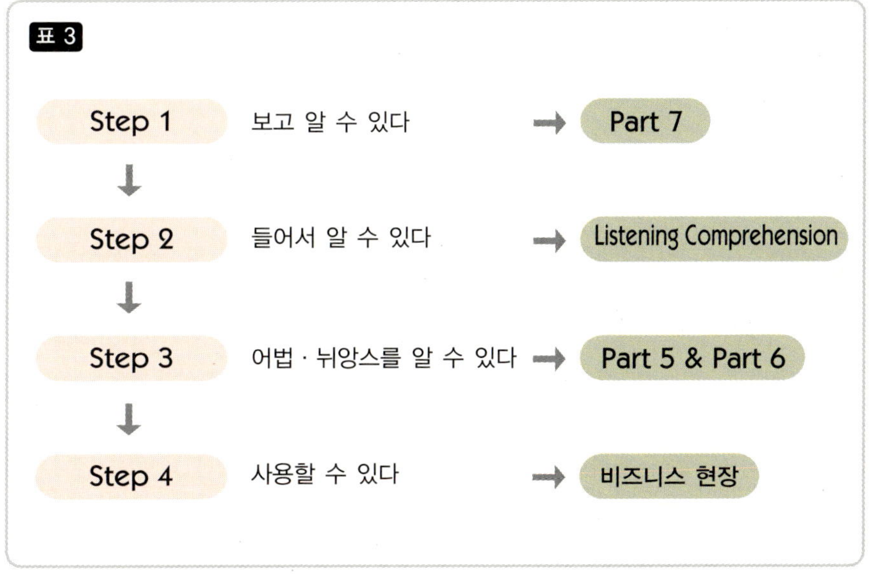

전략 4 반복 학습으로 확실하게

단어를 한번 보고 완벽하게 외울 수 있는 사람은 없을 것입니다. 슬프게도 나이가 들수록 이 경향은 현저하게 나타납니다. 그러나 반복하여 학습하면 누구나 일정한 기억력을 유지할 수 있는 것도 사실입니다.

이 책에서는 체크난이 들어 있지만 그밖에 자기 나름대로 채점판 등을 사용하여 몇

번이나 반복 학습을 할 수 있도록 합시다. 반복 학습에서는 잊어버리게 될 쯤에 반복하는 것이 효과적입니다. 이 과정을 되풀이하여 모르는 단어를 약간씩 줄여나가는 것입니다.

또한 이 책에서는 학습한 단어가 다른 데 이용되고 있는 리스닝과 읽기 참고서, 모의시험 등에 나오는 것을 알게 되면 보다 더 확실히 기억하게 됩니다. 이 책 이외에도 다른 참고서와 문제집, 그리고 신문과 TV 등도 어휘 학습에 함께 이용할 것을 권장합니다.

전략 5 강약의 리듬을 붙여서 외우자

영어도 우리말과 같이 단어에 따라 사용 빈도가 높거나 예외로 사용된다거나 정해진 전치사하고만 결부된다거나 단지 의미만 알면 문제가 안 된다거나 하는 여러 가지 경우가 있습니다.

따라서 단시간에 공략하겠다는 시간적 제약을 고려하면 모든 단어에 똑같은 노력을 쏟아 붓는 일은 효율적이라고 말할 수 없습니다.

comply(준수하다 ; [규칙 등에] 따르다)라는 동사는 자동사이며, 목적어를 수반할 때는 반드시 전치사 with를 사용합니다. 따라서 comply with로 외워 두는 것이 상책입니다. reception은 "접수"라는 뜻과 "피로연", 또는 "(전파 등의) 수신"이라는 의미를 가진 다의어입니다. 이런 단어에 대해서는 여러 개의 뜻을 확인하면서 외워 두는 것이 좋을 것입니다.

한편, 비즈니스와 생활에서 사용되는 단어에서는 stapler라 하면 "호치키스", passbook이라 하면 "예금통장", cold front라 하면 "한랭전선"과 같이 영어와 우리말이 일대일로 대응하는 것도 무수히 많습니다. 이런 것(대부분 명사[구])은 우리말 뜻을 하나만 외워 두어도 충분합니다. 시간이 없으므로 일일이 예문으로 외울 필요도 없다고 할 수 있을 것입니다.

이와 같이 약간의 궁리만으로도 많은 시간을 절약할 수 있다고 생각합니다.

전략 6 Part별 필수 어휘의 특징

다음으로 TOEIC을 구성하는 7개의 Part별로 요구되는 어휘의 특징을 살펴봅시다.

Listening Comprehension을 전반적으로 말할 것 같으면 Reading Comprehension보다 어휘 수준은 약간 낮다는 것입니다. 역으로 구어 표현과 기본적인 숙어를 확실히 알아들을 수 있어야 합니다. 리스닝에서는 알아들은 것과 동시에 이해하는 일이 중요합니다.

또한 듣기에서 주의를 주고 싶은 것은 긴 단어보다 짧은 단어 쪽입니다. 특히 동사구는 확실히 외워두지 않으면 감을 잡을 수 없을 뿐만 아니라 리에즌(음이 결합하다) 등의 소리 변화도 생기므로 알아듣지 못하고 놓쳐버리는 경향이 있습니다.

Part 5와 Part 6은 문제의 문장 자체는 비즈니스 색깔이 진하지만 해답의 표적이 되는 것은 기본적인 어휘의 용법(어법)입니다. 어법에서는 중요한 것에 대하여 하나하나 학습해 나가는 것이 기본입니다.

Part 7의 어휘 수준은 전체 Part 중에서 가장 고난도이며 최근 비즈니스 문서가 주로 되어가는 경향이므로 비즈니스 어휘력 문제가 나옵니다. 그러나 한편 TOEIC에서는 너무 전문적인 어휘는 나오지 않도록 조정되어 있습니다. TOEIC은 여러 가지 업종의 사람이 시험을 보기 때문에 특정의 업계·전문 분야의 사람에게 유리하지 않도록 배려되어 있기 때문입니다. 따라서 비즈니스 어휘를 학습하려면 기본적인 것부터 정복하는 것이 상책입니다.

컴퓨터와 경영·비즈니스의 첨단 용어 등도 일반적으로 이미 정착한 것을 파악해 두면 충분합니다. 구체적으로 컴퓨터이면 browse(검색하다)와 burn(CD에 굽다), 비즈니스이면 mentor(가르치고 인도하는 비즈니스 상의 지도자) 등은 TOEIC의 범위 내의 단어라고 말할 수 있을 것입니다.

표 Part별 어휘의 특징

Listening Comprehension	
Part 1	사람의 동작(wear[입고 있다], bend[구부러지다] 등), 사거리와 거리 주위에서 흔히 볼 수 있는 것(signal[신호], overpass[육교] 등)을 나타내는 언어를 알아듣는 일이 포인트가 됩니다. 방향과 위치 관계를 나타내는 전치사(across[~을 건너서] 등)와 숙어(on top of[~ 위에], under way[진행 중으로] 등)를 확실히 파악해 둡시다.
Part 2	어휘는 고난도가 아닙니다. 기본적인 동사구와 오피스의 일상 업무에서 잘 사용되는 동사와 명사에 주의하면 충분할 것입니다.

Part 3	문제 형식이 A→B→A와 같이 한바퀴 반씩 반복하는 회화이므로 Part 2보다 어휘는 약간 충실해집니다. 일상 업무에 관한 것, 공항과 노상 등 기본적인 사회 생활에서 잘 사용되는 것을 파악해 두면 대응할 수 있습니다. 구어 표현(What's going on? [어떻게 된 거니?])과 기본 숙어(put off [연기하다], amount to [~에 이르다] 등)에 오히려 주의해 주기 바랍니다.
Part 4	Listening Comprehension 중에서는 가장 고난도이지만 Part 7과 비교하면 약간 쉽습니다. 공항 방송과 사내에서의 대화, 공장 견학의 안내 등 상황에 따라 잘 사용되는 말을 체크해 둡시다.

Reading Comprehension

Part 5	2006년 5월 새로 바뀐 TOEIC 시험에서는 기존의 Incomplete Sentences 문법·어휘가 Incomplete Sentences 단문 빈칸 메우기로 변경되었습니다. 단문 40개(40문항)를 주고 각 단문마다 문법·어법에 맞는 어휘를 고르는 문제입니다. 어법에서 동사와 전치사의 결합, 현재분사와 과거분사의 식별, 접속사 사용 등, 여러 가지 측면에서 나옵니다. 빈출 단어를 하나하나 체크해 둡시다.
Part 6	새로 바뀐 TOEIC 시험에서 가장 큰 변화로 기존의 **Error Recognition**(틀린 문장 고치기)이 **Text Completion**(장문 빈칸 메우기)으로 변경되었습니다. 각 장문에 빈 칸 4개를 주고 문법·어법에 맞는 어휘를 고르는 문제입니다. 장문인 만큼 빨리 읽고 이해하는 어휘 실력과 아울러 빈칸에 문법·어법에 맞는 어휘 고르기로, 기본적으로 **Part 5**의 연장입니다.
Part 7	어휘에 대해서는 가장 고난도입니다. 최근에는 대부분의 인용문이 비즈니스에 관한 것이므로 비즈니스 어휘의 기본을 확고히 다져 두는 것이 중요합니다. 비즈니스 어휘는 용법을 익혀야 할 것도 있지만 명사(구)의 태반은 의미만 알고 있으면 문제가 안 됩니다. 어쨌든 알고 있는 단어를 늘리도록 합니다.

전략 7 수준별 학습법

이 책의 어휘 수준은 TOEIC의 점수로는 800 ~ 900 정도까지를 보장하고 있지만 가장 효과를 보는 것은 초급·중급 수준의 사람일 것입니다. 다음과 같이 3개의 수준별로 간단한 어휘 학습에 관한 충고를 하겠습니다.

~ 600

TOEIC에 필요한 어휘력이 많이 부족한 수준입니다. 기본 어휘를 확실히 알아두는 것이 급선무입니다. 비즈니스 어휘도 기본적인 것을 외워 둡시다. 음성 학습도 겸하여 "보고 알 수 있는 단어"를 "듣고 알 수 있다"로 바꾸어 놓는 것이 중요합니다.

600 ~ 730

기초 어휘력은 어느 정도 알고 있는 수준입니다. 어법과 뉘앙스에도 주의하면서 실력 쌓기를 시도해 봅시다. 비즈니스 어휘는 아직 불충분한 사람도 많을 것입니다. 이 수준에서는 비즈니스 어휘를 확실히 파악하면 TOEIC을 그런대로 다루기 쉽게 됩니다. 일정한 노력으로 점수가 많이 늘어나는 수준이라고 말할 수 있습니다.

730 ~ 860

이 책에서 모르는 단어를 줄여나가는 학습이 효과적일 것입니다. 비즈니스 어휘와 생활 어휘가 부족한 사람은 각 코너를 중점적으로 학습하시기 바랍니다. 이 수준에서는 영자신문과 TV · 라디오 프로그램 등도 이용하여 종합적인 학습을 통해서 어휘력을 늘여나가는 것이 효과적입니다.

※ 860 이상인 사람은 이 책 어휘의 80% 정도는 이미 알고 있을 것입니다. 모르는 어휘의 체크와 주의해야 할 포인트의 확인 등을 이용하기 바랍니다.

필자의 경험으로는 TOEIC의 점수 · 수준은 어휘력과 매우 밀접하게 관계가 있습니다. 듣기, 읽기, 문법 문제 모두 충실한 어휘력에 입각하여 향상되는 것입니다. 보고 알 수 없는 단어는 절대로 듣고 알 수 없으며 모르는 단어가 많이 들어 있는 문법 문제를 푸는 것은 매우 어렵습니다.
"건전한 영어 실력은 건전한 어휘력부터"를 염두에 놓고 어휘력 증강에 열중합시다.

이 책의 사용법

이 책의 구성

제 1부는 「기본 동사」「기본 형용사·부사」「기본 명사」, 제 2부는 「비즈니스 어휘」「생활 어휘」, 제 3부는 「정선 이디엄」으로 구성되어 있습니다. 학습할 수 있는 어휘 수는 다음과 같습니다.

	표제어	관련어		표제어	관련어
기본 동사	200	400	기본 형용사·부사	150	300
기본 명사	150	300	비즈니스 어휘	275	950
생활 어휘	158	490	정선 이디엄	200	–
합계				1133 + 2440	

* 「표제어」는 예문으로 사용되는 어휘를 가리킵니다. 중복하여 실려 있는 단어도 있으나 실제로 3000 단어의 어휘를 학습할 수 있도록 하였습니다.
* 「관련어」의 단어 수는 제 1부에 대해서는 파생어·중요 단어를 포함한 것입니다.

학습법

유의어와 파생어로 외우자

「기본 동사」「기본 형용사·부사」「기본 명사」

제 1부는 먼저 표제어와 함께 유의어와 파생어, 중요 단어를 외웁시다. 500 단어의 표제어 외에 1000 단어를 동시에 학습할 수 있습니다.

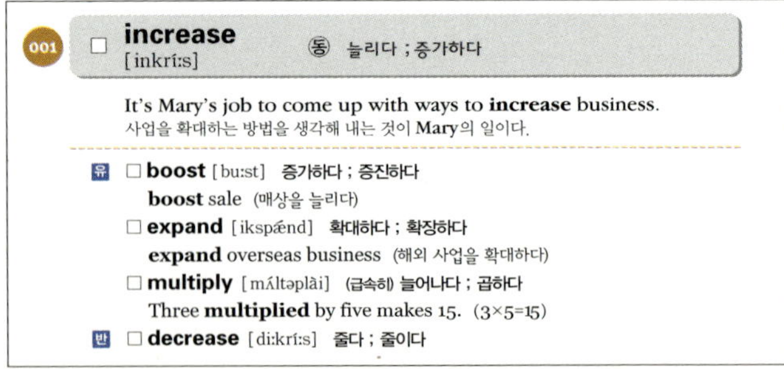

「비즈니스 어휘」「생활 어휘」

제 2부는 비즈니스 어휘는 32장르로, 생활 어휘는 18장르로
나누어져 있습니다. 각 장르의 어휘를 표제어와 함께 외웁시
다. 433 표제어와 함께 약 1440 단어의 관련어를 마스터할 수
있습니다. 우선적으로 익혀야 할 중요 단어에는 ★표를 했습
니다. 시간이 없는 사람과 초급 수준의 사람은 ★표 어휘부터
외웁시다.

기본용어

❶ ★ ☐ **accountant** [əkáuntənt] 몡 회계사 ; 회계 담당자
   ☐ **CPA(certified public accountant)** 몡 공인회계사
❼ ★ ☐ **audit** [ɔ́ːdit] 통 회계 감사를 하다
   ☐ **auditor** [ɔ́ːdətər] 몡 감사인
❷ ★ ☐ **financial statements** 재무제표
   ▶ 보통 다음의 income statement, balance sheet, cash flow statement로 구성된다.

TOEIC 공략에는 리스닝을 겸한 어휘 학습이 빠지면 안 됩니
다. 이 책에서 숙어를 포함한 표제어 약 1130 단어가 들어 있
는 예문은 모두 CD에 수록되어 있습니다. TOEIC과 같은 속
도의 음성으로 녹음되어 있습니다. CD는 귀부터의 어휘 학습
에 활용하시기 바랍니다.

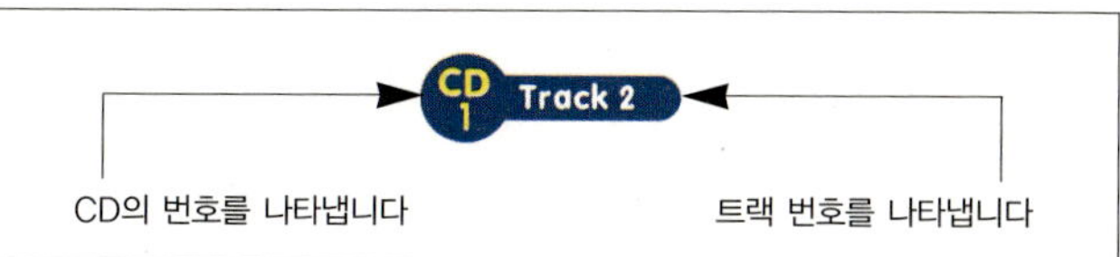

● 이 책에서 사용되고 있는 기호 · 용어

기호

파 파생어　　**유** 유의어　　**반** 반의어

중 중요 단어 (예문 속의 표제어 이외의 중요 단어. 단, 다른 코너에서 중복되는 것은 일부를 제외하였습니다.)

동 동사　　**형** 형용사　　**부** 부사　　**명** 명사

접 접속사　　**전** 전치사　　**감** 감탄사

용어

가산 명사 : 셀 수 있는 명사. 단수에는 a/an을 붙이고, 복수이면 복수형으로 한다.

불가산 명사 : 셀 수 없는 명사. information과 furniture 등.

명사 상당구 : 명사 및 명사구와 동명사(구) 등을 포함한다.

한정 용법 : 명사를 수식하는 형용사의 용법. 예) a beautiful girl

서술 용법 : 보어로서 사용되는 형용사의 용법. 예) It is easy to do it.

formal : 격식을 차린 언사. 스스럼없는 회화(메일)에서는 잘 사용되지 않는다.

collocation : 단어와 단어 사이에 정해진 결합(연어)

기본 동사

001 ☐ **increase**
[inkríːs]   동 늘리다 ; 증가하다

It's Mary's job to come up with ways to **increase** business.
사업을 확대하는 방법을 생각해 내는 것이 Mary의 일이다.

유 ☐ **boost** [buːst] 증가하다 ; 증진하다
  boost sale (매상을 늘리다)
☐ **expand** [ikspǽnd] 확대하다 ; 확장하다
  expand overseas business (해외 사업을 확대하다)
☐ **multiply** [mʌ́ltəplài] (급속히) 늘어나다 ; 곱하다
  Three **multiplied** by five makes 15. (3×5=15)
반 ☐ **decrease** [diːkríːs] 줄다 ; 줄이다

002 ☐ **discuss**
[diskʌ́s]   동 의논하다 ; 토론하다

▶ 타동사이므로 전치사 없이 목적어가 바로 온다. 격렬하게 토론하기 보다는 「열심히 토의하다」와 같은 뉘앙스로 사용되는 일이 많다.

The manager is **discussing** the budget cuts with the director.
부장은 감독과 예산 삭감에 대해 의논하고 있다.

유 ☐ **argue** [áːrgjuː] (찬반을) 의논하다 ; 언쟁하다 ●
  argue about money (돈 문제로 의논하다)
☐ **deliberate** [dilíbərèit] 토의하다 ; 숙고하다

003 ☐ **assess**
[əsés]   동 평가하다 ; (자산 등을) 사정하다

The city officials were asked to **assess** the damage caused by the earthquake.
시 직원들은 지진으로 인한 피해를 평가하라는 요구를 받았다.

파 ☐ **assessment** [əsésmənt] 명 평가 ; 사정

유 □ **appraise** [əpréiz]　(미술품 등을) 감정하다 ; 평가하다
　appraise the value　(가치를 평가하다)
□ **evaluate** [ivǽljuèit]　(상황 · 업적 등을) 평가하다
　evaluate the company's assets　(그 회사의 자산을 평가하다)
□ **gauge** [geidʒ]　(길이 등을) 측정하다　▶ 발음 주의
　gauge the depth　(깊이를 측정하다)

---

004 □ **donate**
[dóuneit]　　　동 (돈 · 물건을) 기부하다 ; 기증하다

The firm **donated** proceeds from the event to a children's charity.
그 회사는 이벤트의 수익을 어린이들의 자선 사업에 기부했다.

파 □ **donation** [dounéiʃən]　명 기부
유 □ **contribute** [kəntríbjut]　기부하다 ; 공헌하다
□ **grant** [grænt]　(금품 · 권리 등을) 양도하다 ; (주장 등을) 승인하다
　grant a scholarship　(장학금을 지급하다)
□ **dedicate** [dédikèit]　바치다 ; 헌신하다
　dedicate oneself to research　(연구에 매진하다)
중 □ **proceeds** [próusi:dz]　명 수익

---

005 □ **appreciate**
[əprí:ʃièit]　　　동 (가치 등이) 오르다 ; 높이 평가하다 ; 감사하다

▶ 「감사하다」의 의미로는 **appreciate** your help (당신의 협력에 감사하다) 처럼 사용한다.

The dollar **appreciated** against the yen in early trading today.
오늘, 거래의 초기 단계에서 엔화 대 달러가 상승했다.

반 □ **depreciate** [diprí:ʃièit]　(가치 등이) 내리다 ; 감가상각하다

006 □ **submit**
[səbmít]
동 (서류 등을) 제출하다 ; 복종하다

Ms. Dearborn **submitted** a proposal to the agency and is waiting for a reply.
Dearborn 씨는 그 기관에 제안을 제출하여 답장을 기다리고 있다.

유 □ **lodge** [ladʒ] (고충 · 반대 등을) 제출하다 ; 신청하다 ; (단기간) 숙박하다
　　lodge a complaint (불만을 제기하다)
□ **hand in** (서류 등을) 제출하다
　　hand in an assignment (숙제를 제출하다)

007 □ **file**
[fail]
동 (for ~) 신청하다

▶ **file** for라는 동사구로 기억한다. for 이하에 신청 내용을 놓는다.
　신청하는 상대는 with를 사용하여 이끈다.

Poor sales caused the company to **file** for bankruptcy.
판매 부진으로 그 회사는 파산 신청을 했다.

중 □ **bankruptcy** [bǽŋkrʌpsi] 명 파산 ; 도산

008 □ **adopt**
[ədápt]
동 채용하다 ; 몸에 익히다 ; 양자로 삼다

▶ 「양자로 삼다」라는 의외의 뜻에 주의. 기억할 때 adapt(적응시키다)와 혼동하지 않도록 유의한다.

John **adopted** a new technique that would make work on the assembly line easier.
John은 조립라인의 업무를 간소화하는 새로운 기술을 채용했다.

파 □ **adoption** [ədápʃən] 명 채용 ; 양자로 들임
중 □ **assembly line** (공장의) 조립 라인

009 □ **inquire**
[inkwáiər]
동 묻다 ; 문의하다

▶ 자동사이므로 물어보는 내용을 계속하는 경우 전치사 about이 필요하다.

The customers entered the shop and inquired about prices.
고객들은 가게에 들어가 가격에 대하여 물었다.

 □ **inquiry** [inkwáiəri] 몡 질문

---

010 □ **consult**
[kənsʌ́lt]
동 (with ~) 상담하다 ; (사전 등을) 찾다 ;
(의사의) 진찰을 받다

▶ 「상담하다」라는 의미로는 자동사로, with로 「상담자」를 표시한다.
「찾다」 「진찰을 받다」라는 의미로는 타동사로 **consult** a doctor와 같이 사용한다.

As this is a legal matter, you will have to consult with an attorney.
이것은 법률 안건이므로 변호사와 상담해야 할 것이다.

파 □ **consultant** [kənsʌ́ltənt] 몡 고문 ; 컨설턴트
□ **consultation** [kànsəltéiʃən] 몡 상담

 **Track 3**

011 □ **assign**
[əsáin]
동 할당하다 ; (사람을 직무에) 임명하다 ; 배속하다

Ms. Hughes assigned the new project to Jeff and asked him to finish it by the end of the month.
Hughes 씨는 Jeff에게 새 프로젝트를 할당하고 월말까지 완료하라고 요구했다.

 □ **appoint** [əpɔ́int] 임명하다 ; (일시 · 장소를) 지정하다
appoint him as COO (그를 COO에 임명하다)

---

012 □ **designate**
[dézignèit]
동 (사람을 직책에) 지명하다 ; 선정하다 ; 명시하다

It is the CEO's duty to designate a new chairperson of the board.
이사회의 새 회장을 지명하는 것이 최고경영책임자의 임무다.

파 □ **designation** [dèzignéiʃən] 몡 지명 ; 선정

013 ☐ celebrate
[séləbrèit]　(동) 축하하다 ; (식전 등을) 거행하다

The candidate went out and **celebrated** after the victory.
당선 후 그 후보자는 외출하여 당선을 축하했다.

(파) ☐ **celebrated** [séləbrèitid]　(형) 유명한 ; 고명한
　a **celebrated** actress　(유명한 여배우)

(유) ☐ **toast** [toust]　**건배하다**
　toast the bride and groom　(신랑신부에게 건배하다)

☐ **rejoice** [ridʒɔ́is]　기뻐하다 ; 즐겁게 해주다

014 ☐ provide
[prəváid]　(동) 제공하다 ; 준비하다 ; 규정하다

▶ <**provide** A with B> <**provide** B for A> (A에게 B를 제공하다) 형으로 잘 사용한다.

The freelancer was asked to sign a contract that **provides** deadlines for completion of the work.
그 프리랜서는 업무 완료의 마감일을 규정한 계약서에 사인을 요구받았다.

(파) ☐ **provision** [prəvíʒən]　(명) 지급 ; 준비 ; 규정
☐ **provided (that)**　(접) (법률 등으로) ~라면 ; ~의 조건이라면

015 ☐ convince
[kənvíns]　(동) 설득하여 ~시키다 ; 납득시키다

▶ <**convince** / **persuade** ~ to do>의 형으로 「~(사람)을 납득하여 do시키다」라는 의미로 잘 사용한다.

The marketing manager **convinced** the sales staff that her marketing plan would bring more customers.
마케팅 부장은 그녀의 판매 촉진 계획이 더 많은 고객을 끌 수 있다고 영업 사원들을 납득시켰다.

(파) ☐ **convincing** [kənvínsiŋ]　(형) 설득력이 있는 ; 믿을 수 있는
(유) ☐ **persuade** [pəːrswéid]　설득하여 ~시키다 ; 믿게 하다

016 □ **determine**
[ditə́ːrmin]
동 결정하다 ; (원인 등을) 특정하다

The management committee **determines** departmental policy.
경영 위원회가 부문의 방침을 결정한다.

017 □ **indicate**
[índikèit]
동 표시하다 ; 지시하다 ; ~의 징조가 있다

Mr. Lee **indicated** his wishes for new contract terms in a letter.
이 선생님은 편지에 새로운 계약 조건을 바라는 것을 나타냈다.

파 □ **indicator** [índikèitər] 명 지표

018 □ **afford**
[əfɔ́ːrd]
동 ~할 여유가 있다 ; 산출하다

▶ <**afford** to 동사>의 형으로도 사용한다. **afford** to retire (퇴직할 여유가 있다)

Helen cannot **afford** a new car with her small salary.
Helen은 박봉으로 새 차를 살 여유가 없다.

파 □ **affordable** [əfɔ́ːrdəbəl] 형 부담없는 가격의

019 □ **insist**
[insíst]
동 강하게 주장하다 ; ~라고 단언하다

▶ 주장·요구를 나타내는 동사가 that절을 이끌 때는 that절 속의 동사가 원형이 되는 점에 주의.

The president of the company **insisted** that the client accept the gift.
그 회사 사장은 고객들이 증정품을 받아야 한다고 주장했다.

파 □ **insistent** [insístənt] 형 끈덕진 ; 집요한
유 □ **advocate** [ǽdvəkèit] 동 (계획·사상 등을) 주장하다 ; 창도하다 ; 지지하다
　　advocate political reforms (정치 개혁을 주장하다)

020 □ permit
[pəːrmít]
동 허가하다 ; (사정이) ~을 허락하다 명 허가증

▶ permit는 「공식적으로 허가하다」처럼 새로운 국면에 사용한다. 한편 allow는 공식, 비공식 불문하고 「허락하다」의 뜻으로 사용한다.

The new merger agreement **permits** both parties to sell their goods abroad.
새로운 합병 계약에 의해 양자는 해외에 자사 제품을 판매하게 되었다.

파 □ **permission** [pəːrmíʃən] 명 허가 ; 인가
유 □ **allow** [əláu] 허락하다 ; 인가하다
　 □ **forgive** [fərgív] (과실 등을) 용서하다
　　 forgive one's rudeness (~의 무례를 용서하다)

CD 1 Track 4

021 □ prohibit
[prouhíbit]
동 금지하다 ; 방해하다

Cameras and recording devices are **prohibited** during the guest speaker's speech.
카메라와 녹음기는 초청 강연자의 연설 중에는 금지됩니다.

파 □ **prohibition** [pròuhəbíʃən] 명 금지

022 □ consent
[kənsént]
동 (to ~) 동의하다

▶ 자동사이므로 동의하는 대상을 이끌 때 전치사 to가 필요.

Mr. Briggs has **consented** to the terms of his contract.
Briggs 씨는 그의 계약 조건에 동의했다.

023 □ accept
[æksépt]
동 (선물·초대 등을) 받아들이다 ;
　 (신청을) 수락하다 ; 승인하다

▶ accept는 「기쁘게 받아들이다」라는 뉘앙스가 일반적이지만, 「마지못해 받아들이다」의 의미로 쓰일 때도 있다. receive는 「받다 ; 수령하다」가 원 뜻.

The board of directors **accepted** the committee's report.
이사회는 위원회의 보고서를 받아들였다.

- 파 □ **acceptable** [ækséptəbəl] 형 받아들일 수 있는 ; (신용카드 등을) 사용하는
- 유 □ **receive** [risíːv] 수령하다 ; 수신하다 ; (충고 등을) 받아들이다
- 반 □ **reject** [ridʒékt] 거부하다 ; 각하하다
- □ **refuse** [rifjúːz] 거부하다 ; 거절하다

024 □ **approve** [əprúːv] 동 인정하다 ; 찬성하다 ; 허가하다

▶ 자동사로서 of를 수반하여 사용하는 것이 일반적.

The manager didn't **approve** of the CEO's decision to relocate abroad.
과장은 해외 전근에 대한 최고경영책임자의 결정을 마음에 들어 하지 않았다.

- 파 □ **approval** [əprúːvəl] 명 시인 ; 찬성
- 유 □ **disapprove** [dìsəprúːv] (of ~) 불찬성하다
- 중 □ **relocate** [rilóukeit] 전근하다 ; 전근시키다

025 □ **require** [rikwáiər] 동 ~을 필요로 하다 ; ~을 요구하다

All employees are **required** to attend the morning meetings this week.
금주의 아침 회의에는 전사원이 출석할 것을 요구 받았다.

- 파 □ **requirement** [rikwáiərmənt] 명 요건 ; 요구

026 ☐ **cause**
[kɔːz]
⑧ ~을 일으키다 ; ~의 원인이 되다

The police never found out what **caused** the accident.
경찰은 사고를 일으킨 원인을 밝혀내지 못했다.

유 ☐ **induce** [indʲúːs] ~을 생기게 하다 ; ~을 촉구하다
induce sleep (잠이 오게 하다)
☐ **inspire** [inspáiər] 촉진하다 ; 격려하다
inspire patriotism (애국심을 고무하다)

027 ☐ **wonder**
[wʌ́ndər]
⑧ ~일까 생각하다 ; ~을 불가사의하게 여기다

▶ 생각에 확신이 없을 때 사용한다. 다음 예문의 why 외에 whether, if, what 등 여러 가지 의문사가 뒤에 이어지게 된다.

Michael **wondered** why he hadn't received a bonus with his paycheck.
Michael은 보너스를 급여와 함께 받지 않은 이유에 대해 이상하게 생각했다.

028 ☐ **search**
[səːrtʃ]
⑧ 조사하다 ; 찾다 ; 탐색하다

▶ 자동사로서 **search** for 형으로 많이 사용된다. seek은 타동사로 사용한다.

Mel has been **searching** for the missing file for days.
Mel은 며칠 동안 없어진 파일을 찾았다.

유 ☐ **seek** [siːk] 찾다 ; 얻으려고 하다
seek a job (일을 찾다)

029 ☐ **register**
[rédʒistər]
⑧ 등록하다 ; (우편물을) 등기로 하다

Visitors to the website must **register** and become members in order to access information.
이 웹사이트 방문자가 정보를 이용하려면 등록하여 회원이 되어야 한다.

파 □ **registration** [rèdʒistréiʃən] 명 등록 ; 기록
□ **registry** [rédʒistri] 명 등기소

---

030 □ **enroll**
[inróul] 동 기록하다 ; 등록하다 ; 입학하다

▶ **enroll** at a university로 「대학에 입학하다」라는 의미가 된다.

The secretary was asked to **enroll** the minutes of the meeting.
비서는 회의의 의사록을 기록하도록 요구받았다.

파 □ **enrollment** [inróulmənt] 명 기록 ; 등록 ; 입학(자 수)
중 □ **minutes** [mínits] 명 (복수형) 의사록

CD 1 Track 5

031 □ **renew**
[rinjú:] 동 갱신하다 ; 재개하다 ; 회복하다

Ned sent payment to **renew** his subscription to the popular magazine.
Ned는 유명 잡지의 구독을 갱신하기 위해서 요금을 지불했다.

파 □ **renewal** [rinjúəl] 명 갱신

---

032 □ **expire**
[ikspáiər] 동 유효 기간이 끝나다 ; 만기가 되다

After Mr. Robinson's contract **expired**, he looked for a new job.
Robinson 씨는 계약이 끝난 후 새로운 일을 찾았다.

파 □ **expiration** [èkspəréiʃən] 명 기한의 만료
　　an **expiration** date (유효 기한)
유 □ **terminate** [tə́ːrmənèit] (기한 등이) 종료하다 ; 종결시키다
　　terminate a contract (계약을 완료하다)

033 ☐ replace
[ripléis]　⑧ ~을 대신하다 ; 바꾸다

Mr. Stewart was asked to **replace** Ms. Moss as host of the annual event.
Stewart 씨는 연례 행사의 호스트로서 Moss 씨와 교대하라고 요구받았다.

파　☐ **replacement** [ripléismənt]　⑨ 후임자 ; 대체
　　a **replacement** blade (여벌(교체) 날)

유　☐ **substitute** [sʌ́bstitjùːt]　대용하다 ; 대신 사용하다
　　substitute a DVD for a floppy disk (플로피 대신에 DVD를 사용하다)

　☐ **fill in for** (남의) 대행을 하나
　　fill in for the president (사장을 대신하여 일하다)

034 ☐ revise
[riváiz]　⑧ 교정하다 ; 개정하다

Mary has **revised** her opinion of the new clerk.
Mary는 신입사원에 대한 의견을 정정했다.

파　☐ **revision** [rivíʒən]　⑨ 개정 ; (책 등의) 개정판

유　☐ **proofread** [prúːfriːd] (원고 등을) 교정하다
　　proofread the draft (초고를 교정하다)

　☐ **correct** [kərékt] (틀린 것을) 정정하다

035 ☐ adjust
[ədʒʌ́st]　⑧ 조정하다 ; (요금 등을) 정산하다 ;
　　　　　　(to ~) 순응하다

▶ 예문처럼 자동사로 쓰이기도 하나 타동사로도 사용한다. 리스닝에서는 **d**가 잘 들리지 않아 [어쟈스티]처럼 발음됨에 주의.

The employees were unable to **adjust** to the strict working conditions.
사원들은 엄격한 근로 조건에 적응할 수 없었다.

유　☐ **reorganize** [rìːɔ́ːrgənaiz] 재편성하다
　　reorganize the sales division (판매부를 재편하다)

　☐ **adapt** [ədǽpt] (to ~) 적응시키다

036  □ **promote**
[prəmóut]
동 촉진하다 ; 판매촉진하다 ; 진급시키다

▶ 「승격하다」와 같이 말하는 경우는 수동태로 be **promoted** a manager (과장으로 승진하다)처럼 사용한다.

It's always beneficial to **promote** your company over the Internet.
인터넷에 당신의 회사를 PR하는 것은 언제나 유익하다.

- -

파 □ **promotion** [prəmóuʃən] 명 촉진 ; 판매 촉진 ; 진급

037  □ **encourage**
[inkə́:ridʒ]
동 격려하다 ; 용기를 북돋아 주다

▶ **encourage** ~ to do (~을 격려하여 do 하게 하다) 형도 잘 사용한다.

The city council has approved a policy that is designed to **encourage** private investment.
시 의회는 민간 투자 촉진을 위해 입안된 정책을 가결했다.

- -

유 □ **stimulate** [stímjulèit] 자극하다 ; 격려하다
　 stimulate the economy (경제를 자극하다)
　 □ **empower** [impáuər] 권한을 주다 ; 힘을 실어주다
　 empower him to operate the branch
　 (그에게 지점을 운영하는 권한을 주다)
반 □ **discourage** [diskə́:ridʒ] 낙담시키다

038  □ **recommend**
[rèkəménd]
동 추천하다 ; 시사하다 ; 권고하다

Leslie **recommended** her friend Naomi for the open position at her company.
Leslie는 그녀 회사의 빈 자리에 친구 Naomi를 추천했다.

- -

파 □ **recommendation** [rèkəmendéiʃən] 명 추천 ; 충고

039 □ admire
[ædmáiər] 동 칭찬하다 ; 찬미하다 ; 감탄하다

▶ admire에는 「깊은 애정」이 포함되어 있다. esteem은 「높은 평가」, respect는 「존경의 뜻」이 포함되어 있다.

Mr. Warner **admires** those who work hard to make a living.
Warner 씨는 생계를 위해 열심히 일하는 사람들을 칭찬한다.

파 □ **admiration** [ædməréiʃən] 명 칭찬 ; 찬미
　□ **admirer** [ædmáiərər] 명 숭배자 ; 팬
　　an **admirer** of Madonna (마돈나 팬)
유 □ **respect** [rispékt] 존경하다 ; 존중하다
　□ **esteem** [istí:m] 존경하다 ; 존중하다
　□ **praise** [preiz] 칭찬하다 ; 찬양하다
중 □ **make a living** 생계를 세우다

040 □ assure
[əʃúər] 동 보증하다 ; 확약하다

The station manager **assured** us that the train would be on time.
역장은 열차가 예정대로 온다고 우리에게 단언했다.

파 □ **assurance** [əʃúərəns] 명 보증 ; 확약

CD 1 Track 6

041 □ expand
[ikspǽnd] 동 넓히다 ; 확장하다

▶ 장소 등을 확대하는 것 외에 사업이나 세력을 확대할 때도 사용한다.

The shop owner **expanded** her store by adding another room.
그 가게 주인은 방을 하나 더 추가하여 가게를 확장했다.

파 □ **expansion** [ikspǽnʃən] 명 확대 ; 확장
유 □ **enlarge** [inlá:rdʒ] 확대하다
　　enlarge photos (사진을 확대하다)

042 □ **mention**
[ménʃən]
동 ~에 대하여 말하다 ; 언급하다

The boss did not **mention** his retirement plans during his speech.
상사는 연설 중에 자신의 은퇴 계획에 대한 언급을 하지 않았다.

유 □ **utter** [ʌ́tər] 말하다 ; 소리를 내다
My boss didn't **utter** a word. (상사는 한마디도 하지 않았다.)
□ **remark** [rimá:rk] (비평적으로) 말하다 ; 촌평하다

043 □ **predict**
[pridíkt]
동 예측하다 ; 예보하다

▶ predict는 「사실에 근거하여 예측하다」가 원 뜻. forecast는 predict보다 가능성이 희박하다.

The sales manager couldn't **predict** if the sale would be successful.
판매부장은 판매가 성공할거라고 예측하지 못했다.

유 □ **forecast** [fɔ́:rkæst] 예보하다
forecast a snowfall of 20 inches (20인치의 적설을 예보하다)
□ **prophesy** [práfəsài] 예언하다
prophesy a disaster (재해를 예언하다)

044 □ **ensure**
[inʃúər]
동 확실히 하다 ; 보증하다

▶ ensure와 insure는 「보증하다」의 의미로 함께 사용한다.

The company's careful preparations **ensured** its success.
그 회사의 주도면밀한 준비가 회사의 성공을 확실하게 했다.

유 □ **insure** [inʃúər] 보증하다 ; 보험에 들다
insure against fire (화재보험에 들다)
□ **secure** [sikjúər] 확보하다 ; 고정하다
secure new employment (신규 고용을 확보하다)

045 ☐ realize
[ríːəlàiz]　(동) 실현하다 ; 이해하다

Dave finally **realized** his lifelong ambition to become a district attorney.
Dave는 지방 검사가 되는 생애의 염원을 마침내 실현했다.

중　☐ **attorney** [ətə́ːrni]　(명) 검사 ; 변호사

046 ☐ apply
[əplái]　(동) 적용시키다 ; (to ~) 적용하다 ;
　　　　(for ~) 신청하다

▶ 「~에 신청하다」는 **apply** for를 사용한다. 타동사로서 **apply** A to B (A를 B에 적용시키다)라는 용법도 있다.

The company handbook rules **apply** to those who work for our corporation.
회사 편람 규칙은 우리 회사에서 근무하는 사원에게 적용된다.

파　☐ **application** [æ̀plikéiʃən]　(명) 신청(서) ; 적용 ; 응용
　☐ **applicant** [ǽplikənt]　(명) 응모자 ; 신청자

047 ☐ instruct
[instrʌ́kt]　(동) 지시하다 ; 지도하다

The boss **instructed** Mr. Gibbs to bring the client to a nearby cafe before the meeting.
상사는 Gibbs 씨에게 회의 전에 고객을 근처의 카페로 모셔오라고 지시했다.

파　☐ **instruction** [instrʌ́kʃən]　(명) 지시 ; (복수형) 취급 설명서
　☐ **instructor** [instrʌ́ktər]　(명) 지도자 ; 강사

048 ☐ accuse
[əkjúːz]　(동) 고발하다 ; 소송하다 ; 비난하다

▶ <accuse +사람+of+비난하는 이유>라는 형으로 잘 사용한다. 예문은 수동태로 되어 있음.

The CEO was **accused** of embezzling funds.
그 최고경영책임자는 자금을 횡령했다고 고발되었다.

유 ☐ **charge** [tʃɑːrdʒ]   고소하다 ; 비난하다
  ▶ 고소, 비난하는 이유는 with로 이끈다.

☐ **impeach** [impíːtʃ]   탄핵하다
impeach the president (대통령을 탄핵하다)

☐ **blame** [bleim]   비난하다 ; 책임지다
  ▶ 비난, 책임의 이유는 for로 이끈다.

☐ **condemn** [kəndém]   비난하다 ; 규탄하다
condemn the ambush (매복 공격을 비난하다)

중 ☐ **embezzle** [imbézl]   동 횡령하다

049 ☐ **threaten**
[θrétn]   동 협박하다 ; 위협하여 ～시키다 ;
～의 우려가 있다

The star **threatened** to sue the paper for slander.
그 스타는 명예 훼손으로 그 신문을 고소하겠다고 협박했다.

파 ☐ **threat** [θret]   명 위협
유 ☐ **intimidate** [intímədèit]   겁먹게 하다 ; 협박하다
intimidate a competitor (경쟁 상대를 위협하다)

☐ **menace** [ménis]   위협하다 ; 협박하다
menace the community (지역사회를 위협하다)

증 ☐ **slander** [slǽndər]   명 명예 훼손

050 ☐ **update**
[ʌpdéit]   동 최신 것으로 하다 ; 쇄신하다 ; 업데이트하다

It's a good idea to frequently **update** your computer system to
avoid viruses.
바이러스를 피하기 위해 너의 컴퓨터 시스템을 자주 업데이트하는 것은 좋은 생각이다.

유 ☐ **upgrade** [ʌpgréid]   등급을 올리다 ; 격상시키다

CD 1 Track 7

051 ☐ **postpone**
[poustpóun] 동 연기하다 ; 지연시키다

▶ postpone이나 put off도 같이 쓰인다. adjourn은 회의 등에 한정적으로 사용하는 격식 표현.

The annual budget meeting has been **postponed** until next week.
연례 예산 회의는 다음주까지 연기되었다.

유 ☐ **putt off** 연기하다
☐ **adjourn** [ədʒə́ːrn] (회의를) 휴회하다 ; 연기하다

052 ☐ **estimate**
[éstəmèit] 동 견적하다 ; (대충) 판단하다 명 견적(서)

It's difficult to **estimate** the results of the marketing survey in advance.
시장 조사의 결과를 사전에 예측하는 것은 어렵다.

유 ☐ **reckon** [rékən] 억측하다 ; 대충 계산하다
I **reckoned** that my trip would cost 200,000 won.
(나는 여행 경비가 20만원이 될 거라고 계산했다.)
중 ☐ **marketing survey** 시장 조사

053 ☐ **withdraw**
[wiðdrɔ́ː] 동 철회하다 ; (군대 등을) 철수시키다 ;
(예금 등을) 인출하다

Ms. Madison **withdrew** her application for employment with the trading company.
Madison 씨는 그 무역 회사에 입사 지원을 철회했다.

파 ☐ **withdrawal** [wiðdrɔ́ːəl] 명 철회 ; (예금 등의) 인출
유 ☐ **remove** [rimúːv] 제거하다 ; 치우다 ; 해고하다

접두사 with-의 동사

☐ **withhold** [wiðhóuld] 보류하다 ; 저지하다
a **withholding** tax (원천징수세)
☐ **withstand** [wiðstǽnd] 잘 견디다 ; 저항하다
withstand high temperatures (고온에 견디다)

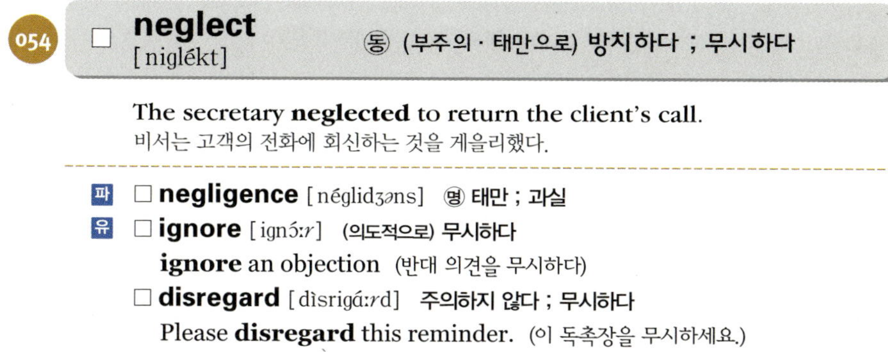

054 ☐ **neglect**
[niglékt]
ⓢ (부주의·태만으로) 방치하다 ; 무시하다

The secretary **neglected** to return the client's call.
비서는 고객의 전화에 회신하는 것을 게을리했다.

파 ☐ **negligence** [néglidʒəns] ⓝ 태만 ; 과실
유 ☐ **ignore** [ignɔ́ːr] (의도적으로) 무시하다
　　ignore an objection (반대 의견을 무시하다)
　☐ **disregard** [dìsrigáːrd] 주의하지 않다 ; 무시하다
　　Please **disregard** this reminder. (이 독촉장을 무시하세요.)

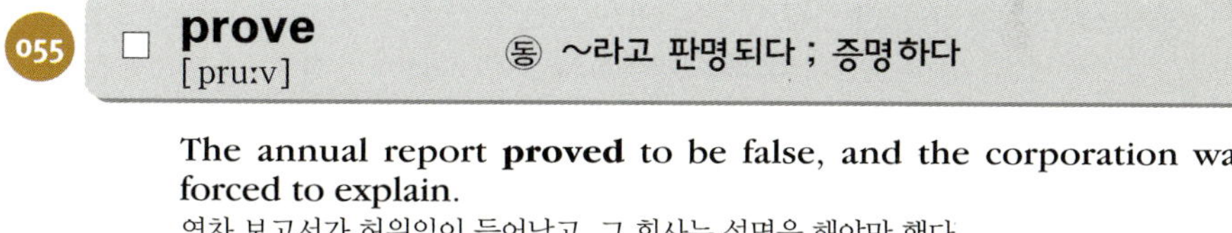

055 ☐ **prove**
[pruːv]
ⓢ ~라고 판명되다 ; 증명하다

The annual report **proved** to be false, and the corporation was forced to explain.
연차 보고서가 허위임이 들어났고, 그 회사는 설명을 해야만 했다.

파 ☐ **proof** [pruːf] ⓝ 증거 ; 증명 ; 교정쇄
유 ☐ **turn out to be** ~로 판명되다

056 ☐ **suffer**
[sʌ́fər]
ⓢ (고난·손해·불쾌한 일을) 겪다 ; 병에 걸리다 ; 악화하다

▶ 자동사로 사용될 경우 전치사 from 등으로 목적어를 이끈다.

Many people are **suffering** huge losses on their stock shares in today's market.
많은 사람들이 현재의 시장에서 주식 투자로 큰 손실을 보고 있다.

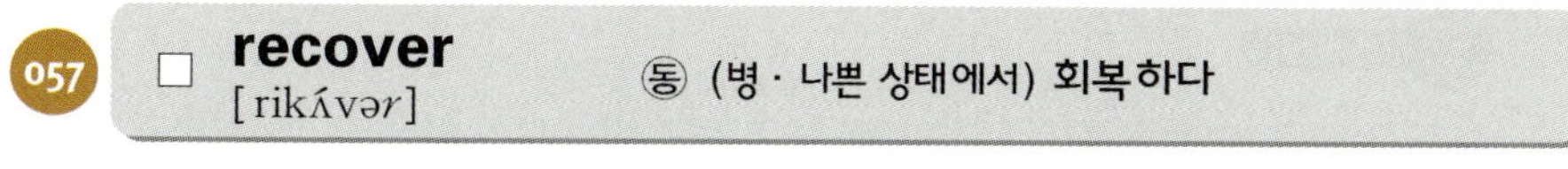

057 ☐ **recover**
[rikʌ́vər]
ⓢ (병·나쁜 상태에서) 회복하다

Mr. Nesmith still hasn't fully **recovered** from the injuries he received in the accident.
Nesmith 씨는 사고로 입은 상처에서 아직 완전히 회복되지 않았다.

파 ☐ **recovery** [rikʌ́vəri] ⓝ 회복

---

058 ☐ **cure**
[kjuər]
동 치료하다 ; 회복시키다

▶ <**cure** +사람+of ~>의 형으로 「사람을 ~에서 회복시키다」의 뜻으로 사용되는 일이 있다.

Someday it may be possible to **cure** the common cold.
언젠가 보통 감기를 치료하는 것이 가능할지도 모른다.

유 ☐ **heal** [hi:l] (병·마음의 고통을) 치료하다 ; 치유되다
☐ **remedy** [rémədi] (병·나쁜 상황을) 교정하다 ; 치료하다
remedy a problem (문제를 교정하다)

---

059 ☐ **resolve**
[rizálv]
동 해결하다 ; 결심하다 ; 분해하다

▶ 「결심하다」라는 의미로는 decide나 determine과 같다. resolve to do의 형으로 사용한다.

A mediator was called in to **resolve** the conflict between the two parties.
양자의 분쟁을 해결하기 위하여 중재인이 불려졌다.

파 ☐ **resolution** [rèzəlú:ʃən] 명 해결 ; 결의 ; 분해 ; 해상도
중 ☐ **mediator** [mí:dièitər] 명 중재인

---

060 ☐ **conclude**
[kənklú:d]
동 결론을 내다 ; 끝내다

The speaker **concluded** his speech with a quote.
그 연설자는 인용으로 연설을 끝맺었다.

파 ☐ **conclusion** [kənklú:ʒən] 명 결론 ; 맺는 말
중 ☐ **quote** [kwout] 명 인용

CD 1 Track 8

061 ☐ **disturb**
[distə́:rb]
동 (사람·일 등을) 방해하다 ;
(마음을) 불안하게 하다

The secretary's work was **disturbed** by constant phone calls.
비서의 일은 계속되는 전화로 방해받았다.

유 □ **interrupt** [ìntərʌ́pt] 중단시키다 ; 방해하다
interrupt the speaker (말하는 사람을 방해하다)
□ **interfere** [ìntərfíər] 개입하다 ; 방해하다
interfere with others' project (타인의 프로젝트에 개입하다)

062 □ **quit**
[kwit] 동 (습관 등을) 그만두다 ; 사직하다

Nancy is always threatening to **quit** and look for a new job.
Nancy는 항상 사직하고 새 직장을 찾겠다고 말하며 협박한다.

유 □ **cease** [si:s] 중지하다 ; 끝내다
cease a conflict (분쟁을 정지하다)

063 □ **clarify**
[klǽrəfài] 동 분명히 하다 ; 명확히 설명하다

▶ 「불명확한 것을 명확하게 이해하도록 하다」와 같은 뉘앙스로 사용한다.

Pam **clarified** her plans for the building project during the meeting.
Pam은 회의 중에 그 건설 프로젝트 계획을 분명히 밝혔다.

파 □ **clarity** [klǽrəti] 명 명확함
□ **clarification** [klæ̀rəfikéiʃən] 명 명확화
유 □ **explain** [ikspléin] 설명하다
□ **illustrate** [íləstrèit] (예 등을 들어) 설명하다
illustrate the theory (그 이론을 예증하다)

064 □ **avoid**
[əvɔ́id] 동 피하다 ; 회피하다

Workers who work on a computer can **avoid** eye strain and stress by taking a break every hour.
컴퓨터 작업을 하는 근로자는 1시간 마다 휴식을 취함으로써 눈의 피로와 스트레스를 피할 수 있다.

유 □ **evade** [ivéid] 모면하다 ; 회피하다
evade one's responsibility (책임을 회피하다)

---

065 □ **notify**
[nóutəfài]
동 알리다 ; 고지하다

▶ inform과 같이 알리려는 내용을 of, about로 이끄는 경우가 많다.

The personnel department **notified** the staff about the change in working hours.
인사부는 근무 시간의 변경에 대하여 직원들에게 알렸다.

파 □ **notification** [nòutəfikéiʃən] 명 알림 ; 고지

---

066 □ **owe**
[ou]
동 빚지고 있다 ; 은혜를 입고 있다

▶ 예문의 <owe+빌린 상대+for+빚진 내용>이라는 용법 외에 <owe+빚진 내용+to+빌린 상대>와 같이 말하는 방법도 잘 쓰인다.

We **owe** the maintenance company for services rendered.
우리는 제공된 서비스에 대하여 보수 관리 회사에 지불할 의무가 있다.

중 □ **render** [réndər] 동 제공하다 ; 주다

---

067 □ **borrow**
[bárou]
동 (돈 · 물건 등을) 빌리다

The ad executive **borrowed** the idea for the ad from a commercial he saw on television.
그 광고 담당 이사는 TV에서 보았던 상업 광고의 아이디어를 차용했다.

반 □ **lend** [lend] 빌려주다
Please **lend** me your car. (차를 좀 빌려주세요.)

---

068 □ **earn**
[ə:rn]
동 생기다 ; 수익을 올리다 ; 얻다

Kevin opened a savings account that **earns** 5.4 percent interest on deposited funds.
Kevin은 예금에 5.4 퍼센트 이자가 붙는 보통 예금 계좌를 개설했다.

파 □ **earning** [ə́:rniŋ] 명 수입

069 ☐ **possess**
[pəzés]
동 소유하다 ; (망상 등이) 들리게 되다

The company's vast database **possesses** valuable data.
그 회사의 방대한 데이터베이스는 귀중한 자료를 보유하고 있다.

파 ☐ **possessed** [pəzést]   형 (감정, 초자연력 등에) 홀린 ; 소유된

070 ☐ **display**
[displéi]
동 전시 · 진열하다 ; 표시하다 ;
(감정 등을) 나타내다

The computer **displays** the information and prints it out.
그 컴퓨터는 정보를 표시하여 인쇄한다.

유 ☐ **exhibit** [igzíbit]   (상품 · 미술품 등을) 전시하다
☐ **present** [prizént]   (제안 등을) 제시하다 ; 표명하다

CD 1 Track 9

071 ☐ **reveal**
[rivíːl]
동 (비밀 · 의외의 일을) 폭로하다 ; 밝히다

It is unethical to **reveal** the contents of the confidential document.
비밀 서류 내용을 폭로하는 것은 윤리에 어긋난다.

파 ☐ **revelation** [rèvəléiʃən]   명 폭로된 사실 ; 신발견
유 ☐ **disclose** [disklóuz]   (정보 등을) 공개하다 ; 개시하다
　　disclose official documents   (공문서를 공개하다)
반 ☐ **conceal** [kənsíːl]   감추다 ; 비밀로 하다
중 ☐ **confidential** [kànfədénʃəl]   형 극비의 ; 기밀에 속하는

---

072 □ **charge**
[tʃɑːrdʒ]
동 비난하다 ; 청구하다 ; 충전하다

▶ charge와 accuse도 비난 · 고발하는 이유를 of로 나타낸다.

The critic **charged** the government of ignoring the welfare problem.
그 평론가는 복지 문제를 무시한 정부를 비난했다.

유 □ **accuse** [əkjúːz] 책임을 묻다 ; 비난하다

□ **indict** [indáit] 기소하다 ; 고발하다
indict the lawmaker for bribery (수뢰죄로 의원을 기소하다)

---

073 □ **decline**
[dikláin]
동 (정중히) 거절하다 ; 사퇴하다

▶ decline은 「정중히 거절하다」에 대하여 refuse는 「단호히 거절하다」, reject는 「유무를 말하지 않고 거절하다」라는 뉘앙스.

Janet politely **declined** my offer to help her move.
Janet은 그녀가 이사하는 것을 돕겠다는 나의 제안을 정중히 거절했다.

유 □ **refuse** [rifjúːz] 거절하다 ; 거부하다

□ **reject** [ridʒékt] 거부하다 ; 배척하다

□ **turn down** (제안 등을) 각하하다
turn down the proposal (그 제안을 각하하다)

---

074 □ **fulfill**
[fulfíl]
동 실행하다 ; (의무를) 다하다

The tenant has not yet **fulfilled** his promise to pay the rent.
임차인은 임대료를 지불하겠다는 약속을 아직 이행하지 않았다.

파 □ **fulfillment** [fulfílmənt] 명 실행 ; 이행

유 □ **implement** [ímpləmènt] 실시하다 ; 집행하다
implement a project (프로젝트를 실행하다)

□ **complete** [kəmplíːt] 완료하다 ; 완전하게 하다
complete a course (과정을 수료하다)

075 ☐ **conduct**
[kəndʌ́kt]
동 실시하다 ; 지휘하다
명 [kándʌkt] 실시 ; 지휘

It was decided that the chairperson would **conduct** the series of meetings.
회장이 연속하는 회의를 총괄하는 것이 결정되었다.

파 ☐ **conductor** [kəndʌ́ktər] 명 지휘자 ; (버스 등의) 차장
유 ☐ **administer** [ædmínistər] (경영 · 행정 등을) 관리 · 운영하다
☐ **govern** [gʌ́vərn] 통치하다 ; 운영하다
▶ 정치는 물론 경영에도 잘 쓴다.
govern IT spending (IT 경비를 통제하다)

076 ☐ **occur**
[əkə́:r]
동 일어나다 ; 생기다 ; (생각이) 떠오르다

▶ 「일어나다」의 의미로는 occur나 happen이 「우연히 일어나다」로 같은 뉘앙스인데 반하여 take place는 「(예정되어) 일어나다」라는 뉘앙스.

The idea of relocating the office never **occurred** to me.
사무실 이전과 같은 생각은 나에게는 전혀 떠오르지 않았다.

유 ☐ **take place** 일어나다 ; 거행되다
The wedding will **take place** next Sunday.
(결혼식은 다음 일요일에 거행될 것이다.)

077 ☐ **recognize**
[rékəgnàiz]
동 식별하다 ; 인식하다

▶ recognize는 「이전에 알고 있던 것을 식별하다」이며, distinguish는 「특징이 다른 것을 식별하다」의 뉘앙스.

My new computer system couldn't **recognize** foreign language characters.
나의 새 컴퓨터 시스템은 외국어 문자를 인식하지 못했다.

유 ☐ **distinguish** [distíŋgwiʃ] 식별하다 ; 특징을 나타내다
distinguish A from B (A와 B를 식별하다)

078 ☐ **describe**
[diskráib]　　⑤ 묘사하다 ; 모양을 설명하다

▶ describe는 「상세히 설명·묘사하다」, depict는 「그림이나 선으로 묘사하다」라는 뉘앙스.

Sara **described** the product in detail to the client.
Sara는 고객에게 제품을 상세히 설명했다.

파　☐ **description** [diskrípʃən]　⑲ 묘사 ; 설명
유　☐ **depict** [dipíkt]　묘사하다 ; 서술하다
　　depict coastal scenery　(해안의 풍경을 묘사하다)

079 ☐ **inspect**
[inspékt]　　⑤ 상세히 조사하다 ; 검사하다 ; 시찰하다

The health department **inspected** the restaurant kitchen to make sure it was sanitary.
보건부는 위생적인지 확인하기 위하여 그 레스토랑의 주방을 조사했다.

파　☐ **inspection** [inspékʃən]　⑲ 검사 ; 시찰
유　☐ **examine** [igzǽmin]　조사하다 ; 검토하다
　　examine a patient's body　(환자의 몸을 진찰하다)
　　☐ **investigate** [invéstəgèit]　조사하다 ; 연구하다
　　investigate the crime　(그 범죄를 조사하다)
　　☐ **scrutinize** [skrú:tənàiz]　면밀히 조사하다
　　scrutinize the draft of the president's speech
　　(대통령 연설의 초안을 면밀히 조사하다)

080 ☐ **preserve**
[prizə́:rv]　　⑤ 보존하다 ; 보호하다

▶ preserve는 「오래 사용하기 위해 보존하다」, conserve는 「절약하기 위하여 보존하다」와 같이 뉘앙스가 다르다. protect는 「안전하게 보호하다」와 같은 뜻이 들어 있다.

Big business must also do its part to **preserve** natural resources.
대기업도 천연자원을 보존하기 위해 공헌해야 한다.

유 □ **conserve** [kənsə́:rv] 보존하다 ; 절약하다
□ **protect** [prətékt] 보호하다 ; 지키다
  protect intellectual property rights (지적 소유권을 보호하다)
□ **safeguard** [séifgà:rd] (권리 · 이익을) 지키다
  safeguard privacy (프라이버시를 지키다)

CD 1 Track 10

081 □ **observe** 동 관찰하다 ; 준수하다 ; (축제일을) 축하하다 ;
[əbzə́:rv] ～에 주의하다

▶ 다의어이므로 문맥에 주의. 「관찰하다」, 「준수하다」의 의미로도 잘 사용된다.

The store will be closed tomorrow in order to **observe** the national holiday.
그 가게는 국경일을 축하하기 위해 내일 폐점한다.

파 □ **observation** [àbzərvéiʃən] 명 관찰 ; 관찰 기록
□ **observatory** [əbzə́:rvətò:ri] 명 관측소

082 □ **deserve** 동 (～할) 가치가 있다
[dizə́:rv]

George has been working hard for years, so he **deserves** a raise.
George는 몇 년 동안 열심히 일해서 승급할만하다.

유 □ **be worthy of** ～할 가치가 있다

083 □ **hire** 동 고용하다
[háiər]

▶ 비즈니스에서 잘 사용된다. 참고로 말하면 영국에서는 임차하다 (= rent)와 같은 의미로도 사용한다.

The PR department **hired** a new clerk to do administrative duties.
광고부는 관리 업무를 하기 위하여 신입사원을 고용했다.

유 □ **employ** [implɔ́i] 고용하다 ; 채용하다
  employ an accountant (회계사를 고용하다)

084 ☐ launch
[lɔːntʃ]
동 개시하다 ; 매출하다 ; (로켓 등을) 발사하다

The corporation **launched** its new product with commercials on the major networks.
그 회사는 주요 네트워크를 통한 광고와 함께 신제품을 발매했다.

유 ☐ **inaugurate** [inɔ́ːgjurèit] 취임시키다 ; (사업 등을) 개시하다
  inaugurate the new Cabinet (새 내각을 발족시키다)
☐ **initiate** [iníʃièit] 개시하다 ; 선도하다
  initiate trade talks (무역 교섭을 개시하다)
☐ **set off** 시동하다 ; 작동하다
☐ **embark on** (사업 등에) 진출하다 ; 개시하다
  embark on a new business (신규 사업을 개시하다)

085 ☐ affect
[əfékt]
동 영향을 미치다 ; 작용하다 ; 감동시키다

Inflation **affects** the buying power of the dollar.
인플레이션은 달러의 구매력에 영향을 미친다.

파 ☐ **affection** [əfékʃən] 명 애정 ; 영향 ▶ 「애정」의 의미로 잘 쓰인다.
유 ☐ **influence** [ínfluəns] 영향을 주다
  influence a stock market (주식 시장에 영향을 주다)
중 ☐ **buying power** 구매력

086 ☐ fascinate
[fǽsənèit]
동 매혹하다 ; 황홀하게 하다

▶ attract에는 「주의를 끌다」의 의미가 있다. fascinate, allure, enchant는 「즐거운 것 · 일에 매료하다」라는 의미의 뉘앙스가 있다. allure는 「성적 매력」이 포함되어 있다.

The private life of the famous CEO **fascinates** the public.
그 유명한 CEO의 개인 생활은 대중을 매료시킨다.

파 ☐ **fascination** [fæsənéiʃən] 명 매력 ; 도취 상태
유 ☐ **attract** [ətrǽkt] 주의를 끌다 ; 매혹하다
☐ **allure** [əlú́ər] 매혹하다 ; 꾀어내다

□ **enchant** [intʃǽnt]   황홀하게 하다 ; 매료하다

087   □ **ship**
[ʃip]   동 출하하다 ; 발송하다 ; 선적하다

▶ ship은 기점에, deliver는 종점에 포인트가 있다. convey나 transport는 「한 지점에서 한 지점으로의 이송」의 뉘앙스가 있다.

The order was **shipped** last week, but we still haven't received it.
주문품은 지난주에 발송되었으나 아직 우리는 받지 못했다.

파 □ **shipment** [ʃípmənt]   명 발송 ; 화물
유 □ **deliver** [dilívər]   배달하다 ; 배송하다 ; 연설하다
deliver a speech   (연설을 하다)
□ **convey** [kənvéi]   운반하다 ; (정보 등을) 전달하다
Please **convey** my sympathies to her family.
(심심한 애도의 뜻을 그녀의 가족에게 전해주세요.)
□ **transport** [trænspɔ́ːrt]   수송하다

088   □ **issue**
[íʃuː]   동 (면허, 출판물 등을) 발행하다 ;
(명령 등을) 공포하다

The corporation **issued** a statement announcing the merger.
그 회사는 합병을 발표하는 성명을 냈다.

유 □ **release** [rilíːs]   (제품 등을) 발표하다
release a film   (영화를 공개하다)
□ **publish** [pʌ́bliʃ]   (책 등을) 출판하다
□ **promulgate** [práməlgèit]   (법률 등을) 공포하다

089   □ **subscribe**
[səbskráib]   동 정기구독하다 ; 회원 등록하다

The accountant **subscribes** to the daily financial paper.
그 회계사는 일간 금융지를 정기 구독한다.

파 □ **subscription** [səbskrípʃən]   명 정기 구독 ; 등록
□ **subscriber** [səbskráibər]   명 정기 구독자 ; 회원

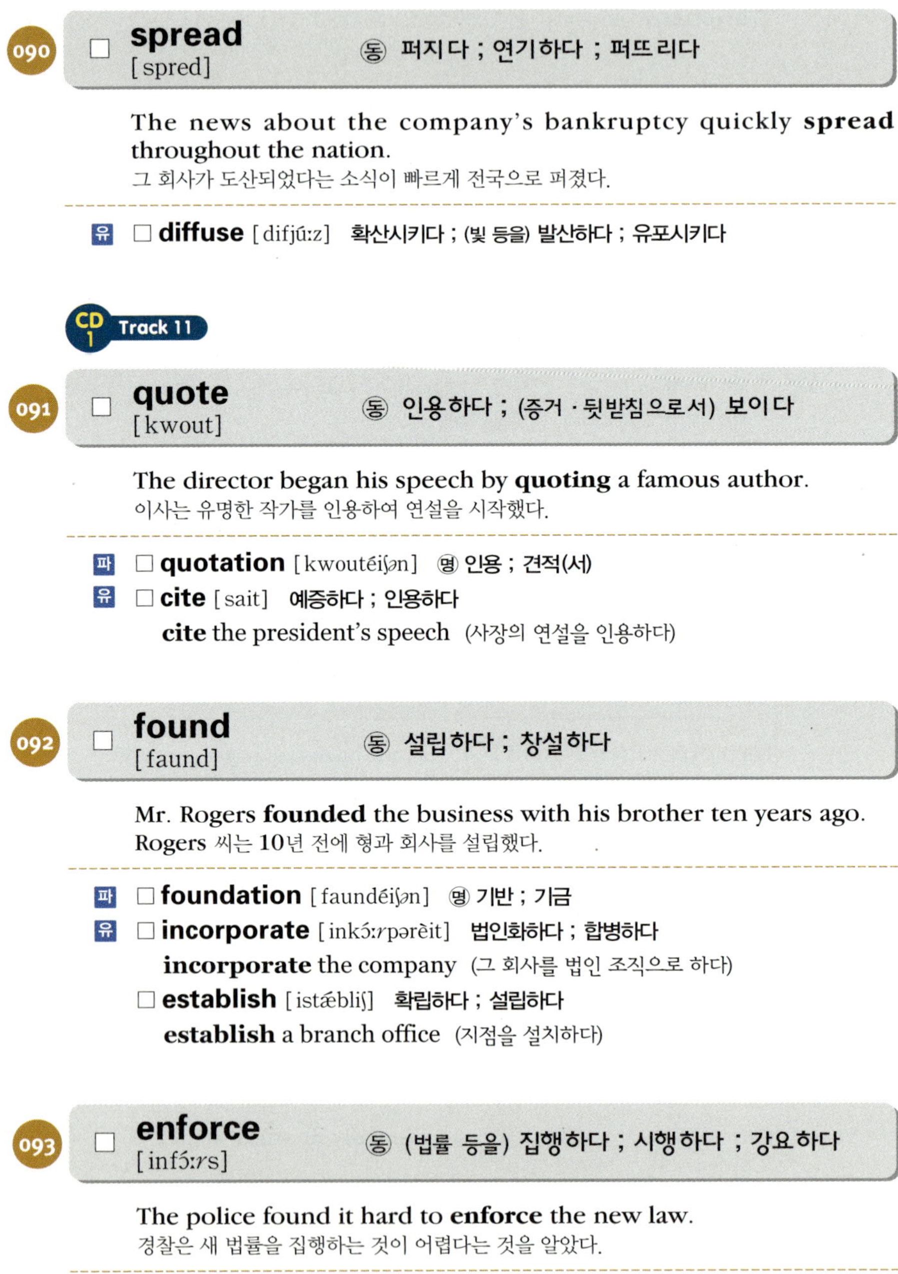

090 ☐ **spread**
[spred]
동 퍼지다 ; 연기하다 ; 퍼뜨리다

The news about the company's bankruptcy quickly **spread** throughout the nation.
그 회사가 도산되었다는 소식이 빠르게 전국으로 퍼졌다.

유 ☐ **diffuse** [difjúːz] 확산시키다 ; (빛 등을) 발산하다 ; 유포시키다

CD 1 Track 11

091 ☐ **quote**
[kwout]
동 인용하다 ; (증거·뒷받침으로서) 보이다

The director began his speech by **quoting** a famous author.
이사는 유명한 작가를 인용하여 연설을 시작했다.

파 ☐ **quotation** [kwoutéiʃən] 명 인용 ; 견적(서)
유 ☐ **cite** [sait] 예증하다 ; 인용하다
　　 cite the president's speech (사장의 연설을 인용하다)

092 ☐ **found**
[faund]
동 설립하다 ; 창설하다

Mr. Rogers **founded** the business with his brother ten years ago.
Rogers 씨는 10년 전에 형과 회사를 설립했다.

파 ☐ **foundation** [faundéiʃən] 명 기반 ; 기금
유 ☐ **incorporate** [inkɔ́ːrpərèit] 법인화하다 ; 합병하다
　　 incorporate the company (그 회사를 법인 조직으로 하다)
　 ☐ **establish** [istǽbliʃ] 확립하다 ; 설립하다
　　 establish a branch office (지점을 설치하다)

093 ☐ **enforce**
[infɔ́ːrs]
동 (법률 등을) 집행하다 ; 시행하다 ; 강요하다

The police found it hard to **enforce** the new law.
경찰은 새 법률을 집행하는 것이 어렵다는 것을 알았다.

파 □ **enforcement** [infɔ́ːrsmənt] 명 집행 ; 시행 ; 강요
□ **enforcer** [infɔ́ːrsər] 명 집행자　a law **enforcer** (법 집행기간 ; 경찰)

094 □ **obey**
[oubéi]　동 따르다 ; 복종하다

Most employees find it impossible to **obey** the unrealistic demands of the company president.
사원 대부분은 회사 사장의 비현실적 요구에 따르는 것이 불가능하다는 느낌이다.

파 □ **obedient** [oubíːdiənt] 형 순종하는
반 □ **disobey** [dìsəbéi] 거역하다 ; 복종하지 않다

095 □ **hesitate**
[hézətèit]　동 망설이다 ; 주저하다

The boss didn't **hesitate** to give his approval of the new plan.
상사는 지체 없이 새로운 계획을 승인했다.

파 □ **hesitation** [hèzətéiʃən] 명 주저

096 □ **locate**
[lóukeit]　동 위치를 알아내다 ; ∼에 위치하다

▶ <be located in/at>과 같이 수동형은 회사 등의 소재지를 나타낼 때 사용한다.

After the database crashed, the systems engineer **located** the source of the error.
데이터베이스가 망가진 이후 그 시스템 엔지니어가 에러의 원인을 알아냈다.

파 □ **location** [loukéiʃən] 명 위치 ; 장소

097 □ **enclose**
[inklóuz]　동 동봉하다 ; ∼을 싸다

Please **enclose** your résumé with the application and send it to our office.
지원 서류에 이력서를 동봉하여 저희 사무실로 보내주세요.

파 □ **enclosure** [inklóuʒər] 명 동봉물

098 ☐ **exceed**
[iksíːd]
동 ~보다 크다 ; 월등하다 ; 도를 넘다

▶ exceed는 「수량이 보다 크다」에 대하여 excel은 「능력 · 품질이 능가하다」라는 뉘앙스.

The profits from the sale exceeded our expectations.
판매 이익은 우리의 예측을 넘었다.

유 ☐ **excel** [iksél] 보다 우수하다 ; 빼어나다

099 ☐ **defeat**
[difíːt]
동 패배 시키다 ; 좌절 시키다

▶ 「패배시키다」라는 의미로 defeat와 beat를 같이 사용하나 beat 쪽이 구어적.

The team defeated its opponent by two points.
그 팀은 2점차로 상대를 이겼다.

유 ☐ **beat** [biːt] 패배시키다 ; 두드리다
☐ **conquer** [káŋkər] (무력 등으로) 제압하다 ; (감정을) 억제하다
  conquer an enemy (적을 제압하다)
중 ☐ **opponent** [əpóunənt] 명 상대 ; 적

100 ☐ **fasten**
[fǽsn]
동 잠그다 ; 고정 시키다 ; 채우다

Please fasten your photo to your application before sending it.
보내기 전에 신청서에 사진을 붙이시오.

유 ☐ **attach** [ətǽtʃ] 첨부하다
  attach a file to an e-mail message (이메일에 파일을 첨부하다)
☐ **peg** [peg] 고정하다 ; 못으로 고정하다
  The Hong Kong dollar is pegged to the U.S. dollar.
  (홍콩 달러는 미 달러에 고정되어 있다.)

CD 1 Track 12

---

101 ☐ **obtain**
[əbtéin]
동 (정보·허가 등을) 입수하다 ; 획득하다

Mr. Lee must **obtain** a visa before coming to work at the firm.
이씨는 그 회사에 근무하러 오기 전에 비자를 취득해야 한다.

 ☐ **acquire** [əkwáiər] 획득하다 ; 손에 넣다
acquire a good reputation (좋은 평판을 얻다)
☐ **gain** [gein] 얻다 ; 획득하다
gain more knowledge (더욱 많은 지식을 얻다)

---

102 ☐ **proceed**
[prəsí:d]
동 진행하다 ; (작업 등이) 계속하다 ; 전진하다

▶ 자동사이므로 목적어를 취하는 경우 with가 필요. **proceed** with the project (프로젝트를 진행하다)

After the fire in the building, business **proceeded** as usual.
그 빌딩의 화재 후에도 업무는 통상적으로 진행되었다.

 ☐ **go ahead** 진행하다 ; 나아가다
☐ **advance** [ædvǽns] 전진하다 ; 나아가다

---

103 ☐ **accommodate**
[əkámədèit]
동 편의를 도모하다 ; (호텔 등이 사람을) 수용하다

▶ 「수용하다」의 의미로는 This plane can **accommodate** 250 passengers. (이 비행기는 승객 250명을 태울 수 있다.)로 흔히 사용한다.

The government wrote a proposal that **accommodates** senior citizens.
정부는 고령자의 편의를 도모하는 제안서를 작성했다.

 ☐ **accommodations** [əkàmədéiʃənz] 명 (복수형) 숙박 시설 ; 수용 시설
☐ **senior citizen** 고령자

104 perform
[pərfɔ́:rm]
동 실행하다 ; 작동하다 ; 연주하다

It is essential that all employees **perform** their contractual obligations.
전 사원이 그들의 계약 의무를 이행하는 것은 중요하다.

유 □ **commit** [kəmít] (죄 · 과실 등을) 범하다 ; 떠맡다
   commit suicide (자살하다)
□ **carry out** 실시하다 ; 성취하다
   carry out a ceremony (식을 거행하다)

105 undergo
[ʌ̀ndərgóu]
동 경험하다 ; 겪다 ; 견디다

Many companies are **undergoing** great hardships in these difficult economic times.
많은 회사들이 이 어려운 경제 정세의 시기에 큰 고통을 겪고 있다.

접두사 under-의 동사
□ **undertake** [ʌ̀ndərtéik] 착수하다 ; 떠맡다
   undertake a new project (새로운 프로젝트를 착수하다)
□ **undermine** [ʌ̀ndərmáin] 서서히 쇠태하다 ; 해치다
   undermine health (건강을 해치다)
중 □ **undervalue** [ʌ̀ndərvǽlju:] 과소평가하다
□ **hardship** [háːrdʃip] 명 고난 ; 곤란

106 penetrate
[pénətrèit]
동 (액체 등이) 스며들다 ; 침투하다 ; 해명하다

▶ 비즈니스에선 예문처럼 「(시장에) 침투하다 ; 잠식하다」라는 의미로 잘 사용된다.

The electronics corporation **penetrated** the computer market with an affordable new model.
그 전자 회사는 부담이 없는 좋은 가격의 새 모델로 컴퓨터 시장에 침투했다.

파 □ **penetration** [pènətréiʃən] 명 침투 ; 통찰력

107 ☐ **amend**
[əménd] 동 (좋게) 수정하다 ; 개정하다

The Congress **amended** the proposal in order to make it more comprehensive.
미 의회는 의안을 보다 포괄적으로 하기 위하여 그것을 개정했다.

유 ☐ **correct** [kərékt] (틀린 것 등을) 정정하다
correct spelling errors (오타를 정정하다)
☐ **revise** [riváiz] 개정하다 ; 수정하다
revise the promotion schedule (판촉 계획을 수정하다)

108 ☐ **modify**
[mádəfài] 동 (조금) 변경하다 ; 수정하다

▶ modify나 alter는 변경은 부분적으로 끝난다. vary는 동일성·되풀이 없이 바꾸는 것을 말한다.

It is necessary to **modify** the plan so that all parties agree.
모든 당사자들이 합의하도록 계획을 변경할 필요가 있다.

유 ☐ **alter** [ɔ́:ltər] (일부) 변경하다 ; 개조하다
alter an itinerary (여행 계획을 변경하다)
☐ **vary** [vέəri] 변화시키다
vary expressions (표현을 바꾸다)

109 ☐ **certify**
[sə́:rtəfài] 동 증명하다 ; 보증하다 ; 인정하다

The attorney was asked to **certify** the facts.
그 변호사는 그 사실을 인정하도록 의뢰받았다.

파 ☐ **certified** [sə́:rtəfàid] 형 인정된 ; 자격을 가진
유 ☐ **verify** [vérəfài] (진실임을) 확인하다 ; 증명하다
verify a passport (여권을 확인하다)
☐ **validate** [vǽlədèit] (유효성·정당성을) 입증하다 ; 유효하게 하다
validate a contract (계약을 발효시키다)
☐ **confirm** [kənfə́:rm] 확실하게 하다 ; 확인하다
confirm an appointment (약속을 확인하다)

---

110 ☐ **allot**
[əlát] 동 (일 · 시간 등을) 할당하다 ; 분배하다

The moderator **allotted** 30 minutes to each speaker at the conference.
사회자는 회의에서 각 연사마다 30분을 할당했다.

유 ☐ **allocate** [ǽləkèit] (자금 · 역할 등을) 할당하다
allocate funds (자금을 할당하다)

중 ☐ **moderator** [mɑ́dərèitər] 명 사회자

CD1 Track 13

111 ☐ **alternate**
[ɔ́:ltərnèit] 동 교체하다 형 상호의

Carl and Mary decided to **alternate** shifts so that they could each take a vacation.
Carl과 Mary는 각자 휴가를 가기 위해 교대 근무를 변경하기로 결정했다.

파 ☐ **alternative** [ɔ:ltə́:rnətiv] 형 대체의 명 대체물 ; 양자택일
an **alternative** plan (대체 계획)

유 ☐ **rotate** [róuteit] 교체하다 · 시키다 ; 회전하다 · 시키다
rotate duties (일을 교대로 하다)

---

112 ☐ **collaborate**
[kəlǽbərèit] 동 공동작업하다 ; 합작하다

The rival firms decided to **collaborate** in order to increase business.
경쟁 회사들은 사업을 확대하기 위하여 제휴하기로 결정했다.

파 ☐ **collaboration** [kəlǽbəréiʃən] 명 공동 작업
유 ☐ **cooperate** [kouɑ́pərèit] 협력하다
cooperate with your firm on this project
(이 프로젝트에 대하여 귀사와 협력하다)

☐ **coordinate** [kouɔ́:rdənèit] 조정하다 ; 협조시키다
coordinate our subsidiaries (자회사를 잘 정리하다)

---

113 ☐ **defer** [difə́:r] 동 (예정 등을) 미루다 ; 연기하다

Mr. Forester **deferred** paying the bills until he got paid.
Forester 씨는 급여를 받을 때까지 청구서의 지불을 연기했다.

유 ☐ **suspend** [səspénd] 일시 정지하다 ; 보류하다
suspend operation of the plant (공장의 생산을 일시 정지하다)

114 ☐ **incur** [inkə́:r] 동 (손해 등을) 입다 ; 부담하다

The corporation **incurred** substantial losses during the stock market crash.
그 회사는 주식 시장의 폭락 시기에 막대한 손실을 입었다.

중 ☐ **substantial** [səbstǽnʃəl] 형 막대한 ; 중대한 ; 실질적인

115 ☐ **anticipate** [æntísəpèit] 동 예상하다 ; 기대하다

▶ anticipate에는 「예상하여 준비하다」라는 뜻이 포함되어 있다.

The shop owner hadn't **anticipated** a crowd of people on an opening day.
가게 주인은 개점 일에 많은 인파가 오리라고 기대하지 않았었다.

유 ☐ **foresee** [fɔːrsíː] 예측하다 ; 추측하다
foresee a political crisis (정치적 위기를 예측하다)

116 ☐ **represent** [rèprizént] 동 ~을 대표하다 ; ~을 의미하다

Ms. Gonzalez **represented** our firm at the international conference.
Gonzalez 씨는 국제 회의에서 우리 회사를 대표했다.

유 ☐ **representation** [rèprizentéiʃən] 명 대표(자) ; 묘사
☐ **representative** [rèprizéntətiv] 명 대표자 ; (보통 대문자로 시작하여) 미국의 하원의원

117 ☐ **assume** [əsúːm] 동 가정하다 ; 당연한 것으로 여기다 ; 예상하다

Analysts are **assuming** that inflation will rise over the next quarter.
분석가들은 다음 분기에 인플레이션이 앙등할 것이라고 예상하고 있다.

파 ☐ **assumption** [əsʌ́mpʃən] 명 가정 ; 전제
유 ☐ **presume** [prizúːm] 추정하다 ; 예상하다
  I **presumed** that they would divorce.
  (나는 그들이 이혼할 것이라고 추측했다.)
  ☐ **suppose** [səpóuz] ~라고 생각하다 ; 추측하다

118 ☐ **endorse** [indɔ́ːrs] 동 (정식으로) 지지 · 동의하다 ; 이서하다

Please **endorse** the check and deposit it into your account.
수표에 이서를 하고 당신의 계좌에 입금하세요.

파 ☐ **endorsement** [indɔ́ːrsmənt] 명 승인 ; 이서
유 ☐ **authorize** [ɔ́ːθəràiz] (법률이나 권위로서) 승인하다
  an **authorized** agency (정식 대리점)

119 ☐ **entitle** [intáitl] 동 ~의 권리를 주다

▶ 사람을 주어로 <be **entitled** to ~>의 형으로 많이 사용한다. to 이하는 동사나 명사 상당어구도 좋다.

This coupon **entitles** the customer to a 30 percent savings.
이 쿠폰으로 고객은 30퍼센트 할인의 권리를 얻는다.

120 ☐ **resume** [rizúːm] 동 재개하다 ; 다시 시작하다

The meeting will **resume** after a short 10-minute break.
회의는 10분간 잠시 휴식 후 다시 시작될 것이다.

파 ☐ **resumption** [rizʌ́mpʃən] 명 재개 ; 속행

121 ☐ **imply**
[implái]
동 암시하다 ; 내포하다

▶ imply는 타동사지만 allude는 자동사이다. 목적어가 이어질 때 allude to의 형이 된다.

The manager's tone **implied** disapproval in the employee's performance.
부장의 말투는 그 사원의 실적에 불만이 있는 것을 암시했다.

파 ☐ **implicit** [implísit] 형 암시적인 ↔ **explicit** 명쾌한 ; 숨김없는
유 ☐ **allude** [əlúːd] 넌지시 말하다 ; 암시하다
   allude to one's mistake (자기의 실수를 넌지시 말하다)

122 ☐ **profess**
[prəfés]
동 공언하다 ; ～인 체하다

The CEO **professed** ignorance of current affairs.
그 최고경영책임자는 시사 문제를 모른다고 분명히 말했다.

유 ☐ **confess** [kənfés] 고백하다 ; 공술하다
   confess one's mistake (자기의 실수를 고백하다)
☐ **declare** [diklέər] 선언하다
   declare a state of emergency (비상 사태를 선언하다)
☐ **vow** [vau] 맹세하다   **vow** allegiance (충성을 맹세하다)

123 ☐ **comprise**
[kəmpráiz]
동 ～으로 이루어지다 ; 포함하다

▶ be **comprised** of는 consist of와 같은 의미.

The employee's union is **comprised** of 150 members.
그 노동조합은 150명의 회원으로 구성되어 있다.

유 ☐ **contain** [kəntéin] (내용물을) 포함하다 ; 수용하다
   contain various ingredients (여러 가지 성분을 함유하다)
☐ **involve** [inválv] (필요한 것을) 포함하다 ; 관계시키다
   This investment **involves** substantial risk.
   (이 투자는 큰 리스크가 있다.)

124 □ **constitute**
[kάnstətjùːt] 동 구성하다 ; ~을 나타내다

This small amount of money **constitutes** my entire income for a year.
이 적은 금액은 1년 동안의 내 모든 수입으로 구성되어 있다.

파 □ **constitution** [kὰnstətjúːʃən] 명 헌법 ; 구성
유 □ **compose** [kəmpóuz] 구성하다 ; 조립하다 ; 창작하다
compose a symphony (교향곡을 작곡하다)

125 □ **embrace**
[imbréis] 동 포함하다 ; 포옹하다 ; 받아들이다

Ms. Flores always **embraces** a charitable cause and works hard to raise funds.
Flores 씨는 항상 자선 운동에 참가하여 자금을 모으는 데 헌신적이다.

중 □ **cause** [kɔːz] 명 운동 ; 주의

126 □ **stimulate**
[stímjulèit] 동 자극하다 ; 활기차게 하다

▶ stimulate는 「활동적으로 하다」, arouse는 「반응을 불러일으키다」, excite는 「흥분 · 행복을 불러일으키다」, incite는 「분노 · 폭동 등을 일으키게 하다」라는 뉘앙스.

The Congress approved a plan designed to **stimulate** the ailing economy.
미 의회는 피폐된 경제를 자극하기 위하여 작성된 계획을 승인했다.

파 □ **stimulus** [stímjuləs] 명 자극
유 □ **arouse** [əráuz] 유발하다 ; 환기시키다
arouse curiosity (흥미를 불러일으키다)
□ **excite** [iksáit] 흥분시키다 ; 환기시키다
excite anger and frustration (분노와 불만을 불러일으키다)
□ **incite** [insáit] 선동하다
incite rioting (폭동을 선동하다)
중 □ **ailing** [éiliŋ] 형 피폐된 ; 병이 든

127 ☐ **facilitate**
[fəsílətèit]
동 촉진하다 ; 용이하게 하다 ; 조장하다

After the conflict, political agreements **facilitated** the withdrawal of the troops.
분쟁 이후 정치적 합의에 의해 군대의 철수가 촉진되었다.

128 ☐ **provoke**
[prəvóuk]
동 유혹하다 ; (화 · 웃음을) 자아내다

The racist tone of the politician's speech **provoked** anger in the crowd.
그 정치가 연설의 인종차별적인 말투가 군중들의 분노를 일으켰다.

파 ☐ **provocative** [prəvákətiv] 형 도발적인 ; 물의를 일으키는
유 ☐ **motivate** [móutəvèit] 동기를 주다 ; 의욕을 일으키게 하다
　　motivate the employees (사원에게 의욕을 갖게 하다)
중 ☐ **racist** [réisist] 형 인종차별적인 명 인종차별주의자

129 ☐ **attain**
[ətéin]
동 획득하다 ; 달성하다

The director **attained** a high position by working hard every day.
그 이사는 매일 열심히 일해서 높은 지위를 획득했다.

유 ☐ **accomplish** [əkámpliʃ] 달성하다 ; 성공시키다
　　accomplish a dream (꿈을 실현하다)
☐ **achieve** [ətʃíːv] 이루다 ; 달성하다
　　achieve a perfect score (만점을 받다)

130 ☐ **restore**
[ristɔ́ːr]
동 회복하다 ; (가구 등을) 복원하다

▶ restore는 「제도·신용」 또는 「가구」 등을 회복·복원하다는 의미로 사용된다. fix와 repair는 가전 등의 수리에 쓰이나, repair는 fix보다 격식을 갖춘 표현이다. mend는 「파괴된 것을 고치다」라는 뜻.

After the intense rioting, the police were dispatched to **restore** law and order.
격렬한 폭동 후 법과 질서를 회복하기 위하여 경찰이 파견되었다.

파 ☐ **restoration** [rèstəréiʃən] 명 복구 ; 수복
유 ☐ **fix** [fiks] 수리하다 ; 정비하다
☐ **repair** [ripέər] 수리하다 ; 회복하다
☐ **mend** [mend] 수리하다 ; 고치다
중 ☐ **dispatch** [dispǽtʃ] 동 파견하다

CD 1 Track 15

131 ☐ **refurbish**
[rifə́ːrbiʃ]
동 (집 등을) 개장하다 ; 수리 조정하다

▶ 우리말의 「(방을) 개조하다」에 해당하는 말은 영어로 refurbish나 renovate이다.

The office has been more comfortable ever since it was **refurbished**.
그 사무실은 개조된 이후 더욱 쾌적해졌다.

유 ☐ **renovate** [rénəvèit] (건물이나 방을) 새롭게 개조하다 ; 쇄신하다
☐ **reform** [riːfɔ́ːrm] (제도 등을) 개혁하다 ; 개심(改心)하다
reform the current tax system (현행 과세 시스템을 개혁하다)

132 ☐ **inherit**
[inhérit]
동 이어받다 ; (재산·유전 등을) 물려받다

The next administration will **inherit** the huge budget deficit.
다음 정권은 거액의 재정 적자를 떠맡게 될 것이다.

파 ☐ **inheritance** [inhéritəns] 명 상속 ; 유산
유 ☐ **take over** (일·재산 등을) 물려받다 ; 점거하다
take over the position (그 지위를 인계받다)

133 ☐ **thrive**
[θraiv] 동 번영하다 ; 성공하다 ; (식물이) 무성하게 자라다

The economy can only **thrive** if there is more investment.
투자가 증가하는 조건이라면 경제는 오직 번영할 수 밖에 없다.

유 ☐ **prosper** [práspər] (특히 경제적으로) 번영하다 ; 성공하다
prosper in business (사업에 성공하다)
☐ **flourish** [flə́:riʃ] 번영하다 ; 융성하다
Buddhist art **flourished** in the Koryo Era.
(불교 예술은 고려시대에 융성했다.)

134 ☐ **institute**
[ínstətjùːt] 동 (단체 · 규칙 등을) 제정하다 ; (사업을) 시작하다

The personnel department will **institute** a new rule that will cut down on employee tardiness.
인사부는 종업원의 지각을 줄이는 새로운 규칙을 제정할 것이다.

파 ☐ **institution** [ìnstətjúːʃən] 명 기관 ; 단체 ; 제도
중 ☐ **tardiness** [tá:rdinis] 명 지각

135 ☐ **prescribe**
[priskráib] 동 규정하다 ; 처방하다

The manufacturer **prescribed** a date of payment and a price.
제조업자는 지불일과 가격을 정했다.

파 ☐ **prescription** [priskrípʃən] 명 규정 ; (약의) 처방전 ; (법률의) 시효
유 ☐ **stipulate** [stípjulèit] (법률이나 계약으로서) 규정하다
stipulate compensation (보수를 규정하다)

136 □ **absorb**
[əbsɔ́ːrb]
동 흡수하다 ; (충격 등을) 완화하다 ; 열중하다

▶ be **absorbed** in ~은 「~에 열중하다」라는 의미의 숙어.

The project has **absorbed** all of our department's resources.
그 프로젝트에 우리 부서의 자산이 모두 흡수되었다.

유 □ **suck** [sʌk] 흡수하다 ; 빨아들이다
suck up juice through a straw (빨대를 통해 주스를 빨아올리다)

---

137 □ **expose**
[ikspóuz]
동 ~에 드러내다 ; 노출하다 ; 폭로하다

▶ 예문처럼 be **exposed** to로 「~에 접촉하다 ; 친하다」의 의미로 자주 사용된다. to 이하에는 위험과 같은 부정적인 단어도 자주 온다.

Jan was always **exposed** to classical music as a child.
Jan은 어린 시절 고전음악에 언제나 접하고 있었다.

파 □ **exposure** [ikspóuʒər] 명 폭로 ; 발표 ; (카메라의) 노출

---

138 □ **impose**
[impóuz]
동 (세금ㆍ의무 등을) 부과하다 ; 강제하다

▶ 부과되는 대상 앞에는 전치사 on을 쓴다.

The government **imposed** a new tax on goods and services.
정부는 물품과 서비스에 새로운 세금을 부과했다.

---

139 □ **merge**
[məːrdʒ]
동 합병하다 ; 합류하다

▶ 예문은 자동사이지만, 타동사로도 사용된다.

The companies will **merge** to form a conglomerate.
복합회사를 만들려고 회사들이 합병할 것이다.

파 □ **merger** [mə́ːrdʒər] 명 합병
유 □ **blend** [blend] 혼합시키다 ; 융합하다
blend flour and sugar (밀가루와 설탕을 혼합하다)

☐ **mingle** [míŋɡəl] 혼합하다 ; 교류하다
mingle with celebrities (유명인들과 어울리다)
☐ **amalgamate** [əmǽlɡəmèit] 합병하다 ; 융합하다
amalgamate these companies (이 회사들을 합병하다)

140 ☐ **stress** [stres] 동 강조하다 ; 중점을 두다   명 긴장 ; 압박

The fire chief **stressed** the need to hold fire safety seminars within companies.
소방서장은 기업 내에서 방화 세미나를 실시할 필요성을 강조했다.

유 ☐ **underline** [ʌ́ndərlàin] 강조하다 ; 밑 선을 치다
underline the need for tax cuts (감세의 필요성을 강조하다)
☐ **exaggerate** [iɡzǽdʒərèit] 과대시하다 ; 과장해서 말하다
exaggerate one's success (자기 성공을 과장해서 말하다)
☐ **overstate** [ðuvərstéit] 과장해서 말하다
overstate the facts (사실을 과장하다)

CD 1 Track 16

141 ☐ **pursue** [pərsúː] 동 ～의 뒤를 쫓다 ; 탐구하다

Jason decided to **pursue** a career in law enforcement.
Jason 씨는 법집행의 세계에서 경력을 추구하기로 결정했다.

파 ☐ **pursuit** [pərsúːt] 명 추구 ; 연구 ; 일

142 ☐ **retain** [ritéin] 동 유지하다 ; 유보하다 ; 고용하고 있다

Anyone who does business should **retain** a lawyer.
사업을 하는 사람들은 변호사를 고용해 두어야 한다.

파 ☐ **retention** [riːténʃən] 명 유지 ; 보유

143 ☐ **accumulate**
[əkjúːmjulèit]
동 축척하다 ; 쌓아올리다 ; 모으다

▶ money, deficits, knowledge 등 여러 가지를 「축적하다」의 의미로 사용한다.

The firm was able to **accumulate** a large amount of money to donate to charity.
그 회사는 자선 사업에 헌금하기 위하여 많은 액수의 자금을 모을 수 있었다.

유 ☐ **assemble** [əsémbəl] 모으다 ; 조립하여 만들다
assemble a computer (컴퓨터를 조립하다)

☐ **compile** [kəmpáil] 집계하다 ; 편집하다 ; 편찬하다
compile a directory (주소록을 엮나)

144 ☐ **classify**
[klǽsəfài]
동 분류하다 ; 구별하다

The secretary **classified** the documents by level of importance.
비서는 서류를 중요도에 따라 분류했다.

파 ☐ **classy** [klǽsi] 형 고급의 ; 멋진
유 ☐ **categorize** [kǽtəgəràiz] 분류하다 ; 항목별로 정리하다
☐ **sort** [sɔːrt] 구분하다 ; 분류하다

145 ☐ **surround**
[səráund]
동 둘러싸다 ; 에워싸다

Allen is **surrounded** by paperwork every day and never seems to get things done.
Allen은 매일 서류 처리에 휩싸여 결코 일을 끝낼 것 같지가 않다.

파 ☐ **surroundings** [səráundiŋz] 명 (복수형) 환경 ; 주위의 상황

146 □ **persist**
[pəːrsíst]
동 (자기 생각을) 고집하다 ;
(좋지 않은 일이) 계속되다

The pushy salesperson **persisted** to call customers daily.
밀어붙이는 세일즈맨이 매일 고객에게 끈질기게 전화했다.

파 □ **persistent** [pərsístənt] 형 지속적인 ; 끈덕진
유 □ **endure** [indʒúər] 견디다 ; 지속하다
endure many years of loneliness (수년의 고독을 견뎌내다)
□ **persevere** [pəːrsəvíər] 버티어내다
persevere in one's efforts (끈질기게 노력하다)

147 □ **explore**
[iksplɔ́ːr]
동 탐험하다 ; 탐색하다

The scientists **explored** every possibility of life on Mars.
과학자들은 화성에 생명체가 있을 모든 가능성을 탐색했다.

파 □ **exploration** [èkspləréiʃən] 명 탐색 ; 탐험
유 □ **probe** [proub] 정밀 조사하다 ; 탐사하다
probe into the motives of the crime
(그 범죄의 동기를 철저히 조사하다)
□ **survey** [səːrvéi] 조사하다 ; 개관하다
survey the damage caused by the typhoon
(태풍의 피해를 조사하다)

148 □ **detect**
[ditékt]
동 (문제점·비밀 등을) 발견하다 ; 검출하다

The software **detected** a virus in the computer system.
그 소프트웨어는 컴퓨터 시스템의 바이러스를 검색했다.

파 □ **detective** [ditéktiv] 명 탐정

149 □ **tolerate**
[tálərèit] 동 허용하다 ; ~을 참다 ; 너그럽게 봐주다

▶ tolerate, bear, stand는 서로 바꿔 써도 되는 일이 많지만, tolerate는 문어적, stand는 구어적이다.

My supervisor cannot **tolerate** tardiness and punishes those who are late.
나의 감독관은 지각하는 것을 참을 수 없어서 지각하는 사람들을 처벌한다.

파 □ **tolerable** [tálərəbəl] 형 그런 대로의 ; 나쁘지 않는 ; 참을 수 있는
□ **tolerant** [tálərənt] 형 관대한
유 □ **bear** [bɛər] 견디다 ; 참다
□ **stand** [stænd] 견디다 ; 버티다

150 □ **presume**
[prizú:m] 동 추정하다 ; 상상하다

Ms. Kent **presumed** that Mr. Singler was her new assistant.
Kent 씨는 Singler 씨가 그녀의 새 협력자라고 생각했다.

파 □ **presumptive** [prizʌ́mptiv] 형 가정의
□ **presumptuous** [prizʌ́mptʃuəs] 형 무례한 ; 뻔뻔스러운

CD 1 Track 17

151 □ **reflect**
[riflékt] 동 반영하다 ; 반사하다 ; 숙고하다

Olivia's fine work **reflects** her intelligence.
Olivia의 섬세한 일은 그녀의 지성을 반영하고 있다.

파 □ **reflective** [rifléktiv] 형 사려깊은 ; 반사하는
□ **reflection** [riflékʃən] 명 투영 ; 반사 ; 숙고

152 □ **compel**
[kəmpél] 동 강제로 시키다 ; 강요하다

▶ <compel / force ~ to do>(~을 강제로 do 시키다) 의 형으로 흔히 사용한다.

An oil shortage will drive up gas prices and **compel** fuel conservation.
석유 부족은 휘발유 가격을 올려 연료 절약을 강요할 것이다.

파 □ **compelling** [kəmpélɪŋ] 혱 저항하기 어려운 ; 설득력이 있는
유 □ **force** [fɔːrs] 강제로 ~시키다 ; 강제하다
　　force a smile (억지웃음을 짓다)
　　□ **coerce** [kouə́ːrs] 강제로 ~시키다 ; 위압하다
　　coerce a confession (자백을 강요하다)

153　□ **bend**
[bend]　　　　동 굽다 ; 구부리다 ; 왜곡하다

The defendant was told not to **bend** the truth at his trial.
피고는 재판에서 사실을 왜곡하지 말라고 들었다.

유 □ **distort** [distɔ́ːrt] 변형시키다 ; 왜곡하다
　　distort history (역사를 왜곡하다)
　　□ **kneel** [niːl] 무릎을 꿇다

154　□ **assert**
[əsə́ːrt]　　　동 단언하다 ; (자기 소신을) 주장하다

The trader **asserted** his innocence in the scandal.
그 무역업자는 스캔들에서 결백을 주장했다.

파 □ **assertive** [əsə́ːrtiv] 혱 단정적인 ; 자기주장적인
유 □ **allege** [əlédʒ] 우기다 ; (증거 없이) 주장하다
　　□ **attest** [ətést] 증언하다 ; 입증하다 **attest** the facts (그 사실을 입증하다)

155　□ **associate**
[əsóuʃièit]　　동 제휴하다 ; 연상시키다

▶ ＜**associate** A with B＞(A를 B와 맺게 하다) 형으로 잘 사용한다. 명사로는 「동료 ; 제휴자 ; 공동사업자」 등의 뜻이 있다.

The huge software firm is **associated** with the labor union.
그 거대한 소프트 회사는 노동조합과 관계가 깊다.

유 □ **connect** [kənékt] 결합시키다 ; 관계시키다
　　I'll **connect** you to Ms. Chan. (「전화에서」 Chan 씨에게 연결해 드리겠습니다.)
　　□ **relate** [riléit] 관계하다 · 시키다 ; 말하다

156 □ **deduct**
[didʌ́kt]
동 (돈 등을) 제하다 ; 공제하다 ; 감소하다 ; 연역하다

▶ 타동사로서 **deduct** dues (회비를 공제하다)와 같이 사용한다.

A poor location **deducts** from the value of a business.
위치가 나빠서 사업 가치가 떨어진다.

파 □ **deductible** [didʌ́ktəbəl] 형 공제할 수 있는
□ **deductive** [didʌ́ktiv] 형 연역적인

157 □ **emerge**
[imə́:rdʒ]
동 나타나다 ; (사실이) 명백해지다

The public's disappointment in the president may cause a new leader to **emerge**.
국민이 대통령에게 실망하면 새로운 지도자가 나타날지도 모른다.

파 □ **emergency** [imə́:rdʒənsi] 명 긴급사태
유 □ **appear** [əpíər] 나타나다 ; 발생하다
□ **arise** [əráiz] 일어나다   A civil war **arose**. (내전이 일어났다.)
□ **come out** 나타나다 ; 명백해지다 ; (비밀을) 공표하다

158 □ **generate**
[dʒénərèit]
동 발생시키다 ; 불러일으키다

The PR director's comments **generated** a discussion on the subject.
광고 부장의 의견이 그 주제에 관한 의론을 불러일으켰다.

파 □ **generation** [dʒènəréiʃən] 명 세대 ; 발생

159 □ **emit**
[imít]
동 (소리 · 빛 · 열 등을) 내다 ; 방출하다

The new heater **emits** heat as soon as it is switched on.
새 히터는 스위치를 틀자마자 열을 발생시킨다.

파 □ **emission** [imíʃən] 명 방출 ▶ zero **emission** (무배출시스템)
유 □ **radiate** [réidièit] (빛 · 열 등을) 방출하다 ; 퍼뜨리다

Many streets **radiate** from the Arc de Triomphe.
(많은 도로는 개선문에서 뻗어나간다.)

160 ☐ **conform**
[kənfɔ́ːrm]
동 (to ~) 규칙·법을 지키다 ; 적합하다

Most of the staff found it difficult to **conform** to the company's policy.
사원의 대부분은 회사의 방침에 따르는 것이 어렵다는 것을 알았다.

유 ☐ **comply with** (법률·계약 등을) 준수하다
☐ **abide by** (법률 등을) 준수하다

CD 1 Track 18

161 ☐ **waive**
[weiv]
동 (권리 등을) 포기하다 ;
(법률 등을) 적용하지 않다 ; 철회하다

The judge decided to **waive** the law in the case due to special circumstances.
재판관은 특별한 상황을 이유로 그 재판에서 법의 적용을 하지 않기로 판단했다.

파 ☐ **waiver** [wéivər] 명 권리 포기

162 ☐ **forbid**
[fərbíd]
동 금하다 ; 방해하다

▶ forbid는 권위·규칙에 기초하고, prohibit나 ban은 법률에 기초하여 금지한다는 뉘앙스. inhibit는 「억제」의 의미가 있다. 어느 것이나 모두 <~ someone from doing>(사람이 do하는 것을 금지하다)의 형태가 사용된다.

The law **forbids** loitering on the museum grounds.
그 법률은 박물관의 부지를 배회하는 것을 금지하고 있다.

유 ☐ **prohibit** [prouhíbit] 금지하다 ; 방해하다
☐ **inhibit** [inhíbit] 억제하다 ; 금하다
☐ **ban** [bæn] 금지하다
ban copying of music CDs (음악 CD의 복제를 금하다)

163 □ **revoke**
[rivóuk]
동 (면허 등을) 취소하다 ; 무효로 하다

Larry's license was **revoked** after the traffic accident.
Larry의 면허는 교통사고 이후 취소되었다.

파 □ **revocation** [rèvəkéiʃən] 명 취소 ; 폐지
유 □ **repeal** [ripí:l] (법률 등을) 무효로 하다 ; 취소하다
  repeal a decree (명령을 취소하다)
□ **cancel** [kǽnsəl] (약속 · 주문 등을) 취소하다 ; 중지하다
  cancel an appointment (약속을 취소하다)
□ **abolish** [əbáliʃ] 폐지하다 ; 근절하다
  abolish capital punishment (사형을 폐지하다)

164 □ **seal**
[si:l]
동 조인하다 ; 봉인하다   명 날인 ; 인감

Make sure the envelope is properly **sealed** before you send the document.
서류를 부치기 전에 봉투가 잘 봉인 되었는지 확인하세요.

165 □ **settle**
[sétl]
동 (문제 등을) 해결하다 ; 진정시키다 ; 정착하다

The lawsuit was **settled** out of court.
소송은 법정 밖에서 화해로 끝났다.

파 □ **settlement** [sétlmənt] 명 화해 ; 정착

166 □ **confiscate**
[kánfəskèit]
동 압수 하다 ; 몰수 하다

▶「엄벌로서 압수하다」라는 뉘앙스.

The government **confiscated** the CEO's belongings after he was found guilty of tax evasion.
그 CEO가 탈세로 유죄로 판명된 후 정부는 그의 사물을 압수했다.

유 □ **seize** [siːz] 움켜쥐다 ; 압수하다
  seize a chance (기회를 잡다)
□ **appropriate** [əpróuprièit] 착복하다 ; 사물화(私物化)하다
중 □ **belongings** [bilɔ́(ː)ŋiŋz] 몡 사물(私物) ; 개인 소지품

---

167 □ **enact**
[inǽkt]   동 (법률 등을) 제정하다

The Senate approved and **enacted** the tax reform bill.
상원은 세제 개혁법안을 승인하여 제정했다.

유 □ **take effect** 발효하다
  These rules **take effect** immediately. (이 규칙들은 즉시 발효된다.)
□ **enforce** [infɔ́ːrs] 시행하다
  enforce the new corporate law (새 회사법을 시행하다)
중 □ **bill** [bil] 몡 법안

---

168 □ **interact**
[ìntərǽkt]   동 상호작용하다 ; 교류하다

▶ 자동사이므로 작용하는 상대방을 나타낼 경우 전치사 with가 필요.

Robert was told that he should **interact** more with his colleagues.
Robert는 그의 동료들과 좀더 교류해야 된다는 말을 들었다.

파 □ **interactive** [ìntərǽktiv] 혱 상호작용적인 ; 쌍방향의

---

169 □ **flatter**
[flǽtər]   동 아첨하다 ; 치켜세우다

▶ flatter는 「추종하다」라는 부정적인 뉘앙스가 있으나, compliment는 보통 「솔직히 칭찬하다」라는 의미.

Jack is trying to get promoted by **flattering** the boss.
Jack은 상사에게 아첨을 해서 승진하려고 한다.

유 □ **compliment** [kámpləmənt] 찬사를 보내다 ; 칭찬하다
  compliment him on his excellent performance
  (우수한 업적으로 그를 칭찬하다)

---

170 □ **offend**
[əfénd]
(동) 불쾌감을 주다 ; 감정을 해치다 ; 죄를 범하다

Be careful not to **offend** our visitors from abroad with offensive language.
난폭한 언어를 사용하여 해외에서 오는 방문객을 기분 상하게 하지 않도록 주의하세요.

- - - - -

파 □ **offense** [əféns] (명) 위반 ; 죄 ; 감정을 상하게 하는 것
□ **offender** [əféndər] (명) 위반자 ; 범죄자 ; 무례한 사람
□ **offensive** [əfénsiv] (형) 불쾌한 ; 모욕적인

CD 1 Track 19

171 □ **exhaust**
[igzɔ́:st]
(동) 고갈시키다 ; 기진맥진해지다

▶ 「지치게 하다」와 같은 경우는 I'm **exhausted** from working. (일로 매우 지쳤다.)와 같이 수동태로 사용한다.

The department **exhausted** its budget before the end of the month.
그 부서는 월말 전에 예산을 다 써버렸다.

- - - - -

유 □ **consume** [kənsú:m] 소비하다 ; 소모하다
consume a lot of gas (많은 휘발유를 소비하다)

---

172 □ **confront**
[kənfrʌ́nt]
(동) (곤란한 일 등에) 직면하다 · 시키다 ; 마주보다

The defendant **confronted** his accuser in a court of law.
피고는 법정에서 그의 고소인과 마주쳤다.

- - - - -

파 □ **confrontation** [kànfrəntéiʃən] (명) 직면

---

173 □ **retrieve**
[ritrí:v]
(동) 회수하다 ; (정보 등을) 검색하다

Matthew discarded the file and couldn't **retrieve** it.
Matthew는 파일을 버려서 그것을 회수할 수 없었다.

- - - - -

파 □ **retrieval** [ritrí:vəl]　명 회수 ; 검색
중 □ **discard** [diská:rd]　동 버리다

174 □ **spare**
[spɛər]　동 할애하다 ; 용서하다 ; (사용하지 않고) 아끼다

Barry **spared** Denise the trouble of going on the business trip and went in her place.
Barry는 Denise가 출장을 가는 수고를 덜어 주고 그녀가 대신 출장을 갔다.

중 □ **in one's place**　~(사람)을 대신해서

175 □ **overcome**
[òuvərkʌ́m]　동 이기다 ; 극복하다

The construction team worked hard to **overcome** the obstacles they faced on the building project.
그 건설팀은 건설 프로젝트에 직면한 장애를 극복하기 위해 열심히 일했다.

접두사 over- 의 동사
□ **overwhelm** [òuvərhwélm]　압도하다 ; 억누르다
□ **overlook** [òuvərlúk]　못보고 넘어가다 ; 무시하다
□ **overtake** [òuvərtéik]　따라잡다 ; 추월하다
□ **overthrow** [òuvərθróu]　(정권 등을) 전복하다

176 □ **surpass**
[sərpǽs]　동 능가하다 ; 이기다 ; 초월하다

The document is so technical that it **surpasses** comprehension.
이 서류는 너무 전문적인 것이어서 이해할 수 없다.

177 ☐ **attribute**
[ətríbjuːt]
동 (~을 to 이하에) 돌리다 ; (~을 to 이하의)
… 이라고 생각하다

▶ attribute도 ascribe와 같이 사용한다.

The staff **attributed** the failure of the project to a lack of preparation.
그 직원은 프로젝트의 실패를 준비 부족으로 돌렸다.

유 ☐ **ascribe** [əskráib] (~을 to 이하에) 돌리다 ; (~을 to 이하의) (탓, 결과, 덕분 등)이라고
생각하다

---

178 ☐ **induce**
[indʒúːs]
동 설득하여 ~시키다 ; 유발하다 ;
(논리학에서) 귀납하다

The sales manager must **induce** customers to buy the products.
영업 부장은 고객에게 제품을 사라고 유도해야 한다.

파 ☐ **inducement** [indʒúːsmənt] 명 유인 ; 동기
반 ☐ **deduce** [didʒúːs] 연역하다 ; 추측하다

---

179 ☐ **annoy**
[ənɔ́i]
동 괴롭히다 ; 화를 내다

▶ annoy는 「불쾌한 것으로 신경을 날카롭게 하다」라는 뉘앙스.

The president was **annoyed** by a man who shouted at him during his speech.
사장은 연설 도중에 그를 향해 소리치는 남자 때문에 괴로웠다.

파 ☐ **annoyance** [ənɔ́iəns] 명 당혹 ; 성가심
유 ☐ **harass** [hərǽs] (폐 · 걱정 등으로) 괴롭히다 ; 시달리게 하다
harass the new recruit (신입사원을 괴롭히다)

---

180 ☐ **puzzle**
[pʌ́zl]
동 당황하게 하다 ; 난처하게 하다

▶ puzzle, perplex, bewilder는 모두 「~시키다」의 의미가 있으므로 우리말로 「~하다」로 하고 싶은
경우에는 수동형을 사용한다.

Meg was **puzzled** by the strange message on her answering machine.
Meg은 그녀의 자동 응답기에서 이상한 메시지를 듣고 당황했다.

유 □ **perplex** [pərpléks] 당혹해 하다 ; 혼란시키다
□ **bewilder** [biwíldər] 당황하게 하다 ; 당혹케 하다

181 □ **convert**
[kənvə́:rt]   동 전환하다   명 [kánvə:rt] 전환

▶ 전환된 결과를 to나 into 뒤에 쓴다.
Mark has decided to **convert** his assets into cash.
Mark는 자기 자산을 현금으로 바꾸기로 결심했다.

유 □ **transform** [trænsfɔ́:rm] 변형하다 ; 변환하다
transform a small shop into a corporate giant
(작은 가게를 대기업으로 전환하다)

182 □ **transmit**
[trænsmít]   동 송부하다 ; 송금하다 ; 송신하다

Mr. Grayson will **transmit** the money by wire transfer.
Grayson 씨는 전신 송금으로 돈을 보냈다.

접두사 trans-의 동사

□ **translate** [trænsléit] 번역하다
□ **transfer** [trænsfə́:r] 옮기다 ; 양도하다
transfer funds from the China branch
(중국 지점에서 자금을 옮기다)
□ **transport** [trænspɔ́:rt] 수송하다
□ **transplant** [trænsplǽnt] 이식하다
transplant a kidney (신장을 이식하다)
중 □ **wire transfer** 전신 송금

183 ☐ **dismiss**
[dismís]
(동) 부정하다 ; 각하하다 ; 해고하다

The judge **dismissed** the fraud claim as highly improbable.
재판관은 사기 신청을 가능성이 낮다고 기각했다.

파 ☐ **dismissal** [dismísəl] (명) 기각 ; 해고

184 ☐ **discard**
[diskάːrd]
(동) (불필요한 것을) 버리다 ; 처분하다

Please **discard** recyclable trash in the bins provided.
재생 쓰레기는 준비된 쓰레기통에 버려주세요.

유 ☐ **dump** [dʌmp] (쓰레기 등을) 버리다 ; 처분하다
☐ **dispose of** 폐기하다 ; (문제 등을) 처리하다
dispose of bad loans (불량 채권을 처리하다)
☐ **abandon** [əbǽndən] 버리다 ; 단념하다
abandon travel abroad (해외 여행을 단념하다)

185 ☐ **alleviate**
[əlíːvièit]
(동) (고통 등을) 경감하다 ; (문제를) 해소하다

The pharmaceutical firm came up with a new drug that quickly **alleviates** cold symptoms.
그 제약회사는 감기 증상을 잘 치료하는 신약을 고안했다.

유 ☐ **relieve** [rilíːv] (고통·불안을) 제거하다 **relieve** pain (고통을 제거하다)
☐ **diminish** [dìmíniʃ] 감소시키다
중 ☐ **pharmaceutical** [fàːrməsúːtikəl] (형) 의약품의

186 ☐ **evacuate**
[ivǽkjuèit]
(동) 피난시키다 ; 비우다 ; 피난하다

The local residents were **evacuated** due to the forest fire.
현지 주민들은 산불 때문에 피난했다.

파 □ **evacuation** [ivækjuéiʃən] 명 피난
유 □ **take shelter** 피난하다
□ **vacate** [véikeit] 명도하다 ; 비우다 ; 무효로 하다
vacate the premises (토지를 명도하다)
□ **relinquish** [rilíŋkwiʃ] (소유물 등을) 포기하다 ; 단념하다
relinquish control (관리를 포기하다)

187 □ **preside** [prizáid] 동 통괄하다 ; 의장직을 수행하다

▶ 자동사이므로 목적어를 수반하는 경우 over나 at이 필요하다. **preside** over a meeting (회의를 주재하다)

Ms. Larson will **preside** as chairperson of the board from now on.
Larson 씨가 지금부터 이사회의 회장으로서 의장직을 수행하겠습니다.

188 □ **detain** [ditéin] 동 구속하다 ; 붙들다

The police **detained** the suspects for questioning.
경찰은 심문하기 위해 용의자들을 구속했다.

파 □ **detention** [diténʃən] 명 구속
□ **detainee** [ditéini:] 명 구속자
유 □ **retain** [ritéin] 보유하다 ; 유지하다
retain her as controller (그녀를 경리부장으로 붙들어 두다)

189 □ **wander** [wándər] 동 배회하다 ; 헤매다

Larry was lost in the building and **wandered** down the halls for ages.
Larry는 빌딩 속에서 길을 잃어 헤매이다 노인용 홀에 잘못 들어가게 되었다.

유 □ **roam** [roum] 돌아다니다 ; 방랑하다
roam around the world (세계를 돌아다니다)

---

190 ☐ **disperse**
[dispə́:rs]
(동) 흩뿌리다 ; 분산하다 · 시키다

▶「흩뿌리다」라는 의미로 disperse와 scatter는 같이 사용된다.

The restaurant staff **dispersed** leaflets throughout the city.
그 레스토랑 직원은 시중에 광고지를 뿌렸다.

유 ☐ **scatter** [skǽtər] 살포하다 ; 분산하다
☐ **distribute** [distríbju:t] 배포하다 ; 유통시키다
distribute the new products (신제품을 유통시키다)

CD 1 Track 21

---

191 ☐ **grab**
[græb]
(동) 잡아채다 ; 가로채다

Terry **grabbed** the letter from Drew's hands.
Terry는 Drew의 손에서 편지를 잡아챘다.

유 ☐ **capture** [kǽptʃər] 잡다 ; 체포하다 ; 포획하다
capture a suspect (용의자를 체포하다)
☐ **grasp** [græsp] 쥐다 ; 이해하다
grasp the critical points (중요점을 파악하다)

---

192 ☐ **dismantle**
[dismǽntl]
(동) 분해하다 ; 해체하다

▶「(빌딩 등을) 해체하다」라는 의미로는 dismantle도 demolish와 같이 쓰인다.

Many cranes were needed to **dismantle** the huge structure.
그 거대한 건축물을 해체하는 데 많은 크레인이 필요하다.

유 ☐ **demolish** [dimáliʃ] 부수다 ; 파괴하다
demolish one's agreement (~의 주장을 뒤엎다)

---

193 ☐ **err**
[ə:r]
(동) 잘못하다 ; 실수하다

▶ error의 동사형이지만 의외로 알지 못하는 사람이 많으므로 주의.

It is important not to **err** when writing up the terms of a contract.
계약 조건을 쓸 때 틀리지 않는 것이 중요하다.

파 □ **erroneous** [iróuniəs] 형 틀린
□ **errant** [érənt] 형 (정도에서) 일탈한 ; 편력하는 ; 잘못된

---

194 □ **recede**
[riːsíːd] 동 후퇴하다 ; 흐려지다 ; 감소하다

The residents of the town were able to get home after the water from the flood **receded**.
홍수의 물이 빠진 후에 그 시의 주민들은 집에 갈 수 있었다.

파 □ **recession** [riséʃən] 명 경기 후퇴
□ **retreat** [riːtríːt] 철퇴하다 ; 물러나다
retreat into a bedroom (침실로 들어가다)

---

195 □ **refill**
[riːfíl] 동 보충하다 ; 다시 채우다

▶ 액체·음식물은 물론 스테플러의 철침 등을 그때 그때 「보충하다」의 의미로 사용한다.
The waiter **refill** all the bottles and stacked them on the shelves.
그 웨이터는 모든 병을 보충하여 선반에 쌓았다.

---

196 □ **fluctuate**
[flʌ́ktʃuèit] 동 변동하다 ; 동요하다

▶ 환율·주식의 경우 불안정하여 상하로 움직이는 것을 나타낼 때 많이 사용한다.
Although the economy is improving, the exchange rate continues to **fluctuate**.
경제는 개선되고 있는데 환율은 변동을 계속하고 있다.

파 □ **fluctuation** [flʌ̀ktʃuéiʃən] 명 변동 ; 동요

197 ☐ **linger**
[líŋgər]
동 꾸물거리다 ; 질질 끌다 ; 시간을 빈둥빈둥 보내다

▶ linger는 자동사로 사용하는 것이 보통인데 부정적인 문맥에 사용되는 일이 많다.

Some employees tend to **linger** awhile after work.
사원 중 몇 명은 업무가 끝난 후 잠시 꾸물거리는 경향이 있다.

유 ☐ **prolong** [prəlɔ́:ŋ] 연장하다 ; 늘리다
prolong a meeting (회의를 연장하다)

198 ☐ **swell**
[swel]
동 늘어나다 ; 팽창하다 ; 붓다

Membership in the labor union has **swelled** to three hundred members.
노동조합의 조합원은 300명으로 늘어났다.

파 ☐ **swelling** [swéliŋ] 명 부풀리기 ; 팽창 ; 융기
유 ☐ **balloon** [bəlú:n] 팽창하다 ; 급증하다 · 시키다

199 ☐ **jeopardize**
[dʒépərdàiz]
동 위태롭게 하다 ; 위험에 빠뜨리다

Pollution and global warming are **jeopardizing** the agricultural industry.
공해와 지구 온난화는 농업을 위태롭게 하고 있다.

유 ☐ **endanger** [indéindʒər] 위험하게 하다
endangered species (멸종 위기에 처한 종)
☐ **imperil** [impéril] 위험하게 하다
중 ☐ **global warming** 지구 온난화

200 ☐ **tease**
[ti:z]
동 괴롭히다 ; 귀찮게 조르다 ; 사람을 놀리다

The boy ran away after being **teased** by his classmates.
그 소년은 급우들에게 놀림을 당한 후 도망쳤다.

기본 형용사·부사

---

001 ☐ **accurate**
[ǽkjurit] ⑱ 정확한 ; 정밀한

▶ accurate와 correct는 「(틀리지 않는 이라는 의미로) 정확한」, precise와 exact는 「(측정상) 정확한」이라는 뉘앙스. precise쪽이 exact보다 정확도가 높다.

The accountant gave an accurate estimate of the year-end figures.
회계사가 연말 수치의 정확한 견저을 냈다.

파 ☐ **accuracy** [ǽkjurəsi] ⑲ 정확함 ; 정밀함
유 ☐ **precise** [prisáis] 정확한 ; 정밀한
　　precise calculation (정확한 계산)
☐ **exact** [igzǽkt] 정확한 ; 꼭맞는
☐ **correct** [kərékt] 바른 ; 정확한

---

002 ☐ **complete**
[kəmplíːt] ⑱ 완전한 ; 완성된

▶ complete, whole, entire는 「(본래 1개의 것의) 전체 부문을 포함하며」, comprehensive와 through는 (어떤 테마에 관련된) 모두를 포함한다.

We must eat at least three complete meals a day to maintain health and energy.
우리는 건강과 활력을 유지하기 위해서 하루에 최소한 완전한 세끼를 먹어야 한다.

유 ☐ **whole** [houl] 전체의 ; 완전한
☐ **entire** [intáiər] 전체의 ; 완전한
☐ **comprehensive** [kàmprihénsiv] 포괄적인 ; 총합의
　　comprehensive knowledge (포괄적인 지식)
☐ **thorough** [θə́ːrou] 완전한 ; 철저한
반 ☐ **incomplete** [ìnkəmplíːt] 불완전한

---

003 ☐ **favorite**
[féivərit] ⑱ 가장 마음에 드는 ; 가장 좋아하는

▶ 명사로서도 「가장 마음에 드는 것」의 의미로 흔히 사용된다.

The Italian restaurant up the road is Jackie's favorite place to eat.
그 도로에 있는 이탈리아 레스토랑은 Jackie가 식사하기 가장 좋아하는 곳이다.

004 □ appropriate
[əpróupriət] 형 적합한 ; 적당한 ; 타당한

▶ appropriate는 부정문에 사용하는 일이 많으며, adequate는 「괜찮은 ; 필요조건을 충족하는」의 뜻으로 적절한 정도가 별로 높지 않다.

The office is small, and doesn't have an appropriate place to hold a meeting.
그 사무실은 작아서 회의를 하기에 적당한 장소가 없다.

유 □ **adequate** [ǽdikwət] 타당한 ; 충분한
This restaurant is cheap but **adequate**.
(이 음식점은 싸지만 괜찮다.)

□ **proper** [prápər] 적합한 ; 알맞은

□ **pertinent** [pə́ːrtənənt] 타당한 ; 관련된
a **pertinent** suggestion (딱 들어맞는 제안)

□ **suitable** [súːtəbəl] 적절한 ; 어울리는

반 □ **inappropriate** [ìnəpróupriət] 어울리지 않는 ; 부적절한

005 □ domestic
[dəméstik] 형 가정의 ; 국내의

▶ 「가정의」와 「국내의」 양쪽의 의미로 각각 사용된다.

Many women are becoming more and more frustrated with domestic chores.
많은 여성들은 가정의 허드렛일로 점점 불만이 쌓여가고 있다.

유 □ **internal** [intə́ːrnl] 내부의 ; 국내의 ; 조직내의
internal affairs (국내 문제)

□ **indigenous** [indídʒənəs] 원산의 ; 토착의
indigenous to Africa (아프리카 원산의)

□ **household** [háushòuld] 가정의 ; 가족의
household budget (가계(家計))

006 ☐ opposite
[ápəzit] 圈 圖 반대의 위치 · 방향의(에) ; 맞은편의(에)

It's hard to get anything done because many of us have **opposite** opinions.
우리들 중 많은 사람들이 반대 의견을 가지고 있어 어떤 것도 처리하기가 어렵다.

- 파 ☐ **opposition** [àpəzíʃən] 圈 반대 ; 야당
- 유 ☐ **contrary** [kántreri] 반대의 ; 역의
  contrary to your opinion (너의 의견에 반대하여)
  ☐ **reverse** [rivə́:rs] 거꾸로의 ; 반대의
  the **reverse** side of the coin (동전의 뒷면)

007 ☐ reasonable
[rí:zənəbəl] 圈 합리적인 ; 가격이 적당한

The staff had an emergency meeting to find a **reasonable** solution to the problem.
직원들은 그 문제의 합리적인 해결책을 찾으려고 긴급회의를 열었다.

- 유 ☐ **rational** [ráʃənl] 이성적인 ; 합리적인
  a **rational** argument (이성적인 논의)
  ☐ **plausible** [plɔ́:zəbəl] 그럴듯한 ; 진짜 같은
  a **plausible** excuse (그럴듯한 변명)

008 ☐ available
[əvéiləbəl] 圈 이용할 수 있는 ; 쓸모 있는 ; (시간이) 비어있는

Please stay on the line and the next **available** agent will help you.
전화를 끊지 말고 기다리세요. 다음 손이 빈 직원이 도와 드릴 것입니다.

- 유 ☐ **usable** [jú:zəbəl] 사용할 수 있는 ; 편리한
- 반 ☐ **unavailable** [ʌnəvéiləbəl] 이용할 수 없는 ; 비어있지 않은

009 ☐ essential
[isénʃəl] 圈 본질적인 ; 기본적인 ; 불가결한

▶「불가결한」이라는 의미로는 indispensable이나 requisite와, 「기본적인」이라는 의미로는 fundamental이나 elementary와의 유의어가 있다.

The contract was changed except for its essential terms.
그 계약은 기본 조건을 제외하고 변경되었다.

유 □ **indispensable** [ìndispénsəbəl]　필수불가결한
□ **requisite** [rékwəzit]　필요한 ; 필수의
　　the **requisite** number of directors　(필요한 임원의 수)
□ **fundamental** [fÀndəméntl]　근본적인 ; 기초의 ; 토대가 되는
□ **elementary** [èləméntəri]　초보적인 ; 기본적인
　　an **elementary** school　(초등학교)

---

010 □ **due**
[djuː]
⑲ (지불의) 기한이 온 ; 도착 예정인 ; 당연히 주어져야 할

▶「일어날 것이 예상되는」이 원 뜻. 문맥에 따라 다양한 의미를 갖는다.

The accountant neglected to pay the amount due on the bill.
그 회계사는 청구서의 지불 기한이 된 금액을 지불하는 것을 게을리했다.

유 □ **outstanding** [àutstǽndiŋ]　미불입의 ; 미해결의 ; 탁월한
　　outstanding debts　(갚지 않은 빚)

CD 1 Track 23

011 □ **apparent**
[əpǽrənt]
⑲ 분명한 ; 외견상의

▶ apparent는 「사실처럼 보이는」, evident는 「사실에 비추어 보아 명백한」 obvious는 「틀린 것이 없는」이 원 뜻. manifest는 격식을 갖춘 표현으로 「표면에 나타난」이란 뜻이 들어 있다.

There is an apparent advantage to hiring a headhunter when making a career change.
전직을 할 때는 헤드헌터를 고용하는 것이 분명히 유리하다.

유 □ **evident** [évidənt]　분명한 ; 명백한
□ **obvious** [ábviəs]　분명한 ; 명확한
□ **manifest** [mǽnifèst]　명백한 ; 분명한
　　manifest failure　(분명한 실패)

012 ☐ **urgent**
[ə́:rdʒənt]
휑 긴급한 ; 집요한

The staff received an **urgent** message from the boss calling for an emergency meeting.
직원들은 긴급회의를 요구하는 상사로부터 긴급한 메시지를 받았다.

파 ☐ **urgency** [ə́:rdʒənsi] 몡 긴급(한 용건)
유 ☐ **imperative** [impérətiv] 긴급한 ; 피할 수 없는
▶ 〈It is imperative to / that ~〉의 형으로 흔히 사용한다.
☐ **pressing** [présiŋ] 긴급한 ; 절박한
This assignment is not **pressing**. (이 일은 긴급한 것이 아니다.)
☐ **imminent** [ímənənt] 임박한 ; 절박한
an **imminent** crisis (임박한 위기)
☐ **impending** [impéndiŋ] 절박한 ; 곧 일어날 듯한
중 ☐ **call for** ~을 요구하다

013 ☐ **actually**
[ǽktʃuəli]
휭 현실로 ; 실제로

It took years before Darin could **actually** realize his dream to become a pilot.
Darin이 비행사가 되는 자신의 꿈을 현실로 달성하는 데는 수년이 걸렸다.

파 ☐ **actual** [ǽktʃuəl] 휑 현실의 ; 실제의
유 ☐ **really** [rí:əli] 실제로 ; 정말로
Prague is a **really** beautiful city. (프라하는 정말 아름다운 도시이다.)
☐ **practically** [prǽktikəli] 실제적으로 ; 사실상
These products are **practically** same. (이 상품들은 사실상 같다.)

014 ☐ **steady**
[stédi]
휑 안정된 ; 일정한 ; 확고한

The exchange rate remained **steady** throughout the day.
환율은 하루 종일 안정되었다.

유 ☐ **firm** [fə:rm] 확고한 ; 견고한 ; 강경한   a **firm** price (확정가격)

□ **stable** [stéibl] 안정된 ; 일정한
stable condition (안정된 상태)

015 □ competitive
[kəmpétətiv] (형) 경쟁의 ; 남에게 지지 않는

▶ a **competitive** price는 「타사(他社)에 지지 않는 가격」이라는 의미.

The retail sector is highly **competitive** and many shops close after one year in business.
소매업계는 경쟁이 매우 치열해서 많은 가계가 1년 후 폐점했다.

□ **competitor** [kəmpétətər] (명) 경쟁 상대 ; 경합 타사
□ **cutthroat** [kʌ́tθròut] 치열한 ; 약육강식의
cutthroat competition (치열한 경쟁)

016 □ secure
[sikjúər] (형) 안전한 ; 확실한
(동) 안전하게 하다 ; 확보하다

It is essential that you make **secure** investments when buying stock.
주식을 매입할 때 안전한 투자를 하는 것이 중요하다.

□ **security** [sikjúərəti] (명) 안전 ; 경비 ; 주식

017 □ remarkable
[rimá:rkəbəl] (형) 현저한 ; 비범한

Those who make **remarkable** achievements win the Novel Prize.
탁월한 업적을 이룬 사람들에게는 노벨상이 수여된다.

□ **distinguished** [distíŋgwiʃt] 발군의 ; 현저한
□ **outstanding** [àutstǽndiŋ] 현저한 ; 발군의
□ **conspicuous** [kənspíkjuəs] 저명한 ; 남의 눈을 끄는 ; 눈에 잘 띄는
conspicuous features (두드러진 특징)

018 □ pleasant
[plézənt]
(형) 즐거운 ; 기분이 좋은 ; 쾌적한

Stan was happy to hear some **pleasant** news for a change.
Stan은 기분 전환으로 몇가지 즐거운 뉴스를 듣고 기뻤다.

(유) □ **delightful** [diláitfəl] 기쁜 ; 즐거운 ; 쾌적한
a **delightful** town (쾌적한 도시)

(중) □ **for a change** 기분 전환으로

019 □ critical
[krítikəl]
(형) 중요한 ; 비평의

As the election drew near, the candidate reached a **critical** point in the campaign.
선거가 가까워짐에 따라 그 후보자는 선거 운동의 중요한 국면에 이르렀다.

(파) □ **critic** [krítik] (명) 비평가 ; 평론가

(유) □ **crucial** [krú:ʃəl] 필수의 ; 불가결한
crucial for success (성공에 없어서는 안 될)

□ **vital** [váitl] 사활을 건 ; 매우 중요한   **vital** goods (필수품)

□ **significant** [signífikənt] 중요한 ; 의미심장한
significant document (중요 서류)

□ **focal** [fóukəl] 초점을 맞춘 ; 중요한   a **focal** point (초점)

020 □ deliberate
[dilíbərət]
(형) 고의의 ; 계획적인 ; (생각이) 신중한

▶ 「고의의」라는 뜻으로 intentional, intended가, 「신중한」이란 의미로는 discreet와 cautious가 유의어이다.

The crime was obviously a **deliberate** act so the criminal must be punished.
그 범죄는 분명히 계획적인 행위여서 그 범인은 반드시 처벌되어야 한다.

(유) □ **intentional** [inténʃənəl] 의도적인 ; 고의의

□ **intended** [inténdid] 의도적인 ; 고의의

021 ☐ **mutual**
[mjúːtʃuəl]

(형) 상호의 ; 공동의

The two powerful leaders had **mutual** respect for each other.
그 실력 있는 두 지도자는 서로 존경했다.

(유) ☐ **interactive** [ìntəræktiv]   상호 대화의 ; 쌍방향의
   interactive computer games (쌍방향의 컴퓨터 게임)
☐ **reciprocal** [risíprəkəl]   호혜적인 ; 상호 보완적인
   a **reciprocal** defense agreement (호혜적인 방위 협정)

022 ☐ **liable**
[láiəbəl]

(형) ~하기 쉬운 ; (달갑지 않은 것에) 걸리기 쉬운 ;
(법적) 책임이 있는

▶ 예문의 「~하기 쉬운」의 뜻 외에 「~에 책임이 있는」이란 또 하나의 중요한 의미가 있다.
  responsible의 유의어이지만, liable은 「법적 책임」을 포함하고 있다.

If you open a restaurant during these hard economic times, it's
liable to fail.
이 어려운 경제 정세의 시기에 레스토랑을 개점하면 실패할 가능성이 높다.

(유) ☐ **prone** [proun]   ~하기 쉬운 ; ~의 경향이 있는
   prone to error (실수를 범하기 쉬운)
☐ **susceptible** [səséptəbəl]   영향 받기 쉬운 ; 감염되기 쉬운
   susceptible to infection (전염되기 쉬운)

023 ☐ **immediately**
[imíːdiətli]

(부) 즉시 ; 당장에

▶ immediately는 「바로 그 순간에」라는 뉘앙스. promptly나 right away보다 절박감이 있다.

Please contact the manufacturer **immediately** if there are any
defects found in the product.
이 제품에 결함이 발견되면 곧바로 제조업자에게 연락해 주세요.

(유) ☐ **promptly** [prámptli]   신속히 ; 즉석에서
☐ **right away**   즉시 ; 바로

024 □ **simultaneously**
[sàiməltéiniəsli]   (부) 동시에

A translation of the speech could be **simultaneously** heard during the broadcast.
그 강연의 통역은 방송 중 동시에 들을 수 있었다.

유 □ **at the same time** 동시에

025 □ **hardly**
[háːrdli]   (부) 거의 ~하지 않다 ; 가까스로

▶ hardly, barely, scarcely는 같은 의미이지만 scarcely는 격식체로 쓰인다. barely는 can과 could 뒤에 잘 사용된다. rarely와 seldom은 빈도가 낮음을 강조한다.

We sat in the back row at the seminar and could **hardly** hear the speaker.
우리는 세미나에서 뒷자석에 앉아서 강연자의 이야기를 거의 듣지 못했다.

유 □ **barely** [béərli] 거의 ~하지 않다 ; 가까스로
□ **scarcely** [skéərsli] 거의 ~하지 않다 ; 겨우
□ **rarely** [réərli] 좀처럼 ~ 않다
□ **seldom** [séldəm] 좀처럼 ~ 않다

026 □ **generous**
[dʒénərəs]   (형) 관대한 ; 풍부한

The CEO is a **generous** man and pays his employees well.
그 최고경영책임자는 인심이 후해서 직원들에게 충분한 급료를 준다.

파 □ **generosity** [dʒènərásəti] (명) 관대 (한 행동)
유 □ **benevolent** [bənévələnt] 인정 많은 ; 자애로운
  a **benevolent** god (자비로운 신)

027  **eventually**
[ivéntʃuəli]
(부) 최후에는 ; 결국은

After spending years working as a clerk, Brian **eventually** rose to a management position.
사무원으로 몇 년간 일한 후, **Brian**은 마침내 관리직으로 승진했다.

028  **consequently**
[kánsəkwəntli]
(부) 그 결과로서 ; 따라서

▶ consequently와 as a result는 인과관계에, subsequently는 시간의 경과에 포인트를 둔 표현.

Debra did a great job with the last account and was **consequently** promoted.
Debra는 지난 번 고객을 위한 훌륭한 일을 성취하여 그 결과 승진했다.

(유) ☐ **as a result**   결과로서
☐ **subsequently** [sʌ́bsikwəntli]   그 다음에 ; 그 후에

029  **decent**
[díːsənt]
(형) 예의바른 ; (행동이) 품위있는

▶「사회적 · 윤리적으로 적절한」이라는 의미.

The CEO stressed the need to follow **decent** business practices at all times.
그 최고경영책임자는 언제나 적절한 사업 관행에 따를 필요성을 강조했다.

(파) ☐ **decency** [díːsnsi]   (명) 품위 ; 양식
(반) ☐ **indecent** [indíːsnt]   품위 없는 ; 저질의

030 ☐ **certainly**
[sə́ːrtənli]
㉑ 확실히 ; 틀림없이 ; (대답으로) 그렇고 말고

▶ certainly와 absolutely는 상대방의 말을 강하게 긍정할 때 「그렇고 말고」라는 의미로 많이 사용된다. definitely도 "Definitely yes."와 같이 대답한다.

Jan and Susan are **certainly** welcome to join us for dinner tonight.
Jan과 Susan이 우리의 오늘밤 저녁 식사에 참가하는 것을 진심으로 환영한다.

㉤ ☐ **definitely** [défənitli] 확실히 ; 틀림없이
☐ **absolutely** [æbsəlúːtli] 완전히 ; 절대적으로 ; 그렇고 말고

CD 1 Track 25

031 ☐ **approximately**
[əpráksəmitli]
㉑ 대충 ; 약 ∼

The flight is scheduled to arrive in **approximately** two hours.
그 비행기는 약 두 시간 후에 도착할 예정이다.

㉤ ☐ **roughly** [rʌ́fli] 대충 ; 대략 말하면
㉝ ☐ **exactly** [igzǽktli] 엄밀히 ; 정확히

032 ☐ **sufficient**
[səfíʃənt]
㉠ 충분한 ; 넉넉한

▶ sufficient는 「필요한 만큼의」, ample은 「필요 이상의」라는 뉘앙스.

Ann has a **sufficient** income and can retire early.
Ann은 충분한 소득이 있어 조기 퇴직할 수 있다.

㉊ ☐ **suffice** [səfáis] ㉦ 충분히 있다 ; 족하다
㉤ ☐ **ample** [ǽmpl] 여유 있게 충분한 ; 넉넉한

033 ☐ **boring**
[bɔ́ːriŋ]　　(형) 지루한 ; 싫증나게 하는

▶ 동사 bore (지루하게 하다)의 형용사형. bored는 「지루한」.

Derek found the book **boring** and fell asleep while reading it.
Derek은 그 책이 재미없어서 읽다가 잠이 들었다.

유　☐ **tedious** [tíːdiəs]　단조로운 ; 재미없는
　　　a **tedious** novel　(지루한 소설)
　　☐ **monotonous** [mənátənəs]　단조로운 ; 변화가 없는
　　　a **monotonous** life　(단조로운 생활)
　　☐ **repetitive** [ripétətiv]　되풀이 되는 ; 장황한
　　　repetitive work　(반복이 많은 일)

034 ☐ **visible**
[vízəbəl]　　(형) 눈에 보이는 ; 눈에 띄는

On a clear night, the stars and a few planets are **visible** to the naked eye.
맑은 밤에는, 별과 몇몇 행성들이 맨눈으로도 보인다.

파　☐ **vision** [víʒən]　(명) 시각 ; 시력 ; 선견지명
　　☐ **visibility** [vìzəbíləti]　(명) 시계(視界) ; 가시성
유　☐ **audible** [ɔ́ːdəbl]　들을 수 있는
반　☐ **invisible** [invízəbəl]　보이지 않는

035 ☐ **alternative**
[ɔːltə́ːrnətiv]　　(형) 대신의 ; 대체적인 ; 선택적인

▶ 명사로서도 「대체물 ; 대체안」의 의미로 흔히 사용된다. an **alternative** to the plan (그 계획의 대안)

The first sales campaign failed so the sales manager came up with an **alternative** plan for the next one.
최초 판매 캠페인이 실패해서 영업부장은 다음 캠페인을 위해 별도의 계획안을 생각해 냈다.

유　☐ **alternate** [ɔ́ːltərnit]　교대의 ; 대리의
　　　alternate energy　(대체 에너지)

036 ☐ **competent**
[kɑ́mpətənt]
형 유능한 ; 적임의

▶ competent와 qualified는 「경험이나 훈련으로 능력을 몸에 갖춘」과 같은 뉘앙스. proficient와 adept는 「일 등에 필요한 지식 · 경험을 지닌」와 같은 말투이며 skillful은 운용 능력을 강조한다.

Jan is a **competent** employee and deserves a raise.
Jan은 유능한 사원이어서 승급할만하다.

 ☐ **qualified** [kwɑ́ləfàid] 자격 · 면허가 있는 ; 적임의
☐ **proficient** [prəfíʃənt] 숙달된 ; 능숙한
  be **proficient** in French (프랑스어에 숙달하다)
☐ **experienced** [ikspíəriənst] 경험이 충분한
☐ **adept** [ədépt] 숙련된 ; 정통한   be **adept** at golf (골프에 능숙하다)
☐ **skillful** [skílfəl] 숙련된   a **skillful** cook (숙련된 요리사)

037 ☐ **virtually**
[vɜ́ːrtʃuəli]
부 실질적으로 ; 사실상

The entire city was **virtually** at a standstill during the blackout.
정전 동안 도시 전체가 사실상 마비 상태였다.

 ☐ **virtue** [vɜ́ːrtʃuː] 명 미덕 ; 장점
중 ☐ **blackout** [blǽkàut] 명 정전

038 ☐ **extremely**
[ikstríːmli]
부 대단히 ; 더없이

Carl is **extremely** good at chess and plays it every day.
Carl은 체스를 매우 잘 하고 매일 한다.

039 ☐ **conservative**
[kənsɜ́ːrvətiv]
형 보수적인 ; 온당한 ; (복장이) 수수한

The boss is very **conservative** and does not allow the men in the office to have long hair.

상사는 매우 보수적이어서 사무실의 남성들에게 장발을 허용하지 않는다.

 □ **traditional** [trədíʃənl]　전통적인 ; 보수적인
　　traditional cooking　(전통 요리)
　□ **conventional** [kənvénʃənl]　관습에 따르는 ; 평범한
　　conventional weapons　(재래식 무기)
□ **radical** [rǽdikəl]　급진적인 ; 철저한

040 □ **typical**
[típikəl]　　형 전형적인 ; ～의 특유의

▶ 전치사 of를 수반하여 서술 용법으로도 사용한다.
It is **typical** of her to be late. (늦다니 그녀답다.)

Harold is a **typical** businessperson with a 9 to 5 job.
Harold는 9시부터 5시까지 근무하는 전형적인 사업가이다.

□ **typically** [típikəli]　부 전형적으로 ; 일반적으로

041 □ **diligent**
[dílədʒənt]　　형 근면한 ; 부지런한

▶ diligent와 industrious는 대개 서로 바꿔 쓸 수 있으며 사람을 꾸미는 형용사로 쓰인다.
earnest는 「진지한」에 초점을 맞춘 표현.

The **diligent** worker revived the failing business.
그 근면한 사원은 파탄지경인 회사를 일으켜 세웠다.

 □ **industrious** [indʌ́striəs]　근면한 ; 열심인
□ **earnest** [ə́ːrnist]　열심인 ; 진지한
　earnest discussion　(진지한 토론)

042 □ temporary
[témpərèri] (형) 일시적인 ; 임시의

Ms.Mansfield will be the **temporary** chairperson while Mr. Kasabian is on leave.
Mansfield 씨는 Kasabian 씨가 휴가 중일 때 임시 회장이 될 것이다.

유 □ **tentative** [téntətiv] 임시의 ; 잠정적인 ; 우유부단한
a **tentative** plan (잠정 계획)
▶ tentatively라는 부사형을 비즈니스에서는 일을 임시 결정하는 것 같은 문맥에 흔히 사용.

□ **interim** [íntərim] 잠시의 ; 잠정의 ; 가(假)의
an **interim** contract (가계약)

□ **provisional** [prəvíʒənl] 가(假)의 ; 임시의
a **provisional** government (임시 정부)

반 □ **permanent** [pə́ːrmənənt] 영속하는 ; 영구적인

043 □ respective
[rispéktiv] (형) 각자의 ; 각각의

▶ respectful (예의바른 ; 정중한), respectable (존경할만한, 훌륭한)과 구별하여 기억한다.

The sisters are skilled in their own **respective** areas of science.
그 자매들은 과학의 각각의 분야에 숙달되어 있다.

파 □ **respectively** [rispéktivli] (부) 각각
유 □ **individual** [ìndəvídʒuəl] 개인의 ; 개별의
employees' **individual** objectives (사원 개개인의 목표)

□ **particular** [pərtíkjulər] 특정의 ; 고유의
Do you have any **particular** meeting spot in mind?
(만날 장소로 특별히 마음에 두고 있는 곳이 있습니까?)

□ **specific** [spisífik] 특정의 ; 구체적인
Can you be more **specific**? (좀 더 구체적으로 말해주세요.)

044 ☐ **reliable**
[riláiəbəl]
⑱ 신뢰할 수 있는 ; 의지할 수 있는

Alex is proving to be a **reliable** assistant and is never late for work.
Alex는 신뢰할 수 있는 협력자로 판명되어 결코 직장에 늦지 않을 것이다.

유 ☐ **trustworthy** [trʌ́stwə̀ːrði] 신뢰할 수 있는 ; 신용할 수 있는
  a **trustworthy** broker (믿을 수 있는 브로커)
☐ **dependable** [dipéndəbl] 신뢰할 수 있는 ; 믿을 수 있는
  dependable bus service (믿을 수 있는 버스 서비스)
중 ☐ **prove to** ~ 임이 판명되다

045 ☐ **considerable**
[kənsídərəbəl]
⑱ (수량 · 정도 등이) 상당한 ; 주목할만한

The broker spent a **considerable** amount of money on refurbishing the premises.
그 브로커는 사무실의 개장(改裝)에 상당한 금액을 썼다.

유 ☐ **substantial** [səbstǽnʃəl] (수량이) 많은 ; 근본의
  substantial loss (막대한 손실)

046 ☐ **promising**
[prámisiŋ]
⑱ 전도유망한 ; 기대할 수 있는

There were some **promising** gains in the stock market today.
오늘 주식 시장에서는 몇몇 수익 전망이 밝은 것들이 있다.

유 ☐ **prospective** [prəspéktiv] 기대되는 ; 예상되는
  prospective customers (예상 고객)

047　mature
[mətʃúər]　형　성숙한 ; 완전히 성장한

▶ mature는 adult와 같은 의미 외에 「(시장 등이) 성숙된」, 「(과일이) 익은」, 「(기한이) 만기가 된」 등과 같은 문맥에도 사용된다.

Although Sandy is only a teenager, she acts mature for her age.
Sandy는 겨우 10대지만 그녀는 나이에 비해 어른처럼 행동한다.

유　□ **adult** [ədʌ́lt]　성인의 ; 성장한
　　□ **ripe** [raip]　(과일 등이) 익은 ; 원숙한 ; 무르익은
반　□ **premature** [prìːmətʃúər]　미성숙의 ; 시기상조의
　　□ **immature** [ìmətʃúər]　미성숙한 ; 미완성의

048　lucrative
[lúːkrətiv]　형　돈벌이가 되는 ; 수지맞는

The sales manager was praised for coming up with a lucrative marketing strategy.
영업부장은 이익이 되는 마케팅 전략을 세워서 칭찬을 받았다.

유　□ **profitable** [práfitəbl]　이익이 되는 ; 유익한
　　a **profitable** business　(이익이 되는 사업)
　　□ **gainful** [géinfəl]　이익이 있는 ; 유급의
　　gainful employment　(유급의 고용)
중　□ **praise** [preiz]　동　칭찬하다

049　luxury
[lʌ́kʃəri]　형　고급의 ; 사치스런

▶ 본래 luxurious의 명사형인데, 광고 등에서 형용사로 잘 사용된다.

When Ms. Jenkins got a raise, she was able to afford a luxury car.
Jenkins 씨는 승급되어 고급차를 살 여유가 되었다.

유　□ **luxurious** [lʌgʒúəriəs]　호화로운 ; 고급의
　　□ **posh** [paʃ]　호화로운 ; 깔끔한 ; 멋진
　　a **posh** hotel　(호화로운 호텔)

□ **plush** [plʌʃ]   호화로운 ; 사치스러운
plush interior (호화로운 인테리어)

□ **affluent**
[ǽfluənt]   (형) 유복한 ; 부유한

▶ affluent와 wealthy도 rich의 격식있는 말투이다. affluent 쪽이 wealthy 보다 유복함이 강조된다.

Ms. Lee is an **affluent** banker who is active in the stock market.
이 선생님은 주식 시장에서 활약하는 유복한 은행가이다.

(유) □ **wealthy** [wélθi]   유복한 ; 풍요로운

□ **initial**
[iníʃəl]   (형) 최초의 ; 처음에 일어난

After reviewing all the different plans, the CEO chose the **initial** one.
여러 가지 계획을 모두 검토한 후 최고경영책임자는 최초의 계획을 뽑았다.

(파) □ **initialize** [iníʃəlàiz]   (동) (컴퓨터를) 초기화하다 ; 시작하다
(유) □ **primary** [práimèri]   첫 번째의 ; 초등의 ; 최고 중요한
a **primary** industry (주요 산업)

□ **inexpensive**
[ìnikspénsiv]   (형) 값이 싼 ; 비용이 안 드는

▶ cheap에는 「값이 싼」이라는 부정적인 뜻이 포함되어 있어 사용함에 주의가 필요. budget는 예산이 한정된 상태에서 「싸게 잘 산」이란 뉘앙스.

Paul searched for the most **inexpensive** flight over the Internet.
Paul은 인터넷에서 가장 싼 항공편을 찾았다.

(유) □ **cheap** [tʃiːp]   값싼 ; 싸구려의
□ **budget** [bʌ́dʒit]   값싼 ; 검소한
a **budget** travel package (검소한 여행 패키지)

053 ☐ **affordable**
[əfɔ́ːrdəbəl]　㉠ 부담없는 가격의

▶ reasonable도 affordable과 같이 「가격이 부담없는」이라는 의미로 잘 사용한다.

Mr. Kale has been searching for **affordable** housing for a year now, but hasn't found anything yet.
Kale 씨는 1년간 적당한 가격의 집을 찾았으나 아직 아무것도 찾지 못했다.

- 파 ☐ **afford** [əfɔ́ːrd]　㉠ ~할 여유가 있다
- 유 ☐ **reasonable** [ríːzənəbəl]　가격이 적당한 ; 합리적인
  ☐ **economical** [èkənámikəl]　경제적인 ; 검소한
    an **economical** package of software
    (부담없는 가격의 소프트웨어 패키지)

054 ☐ **incredible**
[inkrédəbəll]　㉠ 믿을 수 없는 ; 엄청난

▶ incredible이나 unbelievable도 「(믿을 수 없을 만큼) 엄청난」처럼 감탄하는 상황에 사용된다.

Aaron gave an **incredible** excuse why he was late this morning.
Aaron은 오늘 아침에 지각한 이유로 터무니없는 변명을 늘어놓았다.

- 유 ☐ **unbelievable** [ʌ̀nbilíːvəbəl]　믿을 수 없는 ; 엄청난

055 ☐ **flexible**
[fléksəbəl]　㉠ 유연한 ; 탄력적인

Flexible wire was inserted inside the fabric to make it bendable.
유연성 있는 금속선이 섬유 속에 삽입되어 구부릴 수 있도록 하였다.

- 유 ☐ **elastic** [ilǽstik]　탄력성이 있는 ; 융통성이 있는
    elastic rules　(융통성 있는 규칙)
  ☐ **versatile** [vɔ́ːrsətl]　다용도의 ; 만능의
    versatile software　(만능의 소프트웨어)

056 ☐ **exclusive**
[iksklúsiv]
⑱ 독점적인 ; 배타적인 ; 고급의

▶ 「배타적인 → 고급의」와 같은 의미의 폭이 있다.

Mary was finally made a member of the **exclusive** club.
Mary는 마침내 회원제의 고급 클럽의 회원이 되었다.

파 ☐ **exclude** [iksklú:d] ⑧ 배제하다
반 ☐ **inclusive** [inklú:siv] 포함하는 ; 포괄적인

057 ☐ **equivalent**
[ikwívələnt]
⑱ 동등한 ; 등가(等價)의 ; 동량의

▶ 서술 용법의 경우 **to**를 수반하여 be **equivalent** to(~와 동등하다)와 같은 형태로 흔히 쓰이며. identical과 similar도 같은 방법으로 사용할 수 있다. 비교 대상과의 동일성은 identical > equivalent > similar 순으로 낮아진다.

After the prototype was destroyed, the engineers couldn't come up with an **equivalent** model.
시작품이 파괴된 후에 기술자들은 동등한 모델을 고안할 수 없었다.

유 ☐ **identical** [aidéntikəl] 똑같은 ; 일치하는
☐ **similar** [símələr] 비슷한 ; 유사한

058 ☐ **valid**
[vǽlid]
⑱ 유효한 ; 타당한

The assistant manager has **valid** objections to the plan and her opinion should be respected.
그 부과장은 그 계획에 정당한 반론을 가지고 있어서 그녀의 의견은 존중되어야 한다.

반 ☐ **invalid** [invǽlid] 무효의 ; 타당성이 결여된
☐ **void** [vɔid] 무효의 ; (of ~) ~이 없는

059 ☐ **ambitious** [æmbíʃəs]　(형) 야심이 있는 ; ~을 열망하는

Ken is an **ambitious** man who wants to climb up the corporate ladder.
Ken은 회사의 출세 계단을 오르려하는 야심만만한 남자다.

- 파　☐ **ambition** [æmbíʃən]　(명) 야심
- 유　☐ **zealous** [zéləs]　열심인 ; 열광적인
  zealous to succeed　(성공하고 싶어 열심인)
- 중　☐ **corporate ladder**　출세의 계단 ; 조직의 계층

060 ☐ **reluctant** [rilʌ́ktənt]　(형) ~을 싫어하는

▶ reluctant와 hesitant도 예문의 서술 용법 뿐만 아니라 한정 용법으로도 사용된다.

Ms. Zales is **reluctant** to help with such a risky endeavor.
Zales 씨는 그러한 위험한 사업에 협력하는 것을 싫어한다.

- 유　☐ **hesitant** [hézətənt]　주저하는

CD 1 Track 28

061 ☐ **legitimate** [lidʒítəmit]　(형) 합법의 ; 합리적인

▶ lawful은 「합법의」의 뜻으로만 사용하는데 legal은 「법률에 관한」, legitimate는 「도리에 맞는」의 의미로도 사용된다.

The company was investigated to make sure that they were engaging in **legitimate** business practices.
그 회사는 합법적인 사업 관행을 행하고 있는 가를 확인하기 위하여 조사받았다.

- 유　☐ **legal** [lígəl]　법률에 관한 ; 합법의　**legal** matters　(법률 안건)
  ☐ **lawful** [lɔ́ːfəl]　합법의　a **lawful** child　(적출자)

062 ☐ **inevitable** [inévitəbəl]　(형) 피할 수 없는 ; 필연적인

The scientist said that a big earthquake in the near future is **inevitable**.
그 과학자는 가까운 장래에 큰 지진이 일어나는 것은 피할 수 없을 거라고 말했다.

유 ☐ **inescapable** [ìneskéipəbəl] 피할 수 없는

063 ☐ **indifferent**
[indífərənt] ⟨형⟩ 무관심한 ; 냉담한 ; 아무래도 좋은

No matter how hard we tried to convince him, the client was **indifferent** to the proposal.
우리들이 그를 아무리 필사적으로 설득하려고 해도 그 고객은 우리의 제안에 무관심했다.

유 ☐ **lukewarm** [lú:kwɔ̀:rm] 무관심한 ; 미온적인 ; 미지근한
   He is **lukewarm** about the project. (그는 프로젝트에 무관심했다.)

064 ☐ **contemporary**
[kəntémpərèri] ⟨형⟩ 현대의 ; 동시대의 ; 최신의

▶ contemporary는 「(과거의) 동시대의」와 같은 경우에도 사용된다.

The fashion designer is known for her **contemporary** designs.
그 패션디자이너는 현대적인 디자인으로 유명하다.

유 ☐ **current** [kə́:rənt] 현재의 ; 최신의
   current affairs (시사 문제)
   ☐ **recent** [rí:sənt] 최신의 ; 멀지 않은 과거

065 ☐ **terrific**
[tərífik] ⟨형⟩ 대단한 ; 굉장한

▶ terrific은 보통 「대단한」이라는 긍정적인 의미로 쓰인다. terrible(지독하다)와 구별하여 기억한다.

The singer gave a **terrific** performance and at the same time raised a lot of money for charity.
그 가수는 굉장한 공연을 하며 동시에 자선사업을 위해 많은 자금을 모았다.

중 ☐ **charity** [tʃǽrəti] ⟨명⟩ 자선(사업)

066 unanimous

unanimous
[ju:nǽnəməs]　(형) 전원일치의 ; 만장일치의

The staff made a **unanimous** decision to move the headquarters to a location downtown.
사원들은 본사를 시내 중심지로 옮기는 것을 만장일치로 결정했다.

067 vacant

vacant
[véikənt]　(형) 비어 있는 ; 결원의 ; 공석의

▶ 비행기 등에서 화장실이 「비어 있는」의 표시도 vacant.

The firm put a help-wanted ad in the paper to find someone to fill the **vacant** sales manager position.
그 회사는 공석중인 영업부장의 자리에 맞는 사람을 찾으려고 신문에 구인 광고를 냈다.

(반) □ **occupied** [ákjupàid]　차지한 ; 점유한 ; 사람이 있는

068 delighted

delighted
[diláitid]　(형) 매우 기쁜

▶ delighted와 pleased는 「기쁨」이라는 의미에 초점이 있는 데 비하여 grateful과 gratified는 「감사」의 뉘앙스가 들어 있다. pleased는 서술 용법으로 사용하는 것이 일반적이다.

The boss gave bonuses to the **delighted** employees.
사장은 기뻐하는 사원에게 보너스를 지급했다.

(유) □ **pleased** [pli:zd]　기쁜 ; 만족하는
I'm very **pleased** to hear the news.　(그 소식을 들으니 매우 기쁘다.)
□ **grateful** [gréitfəl]　감사하게 생각하는
□ **gratified** [grǽtəfàid]　고맙게 생각하는

069 nervous

nervous
[nə́:rvəs]　(형) 걱정하는 ; 긴장된 ; 신경의

Some people are afraid to fly and get very **nervous** when they board an aircraft.
비행하는 것이 무서워 비행기 탈 때 매우 긴장하는 사람들이 있다.

유 □ **anxious** [ǽŋkʃəs]　걱정하는 ; 불안한 ; ~을 열망하는
□ **apprehensive** [æ̀prihénsiv]　염려하는 ; 불안한
I'm **apprehensive** of the future.　(나는 미래가 걱정이다.)

---

070 □ **subject**
[sʌ́bdʒikt]　(형) ~ 받기 쉬운 ; ~의 지배하에 있는

▶ 〈be **subject** to ~〉의 형으로 사용하는 경우, to 이하는 명사나 명사상당어구도 좋다.

The prices are **subject** to change depending on the supply.
가격은 공급에 따라 변하기 쉽다.

- -

파 □ **subjective** [səbdʒéktiv]　주관적인

CD 1 **Track 29**

071 □ **complicated**
[kámpləkèitid]　(형) 복잡한 ; 까다로운

The dispute between the two nations is a **complicated** one.
두 국가 간의 분쟁은 복잡한 것이다.

- -

유 □ **complex** [kəmpléks]　복잡한

---

072 □ **patient**
[péiʃənt]　(형) 인내심이 강한 ; 관용의

▶ 명사로 사용되면 「환자」의 뜻.

It is difficult to be **patient** when standing in line for hours in the cold.
추위에 몇 시간 동안 줄을 서 있는 것은 참기 어렵다.

- -

파 □ **patience** [péiʃəns]　(명) 인내 ; 관용
유 □ **persevering** [pə̀ːrsəvíəriŋ]　인내심이 강한
　　persevering efforts　(끈기 있는 노력)

073 ☐ **fatal**
[féitl]
(형) 치명적인 ; 목숨에 관한 ; 매우 중대한

Mr. Radley was the victim of a **fatal** crash.
Radley는 치명적인 충돌 사고의 희생자였다.

(유) ☐ **deadly** [dédli]   치명적인 ; 화해할 수 없는   a **deadly** enemy (불구대천의 원수)
☐ **lethal** [líːθəl]   치사의 ; 치명적인   a **lethal** weapon (흉기)
☐ **mortal** [mɔ́ːrtl]   죽음을 면하기 어려운 ; 치명적인   a **mortal** illness (불치병)

074 ☐ **sensible**
[sénsəbəl]
(형) 현명한 ; 분별이 있는

▶ sensible은 주체가 「감을 느낄 수 있는 → 분별할 수 있는」이라는 뉘앙스. sensitive는 외부의 영향
에 대하여 「민감한」이라는 의미가 있다.

Even the smallest creatures are **sensible** and should not be
harmed.
아무리 작은 생물체라도 감각 능력이 있어서 상처를 입으면 안 된다.

(유) ☐ **sensitive** [sénsətiv]   민감한 ; 미묘한
a politically **sensitive** area (정치적으로 민감한 지역)
☐ **sensual** [sénʃuəl]   관능적인   **sensual** lips (육감적인 입술)

075 ☐ **moderate**
[mádərət]
(형) 적당한 ; 온건한

The manufacturer decided to sell their items at a **moderate** price.
그 제조업자는 그들의 제품을 적당한 가격에 판매하기로 결정했다.

(반) ☐ **extreme** [ikstríːm]   극도의

076 ☐ **superficial**
[sùːpərfíʃəl]
(형) 표면적인 ; 피상적인

The accident left him with some **superficial** wounds.
그 사고로 그는 몇 곳의 외상을 입었다.

(파) ☐ **surface** [sə́ːrfis]   (명) 표면 ; 외면

유 □ **external** [ikstə́:rnl] 외부의 ; 밖의
for **external** use (【약 등의】 외용의)

077 □ **acute** [əkjú:t] ⑱ 예리한 ; 급성의

Mel had an **acute** pain in his chest and was rushed to the hospital.
Mel은 가슴이 심하게 아파서 병원으로 급히 후송되었다.

반 □ **chronic** [kránik] 만성의 ▶ 「급성의」와 반의어.
중 □ **rush** [rʌʃ] ⑧ 돌진하다

078 □ **humble** [hʌ́mbəl] ⑱ 겸손한 ; 소박한

The sales manager made a **humble** apology to the client for the mistake in the order.
영업부장은 그 주문의 실수로 고객에게 공손히 사과했다.

유 □ **modest** [mádist] 겸손한 ; 수수한   a **modest** raise (약간의 승급)
□ **low-key** [lóukí:] 검소한 ; (감정 등을) 억제하는
a **low-key** reception (검소한 피로연)

079 □ **inferior** [infíəriər] ⑱ ~보다 열등한

▶ 비교의 대상이 이어질 경우 전치사 to가 오는 것에 주의. superior도 마찬가지이다.
Mr. Danforth's low rank made him feel **inferior**.
Danforth 씨는 낮은 지위로 열등감을 느꼈다.

반 □ **superior** [səpíəriər] ~보다 우수한

080 □ **quarterly** [kwɔ́:rtərli] ⑱ 4분의 1의

She became the new editor of a **quarterly** magazine.
그녀는 계간 잡지의 새 편집장이 되었다.

파 □ **quarter** [kwɔ́:rtər] ⑲ 4분의 1

---

081 ☐ **mandatory**
[mǽndətɔ̀:ri]　㉠ 강제적인 ; 필수적인

▶ mandatory, compulsory, obligatory 모두 한정 용법에도 서술 용법에도 사용된다. 서술 용법에서는 〈be ~ for 명사상당어구〉나 〈be ~ to 동사〉의 형태로 흔히 사용된다.

The CEO told the employees that it is **mandatory** to attend the seminar.
그 최고경영책임자는 직원들에게 세미나에 참석하는 것은 의무라고 말했다.

㈀ ☐ **compulsory** [kəmpʌ́lsəri]　의무적인 ; 강제적인
　　compulsory education　(의무 교육)
☐ **obligatory** [əblígətɔ̀:ri]　의무적인 ; 강제적인
㈁ ☐ **optional** [ápʃənəl]　선택 가능한

---

082 ☐ **adjacent**
[ədʒéisənt]　㉠ (to ~) 인근의 ; 가까운

The director's office is **adjacent** to the general manager's office.
그 감독의 사무실은 본부장의 사무실 근처다.

㈀ ☐ **next to**　~의 근처에
☐ **nearby** [nìərbái]　근처의　a **nearby** park　(근처의 공원)

---

083 ☐ **confidential**
[kɑ̀nfidénʃəl]　㉠ 은밀한 ; 기밀의

The clerk locked up the sensitive and **confidential** document.
그 사무원은 요주의의 극비 서류를 보관했다.

㈂ ☐ **lock up**　보관하다 ; 문을 잠그다

084 courteous

[kə́ːrtiəs]

형 예의 바른 ; 정중한

▶ courteous와 polite는 의미가 같지만 courteous에는 「예의 바른+위엄이 있는」이란 뉘앙스가 있다.

A good salesclerk should greet the customers in a courteous manner.
좋은 판매원은 고객에게 정중히 응대해야 한다.

파 **courtesy** [kə́ːrtəsi] 명 예의 바름 ; 예절
유 **polite** [pəláit] 예의 바른 ; 정중한

085 serial

[síəriəl]

형 연속하는 ; 연재의 ; 연번의

▶ serial은 「1개의 시리즈로서 연속하는」의 뉘앙스.

Ms. Marshall is the director of a popular serial drama.
Marshall 씨는 인기 연속 드라마의 감독이다.

유 **consecutive** [kənsékjətiv] 연속하는 ; 계속적인
over three **consecutive** days (3일간 연속으로)
successive [səksésiv] 연속하는 ; 역대의
successive administrations (역대 정권)

086 diverse

[divə́ːrs]

형 여러 가지의 ; 다양한

The small country is made up of many diverse cultures that must be preserved.
그 작은 나라는 보존되어야 할 많은 다양한 문화로 이루어져 있다.

유 **varied** [vέərid] 다양한 ; 여러 가지의
diversified [divə́ːrsəfàid] 변화가 풍부한 ; 다각적인
a **diversified** operation (다각 경영)
assorted [əsɔ́ːrtid] 갖가지의 ; 잡다한
assorted chocolates (여러 종류의 초콜릿)

087 □ **intense** [inténs]
◉ 형 격한 ; 정열적인

Mr. Donohue had an **intense** discussion with the boss about business ethics.
Donohue 씨는 기업 윤리에 대하여 상사와 격한 의논을 했다.

- 파 □ **intensify** [inténsəfài] 동 강화하다 ; 강해지다
- □ **intensive** [inténsiv] 집중적인 ; 철저한
- 유 □ **keen** [ki:n] 열심인 ; 예리한
  keen competition (치열한 경쟁)
- □ **ardent** [á:rdənt] 열심인 ; 정열적인
  an **ardent** admirer (열렬한 팬)
- □ **passionate** [pǽʃənit] 정열적인 ; 열애의
  a **passionate** kiss (정열적인 키스)
- 중 □ **ethics** [éθiks] 명 윤리

088 □ **relevant** [réləvənt]
◉ 형 관계가 있는 ; 적절한

The director was asked to make his speech **relevant** to the current project.
그 감독은 현재의 프로젝트에 관련된 연설을 하라는 요청을 받았다.

- 유 □ **related** [riléitid] 관계가 있는 ; 혈연의
- 반 □ **irrelevant** [iréləvənt] 관계가 없는

089 □ **intimate** [íntəmit]
◉ 형 친한 ; 정통한

▶ familiar 보다 intimate 쪽이 깊은 관계를 시사한다. intimate를 인간 관계에 사용하는 경우 성적인 것을 포함하는 경우가 있다.

Terry and Dale's relationship has developed into an **intimate** one.
Terry와 Dale의 관계는 친밀한 관계로 발전했다.

- 유 □ **familiar** [fəmíljər] 친숙한 ; 정통한

090 □ **remote**
[rimóut]
(형) 멀리 떨어진 ; 외딴 ; 무관심한

Liz lives in a **remote** area and must commute there every day.
Liz는 외딴 지역에 살아서 매일 그곳으로 통근해야 한다.

(유) □ **faraway** [fɑ́:rəwèi] 먼 ; 아득한
a traveler from a **faraway** country (먼 나라에서 온 여행자)
□ **outlying** [áutlàiiŋ] 외딴 ; 외진
an **outlying** island (외딴 섬)

091 □ **artificial**
[ɑ̀:rtəfíʃəl]
(형) 인공적인 ; 꾸민

It's bad for your health to consume beverages with **artificial** flavoring.
인공 향미료가 든 음료수를 섭취하는 것은 건강에 좋지 않다.

(유) □ **synthetic** [sinθétik] 합성의 ; 인공의
synthetic fabric (합성 섬유)

092 □ **preceding**
[pri:sí:diŋ]
(형) ～에 선행하는

During the **preceding** trial , one of the jurors was dismissed.
앞선 재판에서 배심원 중에서 1명이 해임되었다.

(유) □ **prior** [práiər] 앞의 ; 먼저의
the **prior** e-mail message (먼저의 이메일 메시지)
□ **former** [fɔ́:rmər] 이전의 ; 전의
the **former** president (전 대통령)
□ **previous** [prí:viəs] 먼저의 ; 전의
the **previous** day (전날)
(중) □ **juror** [dʒúərər] (명) 배심원

093 □ **discreet**
[diskrí:t] (형) 사려 깊은 ; 신중한

Scott has a **discreet** way of dealing with rival companies.
Scott는 경쟁 기업과 거래하는 데 있어서 신중하게 한다.

유 □ **considerate** [kənsídərit] 사려 깊은 ; 신중한
  considerate of others (남을 배려하는)
□ **attentive** [əténtiv] 사려 깊은 ; 주의 깊은
  attentive service (정성스런 서비스)
□ **thoughtful** [θɔ́:tfəl] 생각이 깊은 ; 인정있는
  a **thoughtful** gift (정성이 담긴 선물)

094 □ **beforehand**
[bifɔ́:rhænd] (부) 미리 ; 사전에

Please make your reservations **beforehand** to secure a space at the event.
그 행사에서 좌석을 확보하기 위해서는 미리 예약을 하세요.

유 □ **in advance** 미리
반 □ **afterwards** [ǽftərwərdz] 후에 ; 나중에

095 □ **regrettably**
[rigrétəbli] (부) 후회스럽게

▶ regrettably도 unfortunately와 같이 좋지 않은 사실을 상대에게 전하는 데 많이 사용한다.

The manager had a **regrettably** brief stay in France during his business trip.
부장은 출장 중에 프랑스에서 아쉽게도 잠시밖에 못 머물렀다.

유 □ **unfortunately** [ʌnfɔ́:rtʃənitli] 불행하게도

096 □ **notorious**
[noutɔ́:riəs] (형) 악명 높은

▶ notorious도 infamous도 예문처럼 「be **notorious** for」 형으로 많이 사용한다.

The CEO is **notorious** for his unethical business practices.
그 최고경영책임자는 반윤리적 사업 관행으로 악명이 높다.

유 □ **infamous** [ínfəməs]   악명 높은 ; 불명예스런   ▶ 발음 주의

---

097 □ **abundant**
[əbʌ́ndənt]   형 풍부한 ; 많은

▶ 「많은」이라는 의미로 ample, plentiful도 같이 쓰인다.

The area was found to have **abundant** supplies of natural resources.
그 지역은 풍부한 천연자원의 보고로 알려졌다.

유 □ **ample** [ǽmpl]   충분한 ; 풍부한
     ample chance (충분한 기회)
   □ **plentiful** [pléntifəl]   충분한 ; 풍부한
반 □ **scarce** [skɛərs]   부족한
증 □ **natural resources** 천연자원

---

098 □ **genuine**
[dʒénjuin]   형 진짜의 ; 마음에서 우러난

Mr. Wayne looked over the document many times to make sure it was a **genuine** one.
Wayne 씨는 그것이 진짜인지 확인하기 위해 여러 번 서류를 보았다.

유 □ **authentic** [ɔːθéntik]   진짜의 ; 신뢰할 만한
     an **authentic** French dish (본격적인 프랑스 요리)
   □ **bona fide** [bóunəfàidi]   진심의 ; 정직의 ; 선의의
     a **bona fide** third person (선의의 제삼자 [법률 용어])
반 □ **fake** [feik]   가짜의 ; 속임수의
   □ **phony** [fóuni]   가짜의 ; 위조의

099 ☐ enormous
[inɔ́ːrməs] (형) 거대한 ; 막대한

▶ enormous, huge, immense도 대개 같은 상황에 사용하나 immense는 격식있는 말투로 '크기 뿐만 아니라 정도가 높은'에도 사용한다.

The company claimed bankruptcy after amassing an enormous debt.
그 회사는 엄청난 빚을 진 후 파산을 신청했다.

(유) ☐ **huge** [hjuːdʒ] 거대한 ; 막대한
☐ **immense** [iméns] 막대한 ; 한없는
　　immense difficulties (엄청난 어려움)
(증) ☐ **claim bankruptcy** 파산을 신청하다

100 ☐ vague
[veig] (형) 모호한 ; 애매한

Mr. Jarrod only has a vague idea of what the seminar is about.
Jarrod 씨는 세미나가 무엇에 관한 것인지 막연한 생각뿐이다.

(유) ☐ **ambiguous** [æmbígjuəs] 애매한 ; 다의적인
　　ambiguous opinion (애매모호한 의견)
☐ **obscure** [əbskjúər] 무명의 ; 불명료한
　　an **obscure** poet (무명 시인)
☐ **faint** [feint] 희미한 ; 약한
　　faint hope (희미한 희망)

CD 1 Track 32

101 ☐ terse
[təːrs] (형) 간결한 ; 간명한

▶ terse와 concise는 문장이나 발언이 「간결하게 요점을 붙이는」의 의미로 형용사로 쓰인다. brief 쪽이 사용 범위가 넓지만, 이 단어에는 「요점을 붙히는」 것과 같은 뉘앙스는 없다.

The general manager always gives us terse answers to our questions rather than detailed responses.
본부장은 언제나 우리들의 질문에 대하여 상세한 답보다는 간결한 답변을 한다.

유 ☐ **concise** [kənsáis] 간결한 ; 간명한
　　concise style (간명한 문체)
　☐ **brief** [bri:f] 간결한 ; 짤막한 ; 단시간의
　　a **brief** trip (짧은 여행)

---

102 ☐ **separately**
　　[sépəritli]　　(부) 개별적으로 ; 분리하여

Ron and Dave decided to go to the conference **separately**.
Ron과 Dave는 개별적으로 회의에 가기로 결정했다.

---

103 ☐ **intensive**
　　[inténsiv]　　(형) 집중적인 ; 철저한

All new recruits must undergo **intensive** training at our firm.
모든 신입사원들은 우리 회사의 집중 연수를 받아야 한다.

반 ☐ **extensive** [iksténsiv] 넓은 ; 광범위한 ; 대규모의
중 ☐ **undergo** [ʌndərgóu] (동) 경험하다 ; 받다

---

104 ☐ **fragile**
　　[frǽdʒəl]　　(형) 깨지기 쉬운 ; 무른

▶ 화물에 Fragile의 표시는 「깨지는 것 주의」라는 뜻.
When Tim touched the **fragile** vase, it broke into pieces.
Tim이 깨지기 쉬운 화병에 손을 대자 그것은 산산조각이 났다.

유 ☐ **frail** [freil] 허약한 ; 무른 ▶ 명사형은 frailty.
　　Frailty, thy name is woman.
　　(약한 자여, 그대 이름은 여자다 : 셰익스피어 「햄릿」의 명구)
　☐ **flimsy** [flímzi] 부서지기 쉬운 ; 설득력이 없는 ; 뻔한
　　a **flimsy** excuse (뻔한 변명)

105 □ **hazardous**
[hǽzərdəs] ⑱ 위험한 ; 모험적인

Mr. Harrison always participates in **hazardous** sports such as skydiving.
Harrison 씨는 언제나 스카이다이빙처럼 위험한 운동에 참가한다.

파 □ **hazard** [hǽzərd] ⑲ 위험 ; 모험 ; (골프의) 장애 구역
유 □ **risky** [ríski] 위험한 ; 모험적인 a **risky** investment (위험한 투자)

106 □ **exhausted**
[igzɔ́:stid] ⑱ 다 써버린 ; 기진맥진한

Spending the entire weekend at the seminar made Mr. Riley **exhausted**.
주말 내내 세미나에서 보내서 **Riley** 씨는 기진맥진했다.

파 □ **exhaust** [igzɔ́:st] ⑧ 기진맥진시키다 ; 고갈시키다

107 □ **faithful**
[féiθfəl] ⑱ 충실한 ; 신뢰가 두터운

Phillip has been a **faithful** friend to Blake for years.
Phillip은 Blake에게 수년 동안 충실한 친구였다.

유 □ **devoted** [divóutid] 헌신적인 ; 열심인
□ **dedicated** [dédikèitid] 헌신적인 ; 열중하는
  a **dedicated** employee (헌신적인 사원)
□ **loyal** [lɔ́iəl] 충실한 ; 성실한 a **loyal** customer (단골 손님)
□ **trustworthy** [trʌ́stwə̀:rði] 믿을 수 있는 ; 신뢰할 수 있는
  trustworthy information (믿을 만한 정보)

108 □ **obsolete**
[ɑ́bsəlì:t] ⑱ 시대에 뒤진 ; 폐기된

The retail clothing store stopped carrying the **obsolete** fashion line.
그 의류 소매점은 시대에 뒤떨어진 의류 상품 라인을 취급 않기로 했다.

유 □ **out-of-date** [áutəvdéit] 시대에 뒤진
　 □ **old-fashioned** [óuldfǽʃənd] 유행에 뒤진 ; 구식의
반 □ **current** [kə́:rənt] 현대의 ; 유행의
　 □ **up-to-date** [ʌ́ptədéit] 최신의

109　□ **contingent**　(형) 우발적인 ;
　　　　[kəntíndʒənt]　　(on / upon ~) ~을 조건으로 하는

▶ 명사로서 「불의의 사고」, 「파견부대」라는 의미가 있다. 또 명사인 contingency도 형용사적으로 잘 사용한다.

All sales are **contingent** on the approval of the owner.
모든 판매는 소유자의 동의를 조건으로 한다.

파 □ **contingency** [kəntíndʒənsi] (명) 불의의 사고 ; 우발 사건
　　　a **contingency** plan (긴급 대책 계획)

110　□ **immune**　(형) (to ~) 면역이 있는 ; (from ~) 면제된
　　　　[imjú:n]

When it comes to paying taxes, no one is **immune**.
세금 내는 것이라면 아무도 면제될 수 없다.

파 □ **exempt** [igzémpt] (세금 등을) 면한 ; 면제된
　　　exempt from income taxes (소득세를 면제받은)

CD 1 Track 33

111　□ **complimentary**　(형) 우대의 ; 무료의 ; 경의를 표하는
　　　　[kàmpləméntəri]

Some airlines no longer give out **complimentary** meals during flights.
항공회사 중에는 비행 중 무료의 식사를 더 이상 제공하지 않는 곳도 있다.

파 □ **compliment** [kámpləmənt] (명) 경의 ; 찬사

112 □ **splendid**
[spléndid]
⑱ 빛나는 ; 호화로운

Andre is known for his **splendid** achievements in medicine.
Andre는 의학에서 우수한 업적을 이룬 사람으로 알려졌다.

유 □ **superb** [supə́ːrb] 훌륭한 ; 최상의 a **superb** meal (훌륭한 식사)

113 □ **cozy**
[kóuzi]
⑱ 아늑한 ; 따뜻한 분위기의

The new restaurant is popular with women because it has a **cozy** atmosphere.
그 새로운 레스토랑은 아늑한 분위기여서 여성들에게 인기가 있다.

유 □ **comfortable** [kʌ́mfərtəbəl] 쾌적한 ; 편안한
   a **comfortable** sofa (편안한 소파)
□ **restful** [réstfəl] 휴식을 주는 ; 평온한
   restful stay in the countryside (시골에서의 편안한 체류)

114 □ **rigid**
[rídʒid]
⑱ 엄격한 ; 융통성이 없는 ; 경직된

▶ 어느 것이나 모두 「규칙이나 법률」 등에 형용사로 사용하나, rigid는 「융통성이 없는」이라는 뉘앙스이다. strict와 stringent는 「엄격히 적용되는」이라는 이미지가 있으며, stringent쪽이 strict 보다 엄하다.

There are many **rigid** rules we have to follow while working at the factory.
공장에서 근무할 때 준수해야 할 엄격한 규칙들이 많이 있다.

유 □ **strict** [strikt] 엄격한 ; 엄밀한
□ **stringent** [stríndʒənt] 엄격한

115 □ **consistent**
[kənsístənt]
⑱ 일관성 있는 ; 모순이 없는

The man's story was not **consistent** with the facts.
그 남자의 이야기는 사실과 일치하지 않았다.

파 □ **consistency** [kənsístənsi] 명 일관성
반 □ **inconsistent** [ìnkənsístənt] 일관성이 없는 ; 모순된

---

116 □ **flawless** [flɔ́:lis] 형 결점이 없는 ; 완전한

The diamond on Natalie's ring is **flawless**.
Natalie의 반지의 다이아몬드는 흠이 없다.

파 □ **flaw** [flɔ:] 명 결점 ; 결함 ; 흠
유 □ **impeccable** [impékəbəl] 결점이 없는 ; 죄가 없는

---

117 □ **outrageous** [autréidʒəs] 형 무법적인 ; 비정상적인 ; 터무니없는

▶ 가격에 사용될 경우 extravagant 등이 유의어. 그 밖에 **outrageous** crime (흉악한 범죄) 등 「극악한」의 의미로도 사용한다.

Some people will pay **outrageous** prices for brand-name goods.
사람들 중에는 유명 상표의 상품에 지나친 값을 지불하려는 사람이 있다.

유 □ **extravagant** [ikstrǽvəgənt] 터무니없이 비싼 ; 낭비하는

---

118 □ **peculiar** [pikjú:ljər] 형 기묘한 ; 독특한

Those types of plants are **peculiar** to this warm and dry region.
이러한 종류의 식물들은 따뜻하고 건조한 지역에 독특한 것이다.

유 □ **particular** [pərtíkjələr] 특유의 ; 개별의 ; 까다로운
　　She is **particular** about wine. (그녀는 와인에 매우 까다롭다.)
□ **characteristic** [kæriktərístik] 특유의 ; 특징적인
□ **eccentric** [ikséntrik] 기묘한 ; 이상한
　　eccentric clothes (기발한 의복)
□ **quaint** [kweint] 예스럽고 흥취가 있는 ; 진기하고 즐거운
　　a **quaint** church (예스럽고 흥취가 있는 교회)

119 □ spacious
[spéiʃəs]　형 넓은 ; 포괄적인 ; 광대한

▶ spacious는 「넓은」이라는 뉘앙스로 사용되지만, vast와 broad는 각 문장에 따라 다른 의미로도 사용된다.

Rhonda's new house has a **spacious** kitchen.
Rhonda의 새 집은 넓은 부엌이 있다.

유　□ **vast** [væst]　광대한 ; 막대한
　　a **vast** sum of money　(막대한 양의 돈)
　　□ **broad** [brɔːd]　폭이 넓은 ; 광범위한 ; 대범한
　　broad appeal　(큰 매력)

120 □ unprecedented
[ʌnprésədəntid]　형 전에 없던 ; 전대미문의

▶ unprecedented는 「과거에 없는」, unparalleled는 「비교할 것이 없는」이 원 뜻.

The landmark decision by the judge was an **unprecedented** and bold move.
재판관에 의한 획기적인 판결은 전에 없던 대담한 조치였다.

유　□ **unparalleled** [ʌnpǽrəleld]　비교할 것이 없는 ; 전대미문의

CD 1 Track 34

121 □ municipal
[mjuːnísəpəl]　형 지방자치(제)의

▶ municipal은 「지방자치제의」와 같은 한정적인 뜻밖에 없다. local과 regional은 「지방의」 의미로 사용하나 regional은 동아시아와 같이 넓은 지역도 수식할 수 있다.

All citizens must pay taxes to their **municipal** governments.
모든 시민은 지방정부에 세금을 납부해야 한다.

파　□ **municipality** [mjuːnisəpǽliti]　명 지방자치제
유　□ **local** [lóukəl]　지방의 ; 현지의
　　□ **regional** [ríːdʒənəl]　지방의 ; 지역의

122 ☐ **literally**
[lítərəli]　(부) 문자 그대로 ; 완전히

Ms. Jenner misunderstood her boss and took what he said **literally**.
Jenner 씨는 상사의 말을 오해하여 그가 한 말을 문자 그대로 이해했다.

파　☐ **literary** [lítərèri]　(형) 문학의
☐ **literate** [lítərit]　(형) 읽고 쓸 줄 아는　▶ literacy는 「읽고 쓰는 능력」
☐ **literature** [lítərətʃər]　(명) 문학

123 ☐ **overnight**
[óuvərnàit]　(형)(부) 하룻밤 동안의(에)

Ms. Gregory left this morning for an **overnight** business trip.
Gregory 씨는 오늘 아침 1박의 출장을 떠났다.

124 ☐ **clerical**
[klérikəl]　(형) 사무(원)의

Ms. Kramer got a **clerical** job at a law firm downtown.
Kramer 씨는 시내의 법률 사무소의 사무직으로 취직했다.

파　☐ **clerk** [klə:rk]　(명) 사무원

125 ☐ **numerous**
[njú:mərəs]　(형) 다수의 ; 매우 많은

▶ numerous는 「수십의」 정도의 경우에 사용하나 myriad나 innumerable은 「별의 수를 셀 수 없을 만큼 무수한」의 의미로 사용한다. 또한 numerical은 「숫자의」의 뜻.

The attendees at the conference were too **numerous** to count.
그 회의의 출석자는 너무 많아서 셀 수 없었다.

유　☐ **innumerable** [injú:mərəbəl]　무수한 ; 셀 수 없을 만큼 많은
☐ **myriad** [míriəd]　무수한 ; 엄청나게 많은

126 ☐ **toll-free** [tóulfríː] (형) 무료의

▶ <~-free>는 「~이 없는」과 같은 형용사를 만든다. nuclear-free (비핵의), duty-free (면세의) 등.

Customers must dial a **toll-free** number to order the product.
고객은 제품을 주문하기 위해 무료 전화를 해야 한다.

127 ☐ **jammed** [dʒæmd] (형) 꽉 채워진 ; 혼잡한

▶ jammed도 crowded와 같이 be **jammed** with (~로 혼잡하다)라는 숙어로 사용한다.

When the secretary tried to fax the document, it got **jammed** in the machine.
비서는 그 서류를 팩스로 보내려고 했는데 기계에 서류가 끼었다.

- -

(유) ☐ **crowded** [kráudid] 혼잡한 ; 만원의

128 ☐ **hostile** [hástl] (형) 적대적인 ; 대립하는

The corporation made a **hostile** takeover bid for its competitor.
그 회사는 경쟁 회사에 대하여 적대적인 주식 공개 매입을 했다.

- -

(파) ☐ **hostility** [hastíləti] (명) 적의 ; 반감 ; (복수형) 적대 행위
(유) ☐ **antagonistic** [æntægənístik] 대립하는 ; 적대하는
☐ **averse** [əvə́ːrs] 반대하는 ; 몹시 싫어하는
　I'm not **averse** to your idea. (나는 당신의 생각을 싫어하지 않습니다.)

129 ☐ **brisk** [brisk] (형) 활발한 ; 기운찬 ; 활기찬

▶ 「생기를 주는, 효율적인」이라는 뉘앙스.

I felt tired after working so many hours on the computer, so I went for a **brisk** walk.
컴퓨터에서 몇 시간을 작업하여 피곤해서 활기차게 산책을 나갔다.

유 □ **bustling** [bʌ́sliŋ] 분주히 움직이는 ; 소란스런
　a **bustling** city (분주한 도시)

130　□ tidy
[táidi]　　형 깔끔한 ; 정돈된

Ms. Dowling likes to keep a **tidy** desk, and has her files in alphabetical order.
Dowling 씨는 그녀의 책상을 깔끔하게 하는 것을 좋아하여 파일을 알파벳순으로 정리해두고 있다.

유 □ **neat** [niːt] 말끔한 ; 고상한
　neat appearance (말끔한 외모)
　□ **orderly** [ɔ́ːrdərli] 정돈된
　an **orderly** cubicle (잘 정돈된 침실)

CD 1　Track 35

131　□ preliminary
[prilímənèri]　　형 예비적인 ; 준비의

The officer uncovered a lot of evidence during the **preliminary** investigation.
그 간부는 예비 조사 중에 많은 증거를 폭로했다.

유 □ **preparatory** [pripǽrətɔ̀ːri] 예비적인 ; 준비의
　a **preparatory** phase (예비 단계)
중 □ **uncover** [ʌnkʌ́vər] 동 폭로하다 ; 밝히다

132　□ inclement
[inklémənt]　　형 (날씨가) 혹독한 ; 사나운

The flight could not take off as scheduled due to the **inclement** weather.
그 비행기는 악천후 때문에 예정대로 이륙하지 못했다.

---

133 ☐ **durable**
[djúərəbəl]   혱 내구성이 우수한 ; 튼튼한

▶ durable은 일반적으로 물건을 수식하는 데 사용. 명사로 사용할 때는 「내구소비재」의 뜻.

The new jeans are made of a **durable** fabric that can stand hundreds of washings.
그 새 청바지는 내구성이 있는 섬유로 만들어져 수백 번 세탁해도 끄떡 없다.

유 ☐ **sturdy** [stə́:rdi] 튼튼한 ; 견고한
　a **sturdy** structure (튼튼한 구조)

---

134 ☐ **supreme**
[səprí:m]   혱 최고의 ; 최상의

▶ **supreme** court는 「대법원」을 의미한다.

Walter thinks he is the **supreme** authority on all matters.
Walter는 자신이 모든 문제에 있어 최고 권위자라고 생각한다.

유 ☐ **paramount** [pǽrəmàunt] 최고의 ; 최고 중요한
　a **paramount** leader (최고 지도자)
☐ **preeminent** [priémənənt] 탁월한 ; 걸출한
　a **preeminent** example of calligraphy (서예의 탁월한 견본)

---

135 ☐ **dismal**
[dízməl]   혱 음침한 ; 비관적인 ; 지독한

▶ dismal쪽이 gloomy.보다 비관의 정도가 더 심각.

The chairman of the Federal Reserve has a **dismal** view of the economy.
연방준비제도이사회의 의장은 경제에 비관적인 견해를 가지고 있다.

유 ☐ **gloomy** [glú:mi] 우울한 ; 비관적인
중 ☐ **Federal Reserve (Board)** (미국) 연방준비제도이사회

▶ 미국의 중앙 은행 기능을 가진 기관.

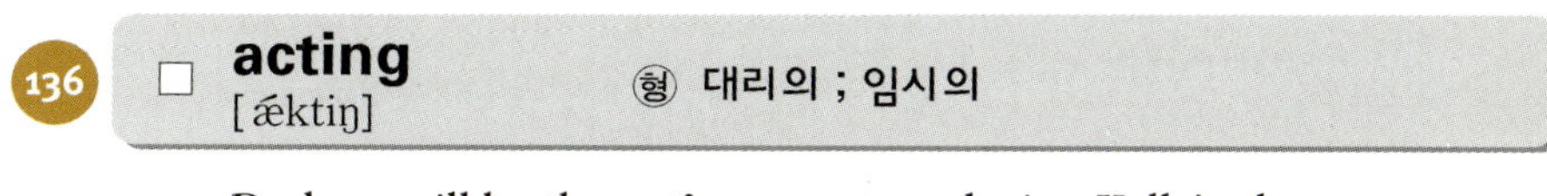

136 ☐ **acting**
[ǽktiŋ]   (형) 대리의 ; 임시의

Darlene will be the **acting** secretary during Kelly's absence.
Darlene은 Kelly가 부재중에 대리 비서가 된다.

유 ☐ **deputy** [dépjəti]   대리의 ; 부 ~
deputy minister of foreign affairs (외무부차관)

137 ☐ **volatile**
[válətl]   (형) 불안정한 ; 휘발성의 ; 폭발하기 쉬운

There were many **volatile** rioters in the street protesting the war.
그 도로에는 전쟁에 반대를 외치는 폭발 직전의 많은 폭도들이 있었다.

유 ☐ **explosive** [iksplóusiv]   폭발성의 ; 격정적인
중 ☐ **protest** [prətést]   (동) ~에 항의하다

138 ☐ **messy**
[mési]   (형) 지저분한 ; 혼란을 일으키는

▶ filthy에는 messy가 가진 「지저분한」과 같은 뉘앙스가 없고, 「불결한」이라는 의미.

Beth hired a maid to help her clean her **messy** house.
Beth는 자신의 지저분한 집을 청소하는 것을 도울 여자를 고용했다.

유 ☐ **filthy** [fílθi]   불결한 ; 난잡한 ; 상스러운
filthy hair (불결한 머리)

139 □ **juvenile**
[dʒúːvənəl]
(형) 미성년의 ; 청소년의 ; 아동용의

Sam was reprimanded for his **juvenile** behavior in the office.
Sam은 사무실에서 어린애 같은 행동을 했다고 질책 받았다.

유 □ **adolescent** [æ̀dəlésənt] 사춘기의 **adolescent** boys (사춘기 소년)
□ **youthful** [júːθfəl] 청년의 ; 젊은 ; 청년다운
youthful enthusiasm (젊은이다운 열정)
증 □ **reprimand** [réprəmæ̀nd] (동) 질책하다

140 □ **indispensable**
[ìndispénsəbəl]
(형) 절대 필요한 ; 불가결한

Ms. Laurier's input has been an **indispensable** part of this project.
Laurier 씨의 지원이 이 프로젝트에 없어서는 안될 부분이다.

반 □ **dispensable** [dispénsəbəl] ∼이 없어도 되는

CD 1 Track 36

141 □ **allegedly**
[əlédʒdli]
(부) 주장에 의하면 ; 전해지는 바에 의하면

▶ 단정을 피할 때 쓰는 말투. 신문, 잡지 등의 보도에서 직접적인 책임을 회피하는 상황에 잘 사용된다. reportedly도 같은 뜻으로 사용된다.

The man is on trial for **allegedly** swindling his clients.
그 남자는 고객을 속였다고 해서 재판 중이다.

파 □ **allege** [əlédʒ] (동) 주장하다 ; 단언하다
유 □ **reportedly** [ripɔ́ːrtidli] 전해지는 바에 의하면

142 □ **presumably**
[prizúːməbli]
(부) 아마도 ; 추측하건데

Jen **presumably** missed the bus because she is very late.
Jen은 매우 늦어서 아마 버스를 놓쳤을 것이다.

유 □ **possibly** [pásəbli] 아마도 ; 어떻게든지

143 ☐ **cutting-edge**
[kʌ́tiŋedʒ]　(형) 최첨단의 ; 최신예의

The electronics firm is always creating **cutting-edge** products.
그 전자회사는 언제나 최첨단의 제품을 개발하고 있다.

(유) ☐ **state-of-the-art** [stéitəvðiá:rt]　최신 기술을 구사하는

144 ☐ **high-profile**
[haipróufail]　(형) 사람의 눈을 끄는 ; 지명도가 높은

The defendant was found guilty in the **high-profile** case.
피고인은 화제의 재판에서 유죄로 판명되었다.

(반) ☐ **low-profile** [loupróufail]　지명도가 낮은

145 ☐ **top-notch**
[tápnàtʃ]　(형) 일류의 ; 최고의

Mr. Rajal accepted a position at a **top-notch** electronics firm.
Rajal 씨는 일류 전자회사의 자리를 수락했다.

(유) ☐ **prestigious** [prestídʒiəs]　일류의 ; 사회적 지위가 높은

146 ☐ **stunning**
[stʌ́niŋ]　(형) 놀라게 하는 ; 놀랄 만큼 아름다운

The opera singer gave a **stunning** performance in the huge concert hall.
그 오페라 가수는 거대한 콘서트홀에서 정말 멋진 공연을 했다.

(유) ☐ **amazing** [əméiziŋ]　놀랄 만한 ; 훌륭한

147 □ **sole**
[soul]
형 유일한 ; 단독의

There was a **sole** vote against the restructuring plan.
구조 조정 계획에는 반대표가 단 1표였다.

유 □ **singular** [síŋgjələr] (명사가) 단수인 ; 단독의
□ **lone** [loun] 고립된 ; 단 하나의   a **lone** wolf (한 마리 늑대)

148 □ **commensurate**
[kəménsərit]
형 어울리는 ; (with~) ~에 알맞은

Ms. Davis was offered a salary **commensurate** with her experience.
Davis 씨는 그녀의 경력과 어울리는 급여를 제시받았다.

149 □ **synthetic**
[sinθétik]
형 합성의 ; 인조의

The clothing manufacturer decided to create **synthetic** fabrics to replace their real fur items.
그 의류 제조업자는 진짜 모피 제품을 대체할 합성 섬유를 제조하기로 결정했다.

150 □ **irrevocable**
[irévəkəbəl]
형 해약이 불가능한 ; 취소할 수 없는

The client was warned that his decision would be **irrevocable**.
그 고객은 자기 결정은 취소될 수 없다고 경고받았다.

접두사 ir-의 형용사
□ **irrational** [iræʃənəl] 불합리한 ; 무분별한
□ **irregular** [irégjulər] 고르지 않는 ; 불규칙한
□ **irresistible** [ìrizístəbəl] 저항할 수 없는 ; (더할 나위 없이) 사랑스러운

기본 명사

CD 1 **Track 37**

---

001 ☐ **assignment**
[əsáinmənt]
명 일 ; 임무 ; 과제 ; 숙제

▶ assign은 「할당하다」의 의미이고 assignment는 「할당된 업무」를 가리킨다. task도 개별의 일이나 작업을 나타낸다. duty는 개별의 일과 그 직위의 업무 전체를 가리키는 일이 있다. mission은 격식을 차린 말투로 「사명」의 뉘앙스가 있다.

The boss gave Charles an overseas **assignment**, so he will leave next week.
그 상사가 Charles에게 해외 업무를 줘서 그는 내주에 출발할 것이다.

 ☐ **duty** [djúːti]   직무 ; 의무 ; 관세
☐ **task** [tæsk]   일 ; 작업
☐ **mission** [míʃən]   임무 ; 사명 ; 사절단

---

002 ☐ **benefit**
[bénəfit]
명 이익 ; 급부 ; 수당 ; 특전

▶ 예문의 「이익」이라는 의미 외에 인사 관계에서는 「급부」 「수당」 「특전」의 의미로 잘 사용한다.
fringe **benefits** (부가 급부)

The reduction in the price of the product was a great **benefit** for the client.
그 제품의 가격 인하는 고객에게 큰 이익이었다.

 ☐ **beneficial** [bènəfíʃəl]   형 유익한 ; 유리한

---

003 ☐ **development**
[divéləpmənt]
명 발전 ; (일의) 진전

▶ 「(일의) 진전」이라는 의미로 의외로 잘 사용한다. 이 경우 반드시 긍정적인 방향으로 발전하는 것은 아니다.

The newscaster waited for a **development** in the breaking news story.
그 뉴스캐스터는 긴급 뉴스 소식의 스토리의 진전을 기다렸다.

중 ☐ **breaking news**　긴급 뉴스 ; 속보

004　☐ **purpose**
[pə́ːrpəs]　　명 목표 ; 목적 ; 용도 ; 취지

▶ purpose는 「행동의 도달점이나 이유」를 나타내며 objective는 「달성할 수 있는 것」을 나타낸다. objective는 구체적으로 비즈니스의 수치 목표 등에 사용한다.

The **purpose** of the event is to raise money for children's charities.
그 행사의 목적은 아이들의 자선 사업을 위한 자금을 모으는 것이다.

유 ☐ **objective** [əbdʒéktiv]　목표
objectives of this quarter　(금년 4분기의 목표)

005　☐ **representative**
[rèprizéntətiv]　　명 대표자 ; (미) 하원의원 ; 주재원 ; 판매원

▶ 「판매원」은 sales **representative**라고 하는 경우가 많으며, 「(미국) 상원의원」은 Senator이다.

The meeting was attended by **representatives** from many different countries.
그 회의에는 많은 나라에서 온 대표자들이 참석했다.

파 ☐ **represent** [rèprizént]　동 대표하다 ; 나타내다 ; (~의 기호 · 문자로) 표시하다
유 ☐ **proxy** [práksi]　위임 ; 대리　vote by **proxy** (위임 투표하다)
☐ **substitute** [sʌ́bstətjùːt]　대리인 ; 대체물 ; 교체
substitute for sugar　(사탕의 대용품)
☐ **delegate** [déligit]　대표자 ; 대표단 ; 사절
delegates from the EU nations　(EU 국가들의 대표자)

006　☐ **expansion**
[ikspǽnʃən]　　명 확장 ; 확대

The board held a meeting to discuss the **expansion** of the company.
이사회는 회사의 확장을 토의하기 위해서 회의를 열렸다.

파 ☐ **expand** [ikspǽnd]　동 확대하다 ; 넓히다
☐ **expanse** [ikspǽns]　명 (하늘이나 바다 등의) 광활함

007 feature
[fíːtʃər]

명 특징 ; 요망 ; (잡지 등의) 특집

▶ 동사로 사용하면 「특징을 이루다」 「특집을 편성하다」 「(영화 등에서) 주연하다」라는 의미가 된다.

There are many new features in the new software program.
그 새로운 소프트웨어 프로그램에는 많은 새로운 특징이 있다.

유 □ **trait** [treit] 특징 ; 특성 ▶ 주로 사람의 성격이나 개성에 사용한다.
□ **characteristic** [kæriktərístik] 특징 ; 특질
□ **peculiarity** [pikjùːliǽrəti] 특성 ; 이상한 습성 ; 독특한 것

008 influence
[ínfluəns]

명 영향 ; 영향을 주는 것   동 영향을 미치다

Many people worry about the influence violent movies have on children.
많은 사람들이 폭력적인 영화가 아이들에게 주는 영향을 걱정한다.

유 □ **impact** [ímpækt] 영향 ; 충격 ; 충돌

▶ 위의 예문에서는 impact로 바꿔도 가능하다.

009 loyalty
[lɔ́iəlti]

명 (사람 · 신조에의) 충성(심)

▶ royalty (저작권 사용료)와 구별해서 기억해야 한다.

Dan has a certain amount of loyalty to his boss and will never leave the firm.
Dan은 상사에 확실한 충성심을 가지고 있어서 절대로 회사를 그만두지 않을 것이다.

유 □ **fidelity** [fidéləti] 정절(貞節) ; (원음 · 원물에) 충실성
high **fidelity** ([원음을 재생하는] 고충실도)
□ **allegiance** [əlíːdʒəns] (사람 · 신조에의) 충성(심) ; 충실
allegiance to the government (정부에 충성)

010

opportunity
[àpərtjúːnəti]

명 기회 ; 호기

The employees from the affiliate company had an **opportunity** to visit the head branch.
계열 회사의 사원은 총지사를 방문하는 기회가 있었다.

파 □ **opportunistic** [àpərtjuːnístik]　형 편의주의적인 ; 기회주의적인
중 □ **affiliate company**　계열 회사

CD 1 Track 38

011

proposal
[prəpóuzəl]

명 제안 ; 기획안 ; (결혼의) 프로포즈

The writer gave the publisher several **proposals** for the book.
그 작가는 그 책에 관한 여러 가지 제안을 출판사에 했다.

파 □ **propose** [prəpóuz]　동 제안하다 ; 기획하다 ; 청혼하다
　 □ **proposition** [pràpəzíʃən]　명 제안 ; 주장 ; 명제

012

subject
[sʌ́bdʒikt]

명 주제 ; 테마 ; (학교의) 과목 ; (문장의) 주어

▶ 형용사로 사용될 경우에는 「(to ~) 하기 쉬운 ; 조건으로 하는」의 뜻.

The board members were eager to discuss the **subject** at hand.
이사회의 회원들은 그 의제를 당장 토론하고 싶어 한다.

유 □ **theme** [θiːm]　테마 ; 주제 ; 화제
　 □ **issue** [íʃuː]　쟁점 ; 안건　▶ 동사로는 「발행하다」의 뜻.
　 □ **matter** [mǽtər]　사건 ; 문제　▶ 동사로는 「중요하다 ; 문제가 되다」의 뜻.
중 □ **at hand**　곧, 당장 ; 쉽게

013 □ pleasure
[pléʒər] 명 즐거움 ; 기쁨 ; 오락

▶ delight는 pleasure나 enjoyment보다 기쁨의 정도가 강한 이미지.

It was a **pleasure** to meet the employees of our affiliate company.
우리 계열 회사의 직원들을 만나게 되어 기뻤다.

파 □ **pleasant** [plézənt] 형 즐거운 ; 유쾌한
유 □ **delight** [diláit] 기쁨 ; 환희
　 □ **enjoyment** [indʒɔ́imənt] 기쁨 ; 즐거움
　　 enjoyment in collecting watches (손목 시계를 모으는 즐거움)

014 □ measure
[méʒər] 명 수단 ; 대책 ; 기준 ; 단위

▶ 「수단 ; 대책」의 뜻으로 쓰일 때는 보통 복수.

Some television producers take extreme **measures** to increase the ratings of their shows.
일부 텔레비전 프로듀서는 그들의 쇼프로의 시청률을 올리려고 극단적인 수단을 쓴다.

유 □ **means** [mi:nz] 수단 ; 방법 ; 자력
　 by **means** of (~을 사용하여 ; ~의 방법으로)

015 □ profession
[prəféʃən] 명 직업 ; 전문직

▶ 전문직이나 지적인 직업에 사용하는 경우가 많다.

The conference attendees included members of the medical **profession**.
그 회의 출석자에는 의료 전문가들이 포함되어 있었다.

유 □ **vocation** [voukéiʃən] 직업 ; 천직
　 □ **calling** [kɔ́:liŋ] 천직 ▶ 전화에서 「통화」의 의미도 있다.
　 □ **occupation** [àkjəpéiʃən] 업무 ; 종사
　　 ▶ 「점령」「거주」 등의 의미도 있다.

016 ☐ **account**
[əkáunt]
명 설명 ; 이유 ; 예금계좌 ; 계산 (서)

▶ account에는 여러 가지 의미가 있으므로 문맥에 따라 판단해야 한다.

The CFO could not explain what the **account** was for the loss.
그 최고재무책임자는 손실에 대한 이유가 무엇인지 설명할 수 없었다.

파 ☐ **accountable** [əkáuntəbəl] 형 설명할 수 있는 ; 해명할 의무가 있는
☐ **accountability** [əkàuntəbíləti] 책임 ; 책무 ; 설명 책임

017 ☐ **procedure**
[prəsí:dʒər]
명 수속 ; 수순 ; 방법

It is standard **procedure** to fill out the form before entering the building.
그 빌딩에 들어가기 전에 서식에 기입하는 것이 표준적인 수속입니다.

유 ☐ **proceeding** [prəsí:diŋ] 수속 ; 수순 ; 진행
중 ☐ **fill out** 기입하다

018 ☐ **atmosphere**
[ǽtməsfìər]
명 분위기 ; 대기

The **atmosphere** around the office was tense after the news of the scandal broke out.
스캔들 뉴스가 나온 후에 사무실의 분위기는 긴박했다.

파 ☐ **atmospheric** [ætməsférik] 형 대기의 ; 분위기가 있는
유 ☐ **ambience** [ǽmbiəns] 분위기
relaxed **ambience** of the office (사무실의 편안한 분위기)
중 ☐ **break out** 발발하다 ; (돌연) 시작하다

019

prospect
[práspekt]

명 예상 ; 가능성 ; (사람 · 회사의) 장래성

▶ prospect에는 「기대」가 포함되어 있으나, outlook는 일반적인 장래의 예측을 나타낸다.

The **prospects** for signing the deal are excellent.
그 계약에 사인할 전망은 매우 좋다.

파 □ **prospective** [prəspéktiv] 형 예상되는 ; 가망이 있는
유 □ **outlook** [áutlùk] 전망 ; 장래성

020

operation
[àpəréiʃən]

명 조업 ; 경영 ; 수술 ; 군사 작전

▶ 분야나 문맥에 따라 다양한 의미로 사용된다.

The factory was closed for a few months, but is back in **operation** now.
그 공장은 몇 개월 동안 폐쇄되었으나 지금은 조업을 다시 하고 있다.

파 □ **operate** [ápərèit] 동 작동시키다 ; 경영하다 ; 수술을 하다

CD 1 Track 39

021

concern
[kənsə́:rn]

명 불안 ; 걱정 ; 관심   동 관계하다 ; 관여하다

The rising unemployment rate has become a **concern** to the current administration.
실업률의 증가는 현정권의 불안 요소가 되었다.

파 □ **concerned** [kənsə́:rnd] 형 염려하는 ; 관계 있는
□ **concerning** [kənsə́:rniŋ] 전 ~에 관하여

022

fortune
[fɔ́:rtʃən]

명 부 ; 운세 ; 운명

After the chairman resigned, the company's **fortune** turned for the worse.

회장이 사임하고 난 후 그 회사의 운은 악화되었다.

파 □ **fortunately** [fɔ́ːrtʃənətli] (부) 운좋게(도) ; 다행히(도)

반 □ **misfortune** [misfɔ́ːrtʃən] 불행 ; 재난

---

023 □ **resources**
[rísɔːrsiz] (명) 자원 ; 재원 ; 자산

▶ 보통 복수형으로 쓰인다.

Allen lacked the **resources** to open a business.
Allen은 창업하는 데 자금이 부족했다.

파 □ **resourceful** [risɔ́ːrsfəl] (형) 자원이 풍부한 ; 자금력이 있는

---

024 □ **objection**
[əbdʒékʃən] (명) 반대 의견 ; 이의

▶ 회의에서 「반대 의견」은 objection을 사용한다. opposition은 「반대의 감정 · 입장」을 나타낸다.

As long as there is no **objection** to the proposal, it can go forward.
그 제안에 반대 의견이 없으므로 전진할 수 있다.

유 □ **opposition** [ɑ̀pəzíʃən] 반대 ; 대항 ; 야당
an **opposition** supporter (야당 지지자)

---

025 □ **organization**
[ɔ̀ːrgənizéiʃən] (명) 조직 ; 단체 ; 조직화

Steve works for an **organization** that plans various events for charity.
Steve는 자선사업을 위해 여러 가지 행사를 계획하는 단체에서 일한다.

파 □ **organize** [ɔ́ːrgənàiz] (동) 조직화하다 ; 설립하다
□ **organized** [ɔ́ːrgənàizd] (형) 계통을 세운 ; 조직된

유 □ **institution** [ìnstətjúːʃən] 단체 ; (공공) 기관 ; 제도

▶ institute는 「협회 ; 연구 기관」의 뜻.

026 ☐ **anniversary**
[ǽnəvə́ːrsəri]　명 기념일

Tomorrow is the **anniversary** of the founding of the company.
내일은 회사의 창립기념일이다.

유　☐ **commemoration** [kəmèməréiʃən]　기념
　▶ a **commemoration** day로 하면 「기념일」의 뜻이 된다.

027 ☐ **principle**
[prínsəpl]　명 원리 ; 주의 ; 신조

Mr. White was advised to adhere to the **principles** of the agreement.
White 씨는 합의서의 원칙에 따르도록 충고를 받았다.

중　☐ **adhere to**　～에 따르다 ; ～을 고집하다

028 ☐ **circumstance**
[sə́ːrkəmstæns]　명 상황 ; 환경

The work on the building will start next week if **circumstances** permit.
상황이 허락하면 그 빌딩에 대한 공사는 다음 주에 시작될 것이다.

유　☐ **situation** [sìtʃuéiʃən]　상황 ; 사정
In your **situation**, I would quit the job.
(너의 입장이라면 나는 그 일을 그만두겠다.)

029 ☐ **role**
[roul]　명 역할 ; 기능

▶ play a **role** in (～역할을 다하다)를 숙어로 외어두자. play와의 콜로케이션에 유의해야 한다.
Mr. Taylor wasn't certain what his **role** in the project was.
Taylor 씨는 그 프로젝트에서 자신의 역할이 무엇인지 확실하게 몰랐다.

030 ☐ **solution**
[səlúːʃən]　　명 해결 ; 해결책

It is necessary to find peaceful **solutions** to all conflicts.
모든 분쟁에 대하여 평화적 해결책을 찾을 필요가 있다.

파 ☐ **solve** [sɑlv]　동 해결하다 ; 타개하다

031 ☐ **status**
[stéitəs]　　명 지위 ; 신분 ; 자격

▶ 법적 · 사회적 · 직업상의 「지위」를 나타낼 때 사용한다.

Janice has a certain **status** in the community so everyone asks her for advice.
Janice는 지역사회에서 일정한 지위를 가지고 있어서 누구나 그녀에게 충고를 구한다.

유 ☐ **position** [pəzíʃən]　직업 ; 지위 ; 위치　a vacant **position** ([구인에서] 결원)

032 ☐ **option**
[ápʃən]　　명 선택지 ; 선택권

Both parties have the **option** to cancel the contract at the end of the term.
양자는 계약 기간의 만료시에, 계약을 파기할 선택권을 가지고 있다.

파 ☐ **optional** [ápʃənəl]　형 선택할 수 있는 ; 임의의
유 ☐ **choice** [tʃɔis]　선택지 ; 선택 ; 선택권

033 ☐ **incident**
[ínsədənt]　　명 사건 ; 사고 ; (전쟁 등의) 사변

The international **incident** became the subject of deep discussion at the UN meeting.
그 국제적 사건이 국제연합의 회의에서 심각한 의논의 주제가 되었다.

유 ☐ **occurrence** [əkə́ːrəns]　사건 ; 출현 ; 발생
possible **occurrence** of an earthquake (지진 발생의 가능성)

034 ☐ **acquaintance**
[əkwéintəns]　명 아는 사람 ; 면식(面識)

▶ acquaintance는 friend보다 친밀도가 낮음.

Our CEO prefers to do business with acquaintances and friends.
우리의 최고경영책임자는 아는 사람들과 친구들이랑 사업을 하는 것을 좋아한다.

파　☐ **acquainted** [əkwéintid]　형 지식이 있는 ; 사귀게 된

　　get **acquainted** with ~　(~을 잘 알고 있다 ; 정통하다)

유　☐ **associate** [əsóuʃièit]　동료 ; 공동 경영자 ; 공모자

　　▶ 형용사로 「부~」 의미로 사용된다.
　　associate editor(부편집장)

　☐ **pal** [pæl]　동료 ; 친구　▶ 구어적 표현

035 ☐ **voyage**
[vóiidʒ]　명 항해 ; 항공 여행 ; 긴 여행

▶ Bon **voyage**! (즐거운 여행이 되시기를!) 은 여행 떠나는 사람에게 말하는 정해진 문구.

The ship was docked due to engine trouble two days before its maiden voyage.
그 배는 처녀항해를 앞두고 엔진 고장으로 이틀간 선거에 넣어 두었다.

유　☐ **journey** [dʒə́ːrni]　여행 ; 항로

　　▶ travel이나 tour도 「여행」을 나타내는 일반적인 말.

　☐ **expedition** [èkspədíʃən]　탐색 ; 원정

　☐ **excursion** [ikskə́ːrʒən]　소풍 ; 짧은 여행

　☐ **trek** [trek]　(길고 고된) 여행

attraction [ətrǽkʃən]
명 매력 ; 끌어당기는 힘

▶ attraction은 「끌어당기는 것」이 원 뜻. temptation은 「유혹」이라는 의미가 짙음. seduction은 「성적인 것·나쁜 것으로 이끄는 것」이라는 뜻이 포함되어 있다. lure는 「속여서 매혹시키다」와 같은 부정적인 뉘앙스가 들어 있다.

The jazz band was the main attraction at the event.
그 재즈 밴드는 행사에서 주요한 눈요깃거리였다.

파 □ **attract** [ətrǽkt] 동 매료시키다 ; 끌다
유 □ **temptation** [temptéiʃən] 유혹 ; 유혹하는 것
   temptation of easy money (손쉬운 돈벌이의 유혹)
□ **seduction** [sidʌ́kʃən] 유혹 ; 꼬드김
□ **fascination** [fæsənéiʃən] 유혹 ; 홀림
   fascinations of a booming city (호황에 들끓은 도시의 매력)
□ **lure** [luər] 매력 ; 끌어당기는 것
□ **allure** [əlúər] 매력 ; 성적 매력
   sexual **allure** (성적 매력)

tendency [téndənsi]
명 경향 ; 성향

Our boss has a tendency to lose his temper and hit the desk with his fist.
우리 상사는 화를 내며 주먹으로 책상을 내리치는 경향이 있다.

파 □ **tend** [tend] 동 (to ~) ~하는 경향이 있다
유 □ **penchant** [péntʃənt] 경향 ; 매우 좋아하는 것
   a **penchant** for wine (와인을 좋아하는 것)
□ **trend** [trend] 경향 ; 유행 ; 트렌드
   current **trends** in investment (투자의 현재 경향)

038 □ **reward**
[riwɔ́ːrd]
명 보상 ; 사례금 ; 보수

▶ reward는 「급여」로 사용하지 않는다. 「급여」의 의미로는 compensation, paycheck 등을 사용한다. remuneration은 「일에 대한 지불」이라는 의미로 「급여」나 「개별적인 일에 대한 지불」로도 사용한다.

The software giant offered a **reward** for information about hacker.
그 소프트웨어의 대가는 해커에 관한 정보에 대해 상금을 제시했다.

유 □ **compensation** [kàmpənséiʃən] 급여 ; 보수 ; 보상금
□ **paycheck** [péitʃèk] 급여
□ **remuneration** [rimjùːnəréiʃən] 보수 ; 급여
  remuneration for directors (감독의 보수)

039 □ **attempt**
[ətémpt]
명 시도 ; 노력   동 시도하다 ; 노력하다

Roger made an **attempt** to finish the project early.
Roger는 그 프로젝트를 일찍 끝내려고 시도했다.

유 □ **endeavor** [indévər] 혼신의 노력

040 □ **privilege**
[prívəlidʒ]
명 특권 ; 특전

Francis had the **privilege** of going to Europe on her business trip.
Francis는 출장으로 유럽에 갈 특전을 가졌다.

파 □ **privileged** [prívəlidʒd] 형 특권이 부여된
유 □ **advantage** [ədvǽntidʒ] 이점 ; 유리한 점 ; 편리

041 □ majority
[mədʒɔ́:rəti]
명 대다수 ; 과반수

▶ 「과반수 (50% 이상)」을 의미한다. **majority** stake에서 「(주식의) 과반수 보유」

In the electoral voting system, the **majority** does not elect a candidate.
선거인 투표 시스템에서 대다수의 사람들은 후보자를 뽑지 않는다.

▶ electoral voting system은 미국의 대통령 선거에서 일반 유권자는 선거인(elector)을 뽑고, 그 선거인이 대통령 후보에게 투표하는 간접 선거 제도이다.

반 □ **minority** [mainɔ́:rəti] 소수파 ; 반수 미만 ; 소수 민족

042 □ inhabitant
[inhǽbətənt]
명 주민 ; 서식동물

The **inhabitants** of the small village tend to live long lives.
그 작은 마을의 주민들은 장수하는 경향이 있다.

파 □ **inhabit** [inhǽbit] 동 (집단적으로) 거주하다 ; 서식하다
□ **resident** [rézidənt] 주민 ; (입국관리의) 거류민
local **residents** (지역 주민)
□ **dweller** [dwélər] 주민 ; 거주자
Seoul **dwellers** (서울 거주자)

043 □ honor
[ánər]
명 명예 ; 영광 ; 특권 ; 도의심

▶ in **honor** of (~에 경의를 표하여 ; ~을 축하하여)는 잘 나오는 숙어.

The prize was an **honor** for the famous scientist.
그 상은 그 유명한 과학자로서 명예였다.

파 □ **honorable** [ánərəbəl] 형 존경스러운 ; 명예로운
□ **honored** [ánərd] 형 영광으로 생각하는

044 □ **evolution**
[èvəlúːʃən]　명 진화 ; 발전

▶ 점진적으로 시간이 걸려 발전해 나아가는 이미지.

The successful project was the result of an **evolution** of many good ideas.
그 프로젝트가 성공한 것은 많은 훌륭한 아이디어가 진화된 결과였다.

파 □ **evolve** [iválv]　동 진화하다 ; 발전하다

---

045 □ **admission**
[ædmíʃən]　명 가입 ; 입장 (허가) ; 입장료

▶ **admission** fee라고 말하면 「입장료」이다. admission은 「단체나 회의장에 들어가는 것의 승인」 이라는 의미. permission은 공적 기관이나 회사의 상사 등이 부여하는 「허가」 「인가」의 의미.

Many countries are hoping for **admission** into the United Nations.
많은 국가들이 국제연합에 가입을 희망하고 있다.

유 □ **permission** [pəːrmíʃən]　허가 ; 인가 ; 허락

---

046 □ **caution**
[kɔ́ːʃən]　명 주의 ; 경고 ; 경계

Bob received a **caution** from his doctor about too much fat in his diet.
Bob은 식사에서 지방을 너무 섭취한다고 의사에게 주의를 받았다.

파 □ **cautious** [kɔ́ːʃəs]　형 주의 깊은 ; 신중한
유 □ **warning** [wɔ́ːrniŋ]　경고 ; 경보
　　warning signs (경고 표지)
　□ **alert** [ələ́ːrt]　경보 ; 경계 태세

---

047 □ **amount**
[əmáunt]　명 수량 ; 총액

▶ 동사로서 **amount** to ~ (합계가 ~이 되다)로 잘 사용한다. sum은 주로 숫자에 사용한다.

Mr. Bales couldn't pay the full **amount** of the bill and asked if he could defer payment.
Bales 씨는 청구서의 전액을 지불할 수 없어서 지불 연기를 해도 되냐고 물었다.

유 □ **sum** [sʌm]　합계 ; 전체
The **sum** of three and seven is ten. (3+7=10)
□ **bulk** [bʌlk]　체적 ; 용적 ; 부피 ; 대부분

---

048 □ **controversy**
[kántrəvə̀:rsi]　명 논의 ; 논쟁

▶ 공적인 의논이나 의견이 다른 것을 나타낸다.

The president refused to resign due to the **controversy**.
대통령은 그 논쟁 때문에 사임하는 것을 거부했다.

파 □ **controversial** [kàntrəvə́:rʃəl]　형 논쟁상의 ; 이론이 있는
유 □ **debate** [dibéit]　토론 ; 논쟁
□ **dispute** [dispjú:t]　논쟁
in **dispute** (논쟁 중인)

---

049 □ **attitude**
[ǽtitjù:d]　명 태도 ; 자세 ; 마음가짐

▶ attitude는 「정신적인 태도」를 가리키나 posture는 「신체적 자세」나 「밖에 나타난 마음가짐」을 나타낸다. behavior는 「행동의 패턴」 이라는 뉘앙스.

Eve is a friendly person and has a good **attitude** toward work.
Eve는 친절한 사람으로서 일에 대한 태도가 좋다.

유 □ **behavior** [bihéivjər]　행동 ; 행위 ; 행동 양식
consumer **behavior** (소비자 행동)
□ **posture** [pástʃər]　자세 ; 태도
a comfortable **posture** (편안한 자세)

050 ☐ company
[kʌ́mpəni]
명 동료 ; 교우 관계 ; 벗

▶ 「회사」의 의미 외에, 「동료 ; 교우 관계」로 의외로 잘 쓰인다.

A person is known by the **company** he or she keeps.
사람은 자기가 사귀는 친구를 보면 알 수 있다.

유 ☐ **companion** [kəmpǽnjən] 동료 ; 친구 ; (여행의) 동행자

CD 1 Track 42

051 ☐ instrument
[ínstrəmənt]
명 도구 ; 기구 ; 악기

▶ apparatus와 equipment는 셀 수 없는 명사임에 주의. 그 밖에는 셀 수 있는 명사.

Doctors are always coming up with high-tech **instruments** for performing surgery.
의사들은 외과 수술을 하기 위하여 항상 최첨단 기구를 고안하고 있다.

유 ☐ **apparatus** [æ̀pərǽtəs] (한 벌의) 기구 ; 용구
  breathing **apparatus** ([구명용] 호흡 장치)
  ☐ **appliance** [əpláiəns] 기구 ; 설비   household **appliances** (가전 제품)
  ☐ **device** [diváis] 장치 ; 기구   an electricity-saving **device** (절전 장치)
  ☐ **equipment** [ikwípmənt] 설비 ; 장비   office **equipment** (사무용품)

052 ☐ session
[séʃən]
명 회합 ; 회의 ; 회기

The boss decided to hold a brainstorming **session** at least once a week.
상사는 적어도 일주일에 한번씩 난상토론 모임을 갖기로 했다.

유 ☐ **workshop** [wə́ːrkʃàp] 강습회 ; 연수회

053 ☐ rumor
[rúmər]
명 소문 ; 풍문

The **rumor** about Ms. Davidson's retirement quickly spread around the office.

Davidson 씨가 퇴직한다는 소문이 사무실 안에 빨리 퍼졌다.

> 유 □ **gossip** [gásip] 뜬소문 ; 험담 ; 잡담 ; (신문 등의) 가십 기사

---

054 □ **outcome**
[áutkʌ̀m] 명 결과 ; 성과

The candidate won't find out the **outcome** of the election until noon tomorrow.
그 후보자는 내일 정오까지는 선거 결과를 알 수 없다.

> 유 □ **consequence** [kánsikwèns] 결과 ; 영향
> the **consequence** of the takeover (그 매수의 결과)
> □ **result** [rizʌ́lt] 결과 ; 성과 ; 성적 as a **result** of (~의 결과로서)

---

055 □ **custom**
[kʌ́stəm] 명 (사회적) 관습 ; (개인의) 습관 ; (복수형) 세관

Jared has a **custom** of studying economics every night before going to bed.
Jared는 잠자기 전 매일 밤 경제학을 공부하는 습관이 있다.

> 파 □ **customer** [kʌ́stəmər] 명 고객
> 유 □ **habit** [hǽbit] (개인의) 습관 ; 벽(癖)

---

056 □ **aid**
[eid] 명 원조 ; 보조(기재) ; 구원 ; 구원물자

> ▶ 동사로 사용하면 「원조하다 ; 조력하다」의 뜻.

It's always a good idea to have visual **aids** when making a presentation.
발표할 때는 시각적인 보조 기재를 사용하는 것이 언제나 좋은 아이디어이다.

> 파 □ **aide** [eid] 명 보좌관 ; 측근   an **aide** to the president (대통령 보좌관)
> □ **support** [səpɔ́ːrt] 지지 ; 응원   **support** of the public (대중의 지지)
> 유 □ **assistance** [əsístəns] 지원 ; 원조
> **assistance** for reconstruction (부흥 지원)

057 ☐ **emphasis**
[émfəsis] 명 강조 ; 중요시

▶ 예문처럼 강조 · 중시하는 대상을 나타낼 때는 on으로 이끈다.

Mr. Gregs put an **emphasis** on sales in his speech.
Gregs 씨는 그의 연설 중에 판매를 강조했다.

파 ☐ **emphasize** [émfəsàiz] 동 강조하다

058 ☐ **track**
[træk] 명 작은 길 ; 발자국

▶ 동사로 사용하면 「추적하다」의 뜻. 형용사처럼 사용되어 **track** record로 말하면 「(일의) 실적 : 경력」의 뜻.

While hiking, Jane missed the **track** she was supposed to follow.
하이킹 도중, Jane은 따라가야 할 길을 잃었다.

유 ☐ **trail** [treil] (차 등의) 지나간 자국 ; 발자국
☐ **lane** [lein] 작은 길 ; (도로의) 차선
a passing **lane** (추월 차선)
☐ **path** [pæθ] 작은 길 ; 궤도 ; 경로
a **path** of infection (감염 경로)
중 ☐ **be supposed to** ～하기로 되어 있다

059 ☐ **description**
[diskrípʃən] 명 묘사 ; 설명 ; 개요

▶ description은 「개요 설명」 이라는 의미로 비즈니스에서 잘 사용된다.

The newspaper published a detailed **description** of the game.
그 신문은 그 시합의 상세한 경과 설명을 했다.

파 ☐ **describe** [diskráib] 동 묘사하다 ; 설명하다
유 ☐ **depiction** [dipíkʃən] 묘사 ; 서술

060 ☐ **statement**
[stéitmənt] 　 명 성명 ; 진술 ; 명세서

The reporter couldn't confirm the source of the controversial **statement** in the newspaper.
그 기자는 논쟁의 표적이 되어 있는 신문 성명의 정보 출처를 확인할 수 없었다.

파 ☐ **state** [steit] 　 동 진술하다 ; (정식으로) 공표하다
유 ☐ **declaration** [dèkləréiʃən] 　 선언 ; 공표
　 ☐ **disclosure** [disklóuʒər] 　 개시 ; 공개 ; 공표
　 　 disclosure of financial information　(재무정보의 공개)

CD 1　Track 43

061 ☐ **relationship**
[riléiʃənʃip] 　 명 관계 ; 친교 ; 혈연 관계

▶「관계」라는 의미로는 connection, 「친교」로는 association 등이 유의어이다. 「혈연 관계」의 유의어는 kinship.

Our firm has a close **relationship** with the big conglomerate.
우리 회사는 거대 복합 기업과 밀접한 관계를 갖고 있다.

유 ☐ **connection** [kənékʃən] 　 관계 ; 교류 ; (비행기 등의) 탑승 연결
　 ☐ **association** [əsòusiéiʃən] 　 교우 ; 협회 ; 연상
　 ☐ **kinship** [kínʃip] 　 혈연 관계 ; 친족 ; 관련

062 ☐ **enthusiasm**
[inθú:ziæzm] 　 명 열의 ; 열중 ; 정열

Ms. Emerson performs her job duties with great **enthusiasm**.
Emerson은 강한 열정을 가지고 자기 직책의 업무를 수행한다.

파 ☐ **enthusiastic** [inθù:ziǽstik] 　 형 열심인 ; 정열적인
유 ☐ **drive** [draiv] 　 의욕 ; 활력 ; 원동력
　 　 drive to expand the business　(사업을 확대 하려는 의욕)
　 ☐ **passion** [pǽʃən] 　 정열 ; 애정
　 ☐ **zeal** [zi:l] 　 열의 ; 열중

063 □ **strain**
[strein]
명 긴장 ; 중압 (감)

The current war has put a big **strain** on the economy.
현재의 전쟁은 경제에 큰 중압감을 끼친다.

유 □ **stress** [stres] 긴장 ; 중압 ; (발음의) 강세
□ **tension** [ténʃən] 긴박한 상태 ; 긴장
▶ 개인의 「긴장 상태」 외에 양자간의 「긴박한 관계」를 나타낼 때 사용한다.
□ **pressure** [préʃər] 압력 ; 곤란 ; 기압 ; 혈압

064 □ **regulation**
[règjəléiʃən]
명 규칙 ; 법규 ; 규제

▶ deregulation은 「규제 완화」의 뜻.

It is against company **regulations** to wear shorts to work.
짧은 바지를 입고 일하는 것은 회사의 규칙 위반이다.

파 □ **regulate** [régjəlèit] 동 규제하다 ; 조정하다
유 □ **code** [koud] 규약 ; 규범 ; 코드   a **code** of ethics (윤리 규정)

065 □ **fatigue**
[fətíːg]
명 피로 ; 과로

▶ exhaustion이 fatigue보다 피로의 정도가 강하다.

Mr. Neal had to quit his job because he was suffering from severe
fatigue.
Neal 씨는 극도의 과로로 시달리고 있었기 때문에 일을 그만 두어야 했다.

유 □ **exhaustion** [igzɔ́ːstʃən] 극도의 피로 ; 기진맥진

066 □ **harvest**
[háːrvist]
명 수확 ; 수확고

The farmers have had a very good **harvest** this year.
그 농가는 올해 대풍작이었다.

[유] ☐ **crop** [krɑp] 수확고 ; 농작물
  a **crop** of oranges (오렌지 수확)
☐ **yield** [jiːld] 수확고 ; (회사의) 수익 ; (채권 등의) 이익

---

067 ☐ **phenomenon**
[finɑ́mənɑ̀n] 圀 현상 ; 대사건 ; 놀라운 것 (사람 · 물건)

The finding was known as a **phenomenon** in the business world.
그 발견은 비즈니스계에서는 대사건으로 알려졌다.

[파] ☐ **phenomenal** [finɑ́mənəl] 圀 보통의 아닌 ; 놀랄만한

---

068 ☐ **integrity**
[intégrəti] 圀 성실 ; 고결

▶ 「정직(honesty)과 높은 윤리관을 가지고 있는 것」이라는 뉘앙스이다.

Our boss is a woman of **integrity** and would never cheat a customer.
우리 상사는 성실한 여성으로 고객을 결코 속이지 않을 것이다.

[유] ☐ **honesty** [ɑ́nisti] 정직 ; 성실
☐ **virtue** [və́ːrtʃuː] 선행 ; 미덕 ; 장점
[중] ☐ **cheat** [tʃiːt] 圀 속이다 ; 부정한 짓을 하다

---

069 ☐ **landscape**
[lǽndskèip] 圀 풍경 ; 경관 ; 풍경화

▶ landscape는 a political **landscape**(정치적 전망)처럼 실제 풍경 이외에도 사용한다. view는 창이나 높은 곳에서 바라보는 「조망」이라는 이미지가 있다.

Some people enjoy the **landscape** of the desert as well as the hot weather.
사막의 풍경과 무더운 기후를 즐기는 사람들도 있다.

[유] ☐ **scenery** [síːnəri] 풍경 ; 경관
☐ **view** [vjuː] 풍경 ; 경치 ; 전망 ; 시계

---

070 □ **nourishment**
[nə́:riʃmənt]
명 영양 ; 음식물 ; 양육

They say that a good education is **nourishment** for the mind.
양질의 교육은 마음의 영양이라는 말이 있다.

유 □ **diet** [dáiət]　식품 ; 일상 음식 ; 식습관 ; 다이어트　healthy **diet** (건강식)

CD 1　Track 44

071 □ **pastime**
[pǽstàim]
명 오락 ; 기분전환

Golf is the CEO's favorite **pastime**, so he plays it every Sunday.
골프는 그 CEO가 제일 좋아하는 오락이므로 그는 매주 일요일마다 골프를 친다.

유 □ **leisure** [líːʒər]　여가 ; 자유 시간　a **leisure** trip (관광 여행)
　□ **recreation** [rèkriéiʃən]　휴양 ; 오락 ; 레크리에이션
　　recreation activities (오락 활동)

---

072 □ **scope**
[skoup]
명 범위 ; 영역 ; (활동 등의) 여지

The client couldn't quite understand the **scope** of the plan.
그 고객은 계획의 범위를 잘 이해할 수 없었다.

유 □ **range** [reindʒ]　범위 ; 정도 ; 사격장 ; 항속 거리　a price **range** (가격대)
　□ **extent** [ikstént]　범위 ; 정도　to some **extent** (어느 정도까지)

---

073 □ **portion**
[pɔ́ːrʃən]
명 부분 ; 일부

Beth read only a **portion** of the contract but signed it anyway.
Beth는 단지 계약서의 일부만 읽고 무조건 사인했다.

유 □ **fraction** [frǽkʃən]　파편 ; 단편 ; 분수
　　for a **fraction** of a second (한 순간)

---

074 ☐ **element**
[éləmənt]
뗑 요소 ; 성분

The prototype is made up of many different **elements**.
그 시작품은 많은 다양한 요소로 이루어졌다.

유 ☐ **component** [kəmpóunənt]   (기계 등의) 부품 ; 성분
☐ **ingredient** [ingríːdiənt]   (식품 등의) 재료 ; 구성 요소

075 ☐ **quantity**
[kwántəti]
뗑 수량 ; 다량 ; 다수

▶ 수와 양 모두에 사용한다.
The retail outlet ordered the goods in **quantity**.
그 소매점은 대량의 상품을 주문했다.

반 ☐ **quality** [kwáləti]   질 ; 양질

076 ☐ **host**
[houst]
뗑 다수 ; 무리 ; 주최자 ; 주인

There were a **host** of people from many different countries at the conference.
그 회의에는 다양한 나라에서 온 많은 사람들이 있었다.

유 ☐ **horde** [hɔːrd]   큰 무리 ; 군중   a **horde** of tourists   (여행자의 단체)
☐ **herd** [həːrd]   (동물의) 무리   a **herd** of horses   (말의 무리)
☐ **bunch** [bʌntʃ]   송이 ; 다발   a **bunch** of flowers   (꽃다발)

077 ☐ **spectator**
[spékteitər]
뗑 관객 ; 관중

The **spectators** at the ball game got excited whenever the team scored.
그 야구 시합에서 관객은 팀이 득점을 할 때마다 흥분했다.

유 ☐ **audience** [ɔ́ːdiəns]   (영화 · 라디오 등의) 관객 ; 청중

078 □ **transition**
[trænzíʃən]
명 전환 ; 이행 ; 과도기

Although our office moved to another state, James found it easy to adjust to the **transition**.
우리 사무실을 다른 주로 이전했지만, James는 이전에 쉽게 적응했다.

파 □ **transitional** [trænzíʃənəl] 형 과도적인 ; 잠정의
a **transitional** government (과도 정부)
□ **transit** [trǽnsit] 명 통과 ; 수송 ; 트랜시트

079 □ **comparison**
[kəmpǽrisən]
명 비교

The sales manager made a **comparison** between the two graphs.
영업부장은 두 그래프를 비교했다.

파 □ **comparable** [kámpərəbəl] 형 필적하는 ; 동등한
□ **comparative** [kəmpǽrətiv] 형 비교상의 ; 상대적인
유 □ **analogy** [ənǽlədʒi] 유사성 ; 공통점
□ **contrast** [kántræst] 대조 ; 정반대의 것
□ **similarity** [sìməlǽrəti] 유사점 ; 비슷함

080 □ **obstacle**
[ábstəkəl]
명 방해 (물) ; 장애

▶ 예문에서 obstacle은 impediment와 바꿔써도 되나 impediment에는 「신체의 장애」의 의미도 있다. barrier는 「장벽」이라는 이미지.

Ignorance is an **obstacle** to progress.
무지는 진보의 장애다.

유 □ **barrier** [bǽriər] 장벽 ; 장애물
trade **barrier** (무역 장벽)
□ **impediment** [impédəmənt] 장애 ; 방해
speech **impediment** (발화 장애)

Level 2

TWO

Track 45

---

081 ☐ **initiative**
[iníʃiətiv]
몡 주도권 ; 독창력 ; 실행력

The assistant manager took the **initiative** in trying to solve the problem.
부과장은 그 문제를 해결하는 데 지도력을 발휘했다.

파 ☐ **initiate** [iníʃièit] 동 (사업 등을) 개시하다 ; 가입시키다
유 ☐ **enterprise** [éntərpràiz] 진취적인 정신 ; 사업 ; 기업
　　a man of **enterprise** (진취적인 정신이 풍부한 남자)

---

082 ☐ **vision**
[víʒən]
몡 선견지명 ; 통찰력 ; 시력

Only Ms. Hanson has the **vision** and the drive to make the project successful.
오직 Hanson 씨만이 그 프로젝트를 성공시키는 비전과 의욕을 가지고 있다.

파 ☐ **visible** [vízəbəl] 형 눈에 띄는
　☐ **visionary** [víʒənèri] 형 선견지명이 있는
유 ☐ **foresight** [fɔ́ːrsàit] 선견지명 ; 장래의 전망

---

083 ☐ **certificate**
[sərtífikət]
몡 증명서

In order to receive a Social Security number, you must present your birth **certificate**.
사회보험번호를 취득하기 위해서는 출생 증명서를 제시해야 한다.

파 ☐ **certify** [sə́ːrtəfài] 동 증명하다 ; 증명서를 발행하다
유 ☐ **permit** [pərmít] 허가증　an employment **permit** (고용 허가증)
　☐ **license** [láisəns] 면허증　a driver's **license** (운전 면허증)
　☐ **warrant** [wɔ́(ː)rənt] 영장 ; 소환장　an arrest **warrant** (체포 영장)
　☐ **credentials** [kridénʃəlz] 자격 증명서
　　teaching **credentials** (교원 자격증)

084 □ **acknowledgement**
[æknálidʒmənt] 명 인지 ; 감사 ; 사례

The employee was given a bonus as **acknowledgement** of his hard work.
그 사원은 열심히 일한 것이 인정되어 보너스를 받았다.

파 □ **acknowledge** [æknálidʒ] 동 인정하다 ; 감사하다

085 □ **exposure**
[ikspóuʒər] 명 폭로 ; 발각 ; 노출 ; (상품의) 진열

The constant **exposure** of the product led to an increase in sales.
그 제품을 계속적으로 드러내 보임으로써 매상이 늘어났다.

파 □ **expose** [ikspóuz] 동 폭로하다 ; 드러내다 ; 진열하다
유 □ **display** [displéi] 전시 ; 전시품 ; 디스플레이
  □ **reveal** [riví:l] 폭로 ; 누설 동 폭로하다 ; 누설하다

086 □ **contingency**
[kəntíndʒənsi] 명 우연성 ; 우발 사건 ; 부수 사고

Nothing was left to **contingency** in the contract.
그 계약서에서 우발 사건에 위임한 것은 아무것도 없다.

파 □ **contingent** [kəntíndʒənt] 형 우발적인 ; (on ~) ~을 조건으로 하는
유 □ **emergency** [imə́:rdʒənsi] 긴급 사태
  deal with **emergencies** (긴급 사태에 대처하다)

087 □ **appetite**
[ǽpətàit] 명 식욕 ; 욕구 ; 의욕

▶ craving이 appetite보다 욕구의 정도가 강하며, 어느 쪽이나 욕구의 대상은 for로 이끈다.

Ms. Jenson is an energetic worker and has an **appetite** for learning.
Jenson 씨는 의욕이 왕성한 사원으로 배움의 의욕이 있다.

유 □ **craving** [kréiviŋ] 갈망 ; 욕구 a **craving** for alcohol (술에 대한 욕구)

flavor
[fléivər]　명 맛 ; 풍미 ; 향미료 ; 정취

▶ flavor는 「미각」을 비롯하여 여러 가지의 「맛」을 나타낸다. savor는 「쾌적하고 미묘한 맛」을 나타내는 격식적인 말투로 음식물 이외에도 사용한다.

The manufacturer claimed that its products did not contain any artificial **flavors**.
그 제조업자는 자기 제품에 인공 향료가 포함되지 않았다고 주장했다.

유　□ **savor** [séivər]　풍미 ; 맛

proof
[pru:f]　명 증명 ; 증거물 ; 교정쇄

All employees that work at our company must show **proof** of citizenship.
당사에서 일하는 사원 전원은 시민권의 증명서를 제시하여 주세요.

유　□ **evidence** [évidəns]　증거 ; 증명 ; 증언
　　　circumstantial **evidence** (상황의 증거)
　　□ **testimony** [téstəmòuni]　증언
　　　testimony of a witness (증인의 증언)

aptitude
[ǽptətù:d]　명 재능 ; 소질 ; 적성

▶ aptitude나 talent는 「갖고 태어난 능력」이 원 뜻이며 competence는 「그 업무 등을 능숙하게 하는 능력」이다.

It takes a certain amount of skill and **aptitude** to do the job well.
그 일을 잘 하려면 일정한 기술과 적성이 필요하다.

유　□ **talent** [tǽlənt]　재능 ; 소질　**talent** for painting (회화의 재능)
　　□ **competence** [kámpətəns]　능력 ; 적성
　　　competence in English (영어 능력)
　　□ **genius** [dʒí:njəs]　천재
　　□ **prodigy** [prádədʒi]　신동 ; 천재

CD 1 Track 46

091 □ compliment
[kámpləmənt]
명 찬사 ; (복수형) 계절의 인사   동 칭찬하다

The restaurant manager extended his **compliments** to the chef for the fine meal.
그 레스토랑의 지배인은 훌륭한 요리에 대하여 주방장에게 칭찬을 했다.

- 파 □ **complimentary** [kɑmpləméntəri] 형 칭찬의 ; 무료의
- 유 □ **gratitude** [grǽtətjùːd] 감사 ; 감사의 마음

092 □ petition
[pətíʃən]
명 청원 ; 탄원서   동 청원하다

▶ file a **petition** (청원을 하다) 형으로 기억해 두자. file 동사 다음에는 그 밖에 claim(클레임), complaint (불복), lawsuit (소송) 등이 가능하다.

The accused man filed a **petition** for a retrial in the court.
그 피고인은 법정에서의 재심리를 청원했다.

- 유 □ **appeal** [əpíːl] 간청 ; 타원 ; 상소 ▶ 재판에 있어서 「상소, (공소 · 상고)」에도 사용한다.
  □ **plea** [pliː] 탄원 ; 청원   a **plea** for help (구원의 호소)
  □ **solicitation** [səlìsətéiʃən] 청원 ; 간청 ; 권유
    telephone **solicitation** (전화 판매)
- 중 □ **accused** [əkjúːzd] 명 피고

093 □ vicinity
[visínəti]
명 가까운 곳 ; 주변

Jen had to search for a place to hold the event that was in close **vicinity** to the office.
Jen은 그 행사를 개최할 장소를 사무실 근처에서 찾아야만 했다.

- 유 □ **neighborhood** [néibərhùd] 가까운 곳 ; 근교 ; 이웃 사람들
  □ **environs** [inváiərənz] 근교 ; 교외

094 □ predecessor
[prédəsèsər]
명 전임자 ; 전에 있던 것

We are more technologically advanced than our **predecessors**.
우리는 전임자들보다 기술적으로 더 진보했다.

유 ☐ **ancestor** [ǽnsestər]   조상 ; 선조
▶ 「자손」은 descendant 또는 offspring.

반 ☐ **successor** [səksésər]   후임자

095 ☐ compound [kámpaund]   명 부지 ; 구내 ; 화합물

▶ 화학 용어로 사용하면 「화합물」의 뜻.

No large vehicles are allowed inside the **compound** after 5:00 p.m.
오후 5시 이후 부지 내에는 대형차의 출입이 금지됩니다.

유 ☐ **premises** [prémisiz]   부지 ; 구내
☐ **site** [sait]   장소 ; 부지 ; 건설 예정지   a **site** for a factory (공장 부지)
☐ **plot** [plɑt]   작은 토지 · 지구 ; 작은 구획   a vegetable **plot** (채소밭)

096 ☐ nuisance [njú:səns]   명 귀찮은 물건 · 존재 ; 말썽꾸러기

Kim thought it was a **nuisance** to wait in line for so long.
Kim은 장시간 줄 서 있는 것을 귀찮은 것이라 생각했다.

유 ☐ **annoyance** [ənɔ́iəns]   골칫거리 ; 불쾌감
consumer **annoyance** (소비자의 골칫거리)
☐ **inconvenience** [ìnkənví:njəns]   불편

097 ☐ dignity [dígnəti]   명 위엄 ; 품위 ; 장엄함

The CEO told the staff to have **dignity** when performing their duties.
그 최고경영책임자는 직원들에게 일을 할 때 품위를 지키라고 말했다.

파 ☐ **dignified** [dígnəfàid]   형 위엄 있는 ; 품위 있는

098 ☐ **preoccupation**
[priːɑkjəpéiʃən]　　명 열중 ; 선입관 ; 편견

▶ 「선입관 ; 편견」의 의미로는 prejudice나 bias에 가깝다.

Martha has a preoccupation with money.
Martha는 돈에 대해 편견을 갖고 있다.

파　☐ **preoccupied** [priːɑ́kjupaid]　형 열중한 ; 어떤 생각에 골몰한
　　be **preoccupied** with (~에 열중하다)

유　☐ **obsession** [əbséʃən]　집념 ; 강박 관념
　　obsession with money (돈에 대한 집착)

099 ☐ **bias**
[báiəs]　　명 편견 ; 편향

▶ bias는 「공정한 판단의 왜곡」이라는 뉘앙스. prejudice는 「의심이나 공포 등에 근거한 편향된 견해」를 나타낸다.

The manager had bias against certain races.
부장은 어떤 인종에 대하여 편견을 갖고 있다.

유　☐ **prejudice** [prédʒudis]　편견
중　☐ **race** [reis]　명 인종 ; 민족

100 ☐ **sacrifice**
[sǽkrəfàis]　　명 희생 ; 희생물 ; 산제물　　동 희생하다

▶ at the **sacrifice** of는 (~을 희생하여)라는 말도 기억한다. at the cost of나 at the price of와 같은 의미.

Mr. Matthews had to sell his business at a considerable sacrifice.
Matthews 씨는 상당한 희생을 감수하고 자신의 사업을 팔아야만 했다.

CD 1 Track 47

101 ☐ **courtesy**
[kɔ́ːrtəsi]　　명 예의바름 ; 정중한 행위

▶ courtesy는 「타인에 대하여 경의에 찬 예의바른 행동」을 말하며 decency는 「윤리나 관습에 기초한 예의바름」.

When we moved into the building, we paid a visit to the neighbors as a **courtesy**.
우리가 그 빌딩으로 이전했을 때 이웃사람에게 인사차 방문했다.

파 □ **courteous** [kə́ːrtiəs] 혱 예의바른 ; 정중한
유 □ **decency** [díːsnsi] 예의바름 ; (복장 · 말씨 등이) 품위 있음

---

102 □ **epidemic** [èpədémik] 몡 전염병 ; 유행병 ; (병이나 사상 등의) 만연

Many workers have become victims of the recent flu **epidemic**.
많은 사원들이 최근의 인플루엔자 유행병에 희생되었다.

유 □ **infection** [infékʃən] 유행병 ; 전염병 ; 감염
　　　in-hospital **infection** (병원 내 감염)
□ **outbreak** [áutbrèik] (병 등의) 발생 ; (분쟁 등의) 발발
□ **endemic** [endémik] 풍토병 혱 (지역) 고유의
□ **plague** [pleig] 역병 ; 천재 ; 돌발

---

103 □ **impulse** [ímpʌls] 몡 충동 ; 마음의 자극

Mr. Monroe bought a new car on **impulse** even though he couldn't afford it.
Monroe 씨는 그것을 살 여유가 없음에도 불구하고 새 차를 충동 구매했다.

유 □ **motive** [móutiv] 동기
　　　the **motive** for the murder (살인의 동기)
□ **instinct** [ínstiŋkt] 본능
　　　Pigeons have a well-developed homing **instinct**.
　　　(비둘기는 고도로 발달된 귀소본능을 갖고 있다.)
□ **impetus** [ímpətəs] 기동력 ; 추진력
　　　impetus for success (성공에의 기동력)

104 □ **affection** [əfékʃən] 몡 애정 ; 애착

▶ 사람에 대한 애정뿐만 아니라 물건이나 토지에 대해서도 애착을 표현하는 것도 가능하다.

Mr. Irving is quite serious and has trouble showing affection.
Irving 씨는 매우 진지한 사람이어서 애정 표시하는 것을 어려워 한다.

파 □ **affect** [əfékt] 동 영향을 주다 ; 감동시키다

105 □ **foundation** [faundéiʃən] 몡 근거 ; 기초 ; 설립 ; 재단법인

▶ 중요한 의미가 많지만 그 의미는 문맥에서 판단할 필요가 있다.

There is no foundation in the supervisor's objections.
상사의 반대 의견에는 근거가 없다.

파 □ **found** [faund] 동 설립하다
유 □ **basis** [béisis] 근거 ; 원리
　　the **basis** of my argument (내 주장의 근거)
　□ **ground** [graund] 근거 ; 입장 ; 지반
　　grounds for divorce (이혼의 이유)

106 □ **grace** [greis] 몡 우아함 ; 고상 ; (지불·의무 등의) 유예 기간

Ms. Zales has style and grace and is very popular in the office.
Zales 씨는 스타일과 우아함을 갖추고 있어 사무실에서 인기가 매우 높다.

파 □ **graceful** [gréisfəl] 형 우아한 ; 고상한
유 □ **elegance** [éligəns] 우아 ; 고상
　　style of **elegance** (기품이 있는 문체)

107 □ **quest** [kwest] 몡 탐구 ; 추구

The athlete was on a quest for the gold medal at the Olympics.
그 선수는 올림픽에서 금메달 획득을 목표로 하였다.

유 ☐ **pursuit** [pərsúːt] 추구 ; 수행 ; (계속하는) 일
☐ **search** [səːrtʃ] 탐사 ; 추구 ; 수사
☐ **exploration** [èkspləréiʃən] 탐험 ; 탐사

---

108 ☐ **remedy** [rémədi] 명 구제책 ; 해결책 ; 치료 (법·약)

▶ 동사로 사용되면 「치료하다 ; 교정하다」의 뜻.

The government can't seem to come up with a **remedy** for the ailing economy.
정부는 침체된 경제의 구제책을 고안해 낼 수 없는 것 같다.

중 ☐ **ailing** [éiliŋ] 형 병든 ; 침체된

---

109 ☐ **intuition** [ìntjuːíʃən] 명 직감

Martin's **intuition** told him that he should not accept the job offer.
Martin의 직감은 그가 그 직업의 제안을 받아들이지 말아야 한다는 말이다.

파 ☐ **intuitive** [intjúːitiv] 형 직감력이 있는 ; 직감적인
유 ☐ **insight** [ínsàit] 통찰력
good **insight** into the future (미래에의 깊은 통찰)

---

110 ☐ **landmark** [lǽndmàːrk] 명 명소 ; 유적 ; (항해나 여행자를 위한) 표지물

▶ 도로를 안내할 때는 「표지물」이라는 의미로 사용한다.

Mt. Rushmore is a popular **landmark** in the U.S. and must be preserved.
Rushmore 산은 미국의 인기 있는 명소여서 보전되어야 한다.

111 □ **hardship**
[há:rdʃip]　명 고난 ; 곤란 ; 곤궁

▶ ordeal과 plight는 색다른 말투로 신문 · 잡지에 즐겨 사용된다.

Roger endured a lot of **hardship** before he became successful.
Roger는 성공할 때까지 많은 고난을 겪었다.

유 □ **ordeal** [ɔːrdíːəl]　고난 ; 시련
□ **plight** [plait]　곤경 ; 고생스러운 상황
□ **adversity** [ædvə́:rsəti]　역경

112 □ **discrepancy**
[diskrépənsi]　명 모순 ; 차이 ; 불일치

▶ discrepancy는 「(윤리의) 모순」 이외에도 「(상황의) 차이」, 「(기계 등의) 고장」 이란 의미로도 사용한다.

Ms. Lawler looked over the agreement to make sure there wasn't a **discrepancy** in the terms.
Lawler 씨는 조건에 모순되지 않나 확인하기 위하여 합의 문서를 훑어보았다.

유 □ **inconsistency** [ìnkənsístənsi]　(논리의) 모순 ; 불일치

113 □ **mishap**
[míshæp]　명 사고 ; 불행한 사건

Employees should be cautious with the equipment to prevent **mishaps**.
사원들은 사고를 예방하기 위하여 기계를 취급할 때는 신중을 기해야 한다.

114 □ **odor**
[óudər]　명 냄새 ; 향기

▶ odor는 「악취」도 포함한다. 유의어들은 보통 대체로 좋은 냄새를 말한다. 단 scents는 「짐승의 냄새」를 나타내는 경우도 있다.

The machine emitted a strange **odor**.
그 기계는 이상한 냄새를 배출했다.

유 □ **scent** [sent] 방향 ; (영국) 향수
□ **fragrance** [fréigrəns] 방향 ; 향기
□ **perfume** [pə́ːrfjuːm] 향수 ; 방향
중 □ **emit** [imít] 동 발산하다

---

115 □ **custody**
[kʌ́stədi] 명 구류 ; 후견 ; 친권

The police took the accused man into **custody**.
경찰은 용의자를 구류했다.

유 □ **detention** [diténʃən] 구류 ; 유치

---

116 □ **suite**
[swiːt] 명 (물건의) 한 벌 ; 한 조 ; 스위트 룸

▶ a **suite** of (한 벌의 ~) 형으로 많이 사용된다.

The hotel built a **suite** of rooms on the top floor of the building.
그 호텔은 그 빌딩의 최상층에 일련의 방을 건설했다.

---

117 □ **deed**
[diːd] 명 행위 ; 증서

The company chairman always does good **deeds** and contributes
to charity.
그 회사의 회장은 언제나 선행을 하며 자선사업에 기부도 한다.

유 □ **conduct** [kándʌkt] 행위 ; 태도 ; 처리

118 □ **pity**
[píti]
명 연민 ; 동정 ; 애석한 일

The executive felt **pity** for the homeless man and gave him some money.
그 이사는 집 없는 사람을 불쌍히 여겨 얼마의 돈을 주었다.

유 □ **compassion** [kəmpǽʃən] 측은하게 여기는 마음 ; 동정 ; 연민
compassion for others (타인을 불쌍히 여김)
□ **mercy** [mə́ːrsi] 자비 ; 정이 깊은 행위
ask / beg for **mercy** (자비를 구하다)

119 □ **clue**
[kluː]
명 실마리 ; 단서

The systems engineer didn't have a **clue** as to solve the network problem.
시스템 엔지니어는 네트워크 문제를 해결할 실마리를 갖고 있지 않았다.

120 □ **quarrel**
[kwɔ́ːrəl]
명 말다툼   동 언쟁하다

The CEO and the general manager had a **quarrel** about the monthly expenses.
최고경영책임자와 본부장은 월 경비에 관해 말다툼했다.

유 □ **wrangle** [rǽŋgl] 말다툼 ; 논쟁 동 언쟁하다

CD 1 Track 49

121 □ **revenge**
[rivéndʒ]
명 보복 ; 복수심   동 보복하다

We have always been told never to take **revenge** on our enemies.
우리들은 항상 적에게 보복하지 말라는 말을 들어왔다.

유 □ **retaliation** [ritæliéiʃən] 보복 ; 앙갚음
□ **vengeance** [véndʒəns] 보복 ; 복수

122 ☐ **assault**
[əsɔ́:lt]
명 습격 ; 비난

▶ 동사도 같은 형태로, 「습격하다 ; 비난하다」의 뜻.

The troops launched an **assault** against the enemy.
그 군대는 적에 대하여 습격을 개시했다.

유 ☐ **offense** [əféns] 공격 ; 범죄 행위
☐ **blast** [blæst] 폭격 ; 폭파

---

123 ☐ **scrutiny**
[skrú:təni]
명 정밀한 조사

All legal agreements require close **scrutiny** before signing them.
모든 법적 계약은 서명하기 전에 면밀한 조사가 필요하다.

파 ☐ **scrutinize** [skrú:tənàiz] 동 정밀한 조사를 하다
유 ☐ **probe** [proub] 엄밀한 조사 ; 탐사
unmanned **probe** to Mars (화성으로 무인 탐사)
☐ **inspection** [inspékʃən] 검사 ; 검품 ; 시찰
an **inspection** of elevators (엘리베이터 점검)

---

124 ☐ **crack**
[kræk]
명 금 ; 균열 ; 예리한 일격

▶ 동사로 사용하여 「쪼개다 ; 찢어지다 ; 금이 가다」의 뜻. crack down은 「엄하게 다스리다」의 뉘 앙스.

The earthquake left a huge **crack** in the pavement.
그 지진은 보도에 큰 균열을 남겼다.

유 ☐ **crevice** [krévis] (지면이나 바위의) 갈라진 틈
☐ **fissure** [fíʃər] (지면이나 신체 부위의) 균열 ; 갈라진 틈
☐ **scratch** [skrætʃ] 긁기 ; 할퀴기
중 ☐ **pavement** [péivmənt] 포장 도로 ; 인도 ; 보도

125 □ **friction**
[fríkʃən]
몡 알력 ; 마찰

When the president hired his brother it caused **friction** within the company.
사장이 그의 동생을 고용했을 때 그 일로 사내에 알력이 생겼다.

유 □ **conflict** [kánflikt] 알력 ; 분쟁

126 □ **segment**
[ségmənt]
몡 구분 ; 부문

▶ market **segment**는 「시장의 구분」이라는 의미이며, segmentation은 「세분화」의 의미이다.

Several **segments** of the community are actively participating in the recycling drive.
그 지역사회의 몇 몇 지구는 적극적으로 재활용 운동에 참가하고 있다.

유 □ **ratio** [réiʃou] 비 ; 비율   book-to-bill **ratio** (출하액과 수주액의 비율)
□ **quota** [kwóutə] 할당 ; 지분   an import **quota** on rice (쌀의 수입 할당)

127 □ **fragment**
[frǽgmənt]
몡 파편 ; 단편 ; 잔유물

The geologist studied the **fragments** of the rock to determine its age.
그 지질학자는 연대를 결정하기 위하여 그 바위의 단편을 분석했다.

유 □ **particle** [pá:rtikl] 입자 ; 소량   **particles** of sand (모래가루)
□ **debris** [dəbrí:] 파편 ; 잔해
□ **residue** [rézədjù:] 잔유물 ; 나머지 ; 찌꺼기

128 □ **supplement**
[sʌ́plmənt]
몡 추가 ; 보충 ; 부록

The writer added a **supplement** to his novel.
그 작가는 자기 소설에 부록을 첨가했다.

유 ☐ **appendix** [əpéndiks]　부록 ; 보유(補遺)　▶ 복수형은 appendices.

☐ **sequel** [síːkwəl]　속편

　　a movie **sequel** (영화의 속편)

129

☐ **fraud**
[frɔːd]　　명 사기(죄) ; 부정행위 ; 사기꾼

The corporation's director was convicted of **fraud** and sent to jail.
그 회사의 이사는 사기죄로 유죄선고를 받고 감옥으로 보내졌다.

파 ☐ **fraudulent** [frɔ́ːdʒulənt]　형 사기의 ; 부정한

유 ☐ **deception** [disépʃən]　사기 ; 속임수 ; 위장

중 ☐ **convict** [kənvíkt]　동 유죄를 선고하다
　　▶ 예문은 <convict 사람 of 죄>의 수동형이다.

130

☐ **burden**
[bə́ːrdn]　　명 짐 ; 화물 ; (정신적인) 중압감 ; 책임

Some men believe that it is a **burden** to take care of a family.
남성 중에는 가족을 부양하는 것을 짐으로 생각하는 사람이 있다.

유 ☐ **load** [loud]　짐 ; (화물의) 적재량　▶ **loads** of ~는 「다량의 ~」

131

☐ **surplus**
[sə́ːrplʌs]　　명 잉여 ; 과잉　　형 잉여의 ; 과잉의

The farmers had a **surplus** of grain last year, but this year the supply is low.
농가는 지난해 잉여 곡물을 가지고 있었지만 금년의 공급은 적다.

유 ☐ **excess** [iksés]　초과 ; 과잉
　　excess payment (지불 초과)

132 **tune**
[tjuːn]
명 곡조 ; 곡 ; 조율

▶ 동사로 사용하면 「조율하다 ; 조정하다 ; 라디오 국을 특정 방송국에 맞추다」를 뜻하나, 명사의 「곡」 의미로 흔히 사용된다.

Leah had heard the **tune** many times before but could not remember the words.
Leah는 그 곡을 전에 여러 번 들었지만 가사를 기억할 수 없었다.

133 **predicament**
[pridíkəmənt]
명 곤경 ; 궁지

The bad business deal put the company in a **predicament**.
나쁜 사업 거래가 그 회사를 곤경에 빠뜨렸다.

134 **venue**
[vénjuː]
명 개최 장소

▶ venue는 「회의나 이벤트 등의 개최지」 등을 표현하는 특수한 말이며, 일반적으로 「장소」를 표현할 때는 location, place 등을 사용한다.

The judge decided to change the **venue** of the highly publicized trial.
재판관은 이목이 집중된 그 재판의 심리 장소를 변경하는 결정을 했다.

유 □ **location** [loukéiʃən] 장소 ; 위치 ; 소재지

135 **increment**
[ínkrəmənt]
명 증가 ; 증대

The employees will receive raises in small **increments** from next quarter.
사원들은 다음 분기부터 작은 승급액을 받을 것이다.

유 □ **boost** [buːst] (주가 등의) 상승 동 밀어 올리다
　 □ **upsurge** [ʌpsə́ːrdʒ] 급상승 ; 급증 ▶ surge도 같은 의미이다.

136 **shield**
[ʃiːld]
명 방어물 ; 방패 동 방어하다

The new software was installed as a **shield** against viruses.
새로운 소프트웨어는 바이러스에 대한 방어로서 설치되었다.

유 □ **safeguard** [séifgà:rd] 보호 (수단) ; 안전 장치 ; 긴급 수입 제한
legal **safeguards** (법적 예방 조치)

137 □ **dialect**
[dáiəlèkt] 명 방언 ; 사투리

Some cultures have many different **dialects** within the same language.
몇몇 문화는 동일 언어 속에서도 많은 다양한 방언을 가지고 있다.

유 □ **tongue** [tʌŋ] 국어 ; 방언 mother **tongue** (모국어)

138 □ **buzzword**
[bʌ́zwə̀:rd] 명 캐치플레이즈 ; 슬로건

The ad executive tried to think of a good **buzzword** to describe the new product.
광고부장은 신제품을 설명하는 데 좋은 캐치플레이즈를 생각해내려고 노력했다.

유 □ **term** [tə:rm] 용어 ; 술어 ▶ 그 밖에 「기간」, 「(복수형) 조건」의 의미도 있다.
□ **terminology** [tə̀:rmənálədʒi] 전문 용어
□ **jargon** [dʒá:rgən] (특정 직업 · 집단의) 특수 용어 ; 은어
computer **jargon** (컴퓨터 용어)

139 □ **fabric**
[fǽbrik] 명 골조 ; 구조 ; 직물

The **fabric** of the building held up during the earthquake, but other parts were destroyed.
그 건물의 골조만이 지진에 견디어 냈으나, 다른 부분들은 파괴되었다.

파 □ **fabricate** [fǽbrikèit] 동 조립하다 ; 조작하다
유 □ **framework** [fréimwə̀:rk] 골격 ; 구상 ; 체제
□ **skeleton** [skélətn] (신체 · 생각 등의) 골격 ; 개요

---

140 ☐ **chore**
[tʃɔːr]　　명 잡일 ; 자질구레한 일

The secretary had the endless **chore** of classifying all the documents.
그 비서는 모든 서류를 분류하는 끝도 없는 잡무가 많았다.

유 ☐ **routine** [ruːtíːn]　일상적인 일 ; 판에 박힌 일
☐ **errand** [érənd]　심부름
　　run **errands** (심부름 가다)
☐ **toil** [tɔil]　노고 ; 괴로운 일

141 ☐ **cattle**
[kǽtl]　　명 소 ; 가축

▶ cow는 「암소 ; 젖소」, bull은 「수소」, calf는 「어린 송아지」이다. 가축은 암수, 연령에 따라 말하는 방법이 다르다. mare (암말), stallion (종마), foal (망아지).

The mad cow scare has created huge losses for the beef and **cattle** industries.
광우의 공포는 소고기와 축산 산업에 막대한 손실을 가져왔다.

유 ☐ **livestock** [láivstɑ̀k]　(소, 돼지, 양 등의) 가축
☐ **poultry** [póultri]　가금 (닭, 칠면조, 집오리, 거위 등) ; 사육 조류

142 ☐ **nap**
[næp]　　명 낮잠 ; 선잠

Mr. Botha was caught taking a **nap** at his desk.
Botha 씨는 그의 책상에서 자다가 들켰다.

유 ☐ **snooze** [snuːz]　선잠 ; 졸음
☐ **doze** [douz]　졸기 ; 선잠
☐ **slumber** [slʌ́mbər]　선잠 ; 휴면 상태
　　fall into a **slumber** (졸음에 빠지다)

143 flame
[fleim] 명 불꽃 ; 화염

A gas leak caused the factory to burst into **flames**.
가스가 누출되어 공장이 일순간에 불길에 휩싸였다.

- 파 **flammable** [flǽməbəl] 형 가연성의
- 유 **blaze** [bleiz] 불 ; 화재 ; 격함   a **blaze** of passion (정열의 열정)

144 outfit
[áutfìt] 명 복장(한 벌) ; 장비(한 벌)

The electrician had to wear a special **outfit** when performing his duties.
그 전기 기사는 업무를 수행할 때 특별한 복장을 착용해야 했다.

- 유 **attire** [ətáiər] (식전 등의) 복장   black tie **attire** (정장)
-     **costume** [kástʃuːm] 복장 ; 옷차림   ethnic **costume** (민족 의상)

145 pest
[pest] 명 해충 ; 해로운 것 ; 역병

▶ pesticide (살충제)와 연결지어서 기억한다.

Termites are the most difficult **pests** to get rid of.
흰개미는 제거하기가 가장 어려운 해충이다.

- 유 **insect** [ínsekt] 곤충
-     **bug** [bʌg] 벌레 ; 해충 ; 미생물 ; (기계의) 결함

146 sphere
[sfiər] 명 천체 ; 구체(球體) ; 영역

The astronomers discovered a new celestial **sphere**.
천문학자들은 새로운 천체를 발견했다.

- 유 **globe** [gloub] 지구 ; 세계 ; 구체   around the **globe** (세계 중에)

147 □ **stain**
[stein]
명 얼룩 ; 오점   동 더럽히다

The scandal left a **stain** on the president's honor.
그 스캔들은 대통령의 명예에 오점을 남겼다.

유 □ **blot** [blɑt] 얼룩 ; 더러움 **blot** on his career (경력 상의 오점)

148 □ **gaze**
[geiz]
명 응시 ; 주시

Mr. Harding fixed his **gaze** on the blank wall.
Harding 씨는 아무것도 없는 벽에 시선을 집중했다.

유 □ **stare** [stɛər] 응시 give a **stare** (응시하다)
□ **glance** [glæns] 힐끗 보다 ; 대충 훑어 보다 at a **glance** (힐끗 보아)
□ **glimpse** [glimps] 힐끗 보기 catch a **glimpse** of (~을 힐끗 보다)
□ **view** [vju:] 바라보기 ; 시야 ; 풍경 breathtaking **views** (굉장한 풍경)

149 □ **discretion**
[diskréʃən]
명 재량 ; 신중함

▶ at one's **discretion**은 「재량껏」이라는 의미의 숙어.

All decisions are left to the manager's **discretion**.
모든 결정은 부장의 재량에 위임되어 있다.

150 □ **median**
[mí:diən]
명 중앙값 ; (도로의) 중앙 분리대

▶ 자료를 크기 순으로 배열할 때 그 중앙에 오는 값. 총합을 자료의 수로 나눈 평균과는 다르다.

The national **median** of salaries is rising each year.
전 국민의 급여의 중앙값은 매년 상승하고 있다.

유 □ **average** [ǽvəridʒ] 평균(값) 형 평균의

비즈니스 어휘

01. 회계 (Accounting)

▶ 회계의 표현은 경영의 근간과 관계있는 중요한 것입니다. 「손익계산서」, 「대차대조표」의 간단한 예도 나타냈습니다.

❶**Accountants** engage in a wide variety of activities, which includes preparing ❷**financial statements** such as ❸**income statements**, ❹**balance sheets** and ❺**cash flow statements**. Accountants are required to determine a company's ❻**profit and loss** balance, and to ❼**audit** the company's books at the end of the year. Some accountants are also required to keep track of a company's ❽**inventory**. A common accounting method for most accountants is ❾**accrual basis** accounting, which reports ❿**expenses** when they are incurred. ⓫**Cash basis** accounting reports expenses when they are actually paid.

회계사는 손익계산서, 대차대조표, 현금출납명세서 등의 재무제표의 준비를 포함한 광범위한 업무를 수행한다. 회계사는 회사의 손익의 차액을 결정하고, 연말에는 회사의 장부를 감사하는 일도 의뢰받는다. 회사의 재산 목록을 추적하는 일도 의뢰받는 회계사도 있다. 대부분의 회계사에게는 일반적인 회계 방식은 발생주의 회계이고, 그것은 경비가 발생했을 때 계상하는 것이다. 현금주의 회계는 경비가 실제로 지불되었을 때 계상한다.

기본 용어

❶ ★ ☐ **accountant** [əkáuntənt] 몡 회계사 ; 회계 담당자

   ☐ **CPA(certified public accountant)** 몡 공인회계사

❼ ★ ☐ **audit** [ɔ́:dit] 동 회계 감사를 하다

   ★ ☐ **auditor** [ɔ́:dətər] 몡 감사인

❷ ★ ☐ **financial statements** 재무제표

   ▶ 보통 다음의 income statement, balance sheet, cash flow statement로 구성된다.

❸ ★ ☐ income statement (P/L) 손익 계산서
> ▶ 기업의 영업 연도의 활동 결과를 표시한 손익을 정리한다.
> profit and loss statement라고도 하며 P/L은 그 약자이다.

❹ ★ ☐ balance sheet (B/S) 밸런스 시트 ; 대차 대조표
> ▶ 영업 연도 말 현재의 자산 · 부채의 내역을 나타낸다.

❺ ★ ☐ cash flow statement (C/S) 현금 출납 명세서
> ▶ 영업 연도내의 현금의 흐름을 영업 활동, 투자 활동, 재무 활동의 3가지 측면에서 나타낸다.

★ ☐ close the book 결산하다 ▶ 회계 분야에서 book은 「장부」의 뜻이다.

★ ☐ cut-off date (결산을 위한) 마감일

★ ☐ transaction [trænzǽkʃən] 명 거래

손익 계산서   ☞ p.177의 (예) 참조

❻ ★ ☐ profit [práfit] / **loss** [lɔ(:)s] 명 이익 / 손실

☐ net [net] 형 에누리 없는 ; 정~ ; 순~ ▶ **net** profit (순이익)

☐ gross [grous] 형 총계의 ▶ **gross** profit (총이익)

★ ☐ sales [seilz] 명 매상

☐ gross margin 매상 총이익

☐ general and administrative expense 일반 관리비

★ ☐ operating income 영업 이익

★ ☐ earning [ə́ːrniŋ] 명 수익

★ ☐ revenue [révənjùː] 명 수입

❿ ★ ☐ expense [ikspéns] 명 비용 ▶ 비용 세목은 「2. 재무」 참조.

☐ pre-tax 형 세금 전의

☐ tax provisions 납세금 ▶ income taxes라고도 표기한다.

★ ☐ bottom line 최종 손익
> ▶ 손익계산서의 맨 마지막 줄에 기재하는 「순이익(세금 납부 후 이익)」 또는 「순손실」을 말한다.

대차대조표/ 현금출납명세서

❽ ★ ☐ inventory [ínvəntɔ̀ːri] 명 재산 목록 ; 재고(在庫)

★ ☐ credit [krédit] / **debit** [débit] 명 대변 / 차변
> ▶ 대차대조표를 좌우로 나눌 경우에는 우측이 credit, 좌측이 debit이 된다.

★ ☐ accounts receivable 명 외상 매출금

★ ☐ **accounts payable**　명 외상 매입금

★ ☐ **depreciation** [diprì:ʃiéiʃən]　명 감가상각
　　▶ 설비 투자의 금액을 법규에 따라, 각 영업 연도에 경비로 분할 계상하는 것을 말한다.

☐ **amortization** [æmərtəzéiʃən]　명 (채무·공사채 등의) 할부 상환액 ; 상각

☐ **work in process**　명 재공품(在工品)

☐ **write off** 상각하다

☐ **cash equivalents**　현금 등가물　▶ 단기 운용 자산 등.

★ ☐ **asset** [æset]　명 자산

★ ☐ **liability** [làiəbíliti]　명 부채

★ ☐ **stockholder's equity**　주주자본
　　▶ 대차대조표상에서는 <assets=liabilities+stockholder's equity >와 같은 관계가 항상 성립.
　　☞ p.177 (예) 참조

☐ **current asset / fixed [non-current] asset**　유동자산 / 고정자산
　　▶ intangible asset / tangible asset로 말하는 경우도 있다.

☐ **contingency** [kəntíndʒənsi]　명 임시 비용
　　▶ 소송이나 보증 등의 경비(손실)를 의미한다.

☐ **retained earnings**　잉여금

☐ **off balance** 장부 외(의)

☐ **undervalue** [ʌndərvǽljuː]　동 과소평가하다

☐ **turnover** [tə́:rnòuvər]　명 (자본의) 회전율 ; 매상고

회계 방식

❾ ☐ **accrual basis**　발생주의 (원칙)
　　▶ 거래 발생시 계상하는 회계 방식. 상장 기업이나 대기업 등이 채용하는 표준적 방식이며 accrual의 발음은 [əkrúːəl] 이다.

⓫ ☐ **cash basis**　현금주의 (원칙)
　　▶ 현금 거래에 근거를 두고 계상하는 회계 방식. 개인사업자 등이 채택한다.

★ ☐ **consolidated** [kənsáɭədèitid]　형 통합된 ; 연결 방식의
　　▶ **consolidated** accounting (통합 결산)

☐ **tax-effect accounting**　세 효과 회계
　　▶ 은행이 납부한 세금 중에서 환급받을 부분을 계산해 그 금액을 자기 자본에 산입시키는 제도.

☐ **window dressing**　분식 회계
　　▶ 회계 이외에도 「분식」 「겉치레」 「미사여구」 등의 의미로 사용된다.

○ INCOME STATEMENT (예)

	(in millions)
Net sales (순매상고)	$4,120
Cost of sales (매상 원가)	$2,560
Gross margin (매상 총이익)	$1,560
Operating expenses (영업 경비)	$1,280
Operating income (영업 이익)	$280
Interest expenses (지불 이자)	$85
Other (기타)	$120
Income before taxes (세금 전 이익)	$75
Income taxes (법인소득세)	$23
Net income (순이익)	$53

○ BALANCE SHEET (예)

(Debit) 자금의 운용 형태	**(Credit)** 자금의 조달 원천
ASSETS (자산)	**LIABILITIES** (부채)
• Cash and cash equivalents (현금 및 현금 등가물) • Marketable securities (시장성이 있는 유가증권) • Accounts receivable (외상 매출금) • Inventories (재고 자산) • Investment (투자) etc.	• Accounts payable (외상 매입금) • Deferred taxes (미불입 세금) • Debt (부채) etc. **SHAREHOLDERS' EQUITY** (주주 자본) • Paid in capital (주주 출자 자본) • Retained earnings (잉여금)

02. 재무 (Finance)

▶ 회계와 밀접한 관련이 있습니다. 여기서는 기본적인 것을 중점적으로 다루었습니다.

Hello all. As it is the end of the ❶**fiscal year**, I would like to give you a report of the ❷**financial** state of the firm. First of all, our ❸**operating expenses** were high this year as we hired more staff and had increases in our ❹**overhead** costs. This has cut our ❺**profit margin** this year by 15 percent. In order for our business to be ❻**profitable** in the next fiscal year, we will need to focus on ❼**expenditures** and consider ❽**marking up** our products.

모두 안녕하세요. 회계 연도 말이 되었으므로 여러분에게 회사의 재무 상황을 보고하고자 합니다. 먼저 우리들 영업 경비는 금년에 상승했습니다. 그것은 금년에 더 많은 직원을 고용했고, 간접비가 증가했기 때문입니다. 이것에 의해 금년의 이익률은 15퍼센트 감소했습니다. 다음 회계 연도에 우리 회사를 흑자로 돌리기 위해서는 경비 절감에 초점을 맞추는 동시에 제품의 가격 인상을 고려할 필요가 있을 것입니다.

재무계획

❶ ★ ☐ **fiscal year** 회계 연도

  ★ ☐ **quarter** [kwɔ́ːrtər] 몡 4분기

  ☐ **term** [təːrm] 몡 기간
▶ 복수형으로 「(계약 등의) 조건」 이라는 의미로 잘 사용된다.

❷ ★ ☐ **financial** [finǽnʃəl] 혱 재무의 ; 재정의
▶ fiance (재무 ; 재정)

  ★ ☐ **budget** [bʌ́dʒit] 몡 예산

수익

❺ ★ ☐ **profit margin** 이익률

❻ ★ ☐ **profitable** [práfitəbəl]　혱 이익이 나는 ; 수익성이 있는
❽ 　 ☐ **mark up**　가격을 인상하다
　★ ☐ **gain** [gein]　몡 이익

❸ ★ ☐ **operating expense**　영업 경비
❹ ★ ☐ **overhead (costs)**　간접비
　　 ☐ **purchasing expense**　구매 경비
❼ ★ ☐ **expenditure** [ikspénditʃər]　몡 경비
　　 ☐ **rent of premises**　사무실 임대료
　　 ☐ **billing** [bíliŋ] / **invoicing** [ínvɔisiŋ]　몡 청구
　　 ☐ **retrench** [ritréntʃ]　동 삭감하다 ; 삭제하다
　　　▶ retrenchment (경비 삭감)
　★ ☐ **cost** [kɔːst]　몡 경비
　　　▶ fixed **cost** (고정비), variable **cost** (변동비)
　　 ☐ **direct cost / indirect cost**　직접비 / 간접비
　　 ☐ **unit cost**　단가

　★ ☐ **borrow** [bárou] / **lend** [lend]　동 차입하다 / 대여하다
　★ ☐ **debt** [det]　몡 채무
　　　▶ 금융상품으로는 「채권 ; 회사채」의 의미가 있다.
　　 ☐ **principal** [prínsəpəl]　몡 원금 ; (보증인에 대하여) 주채무자
　★ ☐ **interest rate**　금리
　　 ☐ **default** [difɔ́ːlt]　몡 채무 불이행
　★ ☐ **dividend** [dívidènd]　몡 배당
　★ ☐ **return** [ritə́ːrn]　몡 수익
　　 ☐ **rate of return**　수익률
　　 ☐ **loan-loss provisions / bad-loan provisions**　대손 충당금
　　　▶ 매출 채권의 손실이 발생될 경우를 대비해 미리 정해둔 금액.

03. 회사 (Company)

▶ 회사에는 어떤 종류가 있을까? 「상장(上場)」이란 어떻게 표현될까? 다음 관련 어휘들을 정리하면서 외우면 되겠습니다.

> Generette is a ❶**publicly-held corporation** that is dedicated to providing business solutions to ❷**small to medium** and ❸**start-up companies** in the tech ❹**industry**. ❺**Founded** in 1994, Generette has provided high-quality consulting services for industry professionals. In conjunction with our overseas ❻**affiliates**, we have developed services that have a ❼**global reach** and we can assist ❽**multinational** companies. Let Generette help you face the challenges of the information age. Call us today.

Generette는 주식 공개 기업으로서 첨단 산업 업계의 중소 기업과 신흥 기업에 비즈니스 솔루션을 제공하는 일에 주력하고 있습니다. 1994년에 설립된 Generette는 업계의 전문가들에게 수준 높은 컨설턴트 서비스를 제공해 왔습니다. 해외의 관련 회사와 함께 저희 회사는 국제적 확장성을 지닌 서비스를 전개하고 있기 때문에 다국적 기업을 지원하는 것이 가능합니다. 정보화 시대에 여러분의 회사가 직면하는 과제를 Generette가 도와 드릴 수 있는 기회를 주시기 바랍니다. 오늘이라도 전화 주십시오.

회사의 호칭

❶ ★ ☐ **publicly-held corporation**　주식 공개 기업

★ ☐ **listed company**　상장 기업
> ▶ list는 「상장하다」라는 의미의 동사로 사용한다. go public도 「상장하다」의 뜻이다.

❷ ★ ☐ **small to medium (-sized) companies**　중소 기업
> ▶ small and medium companies 등으로 다르게 표현하기도 한다.

☐ **moms and pops**　가족 경영의 영세 기업

❸ ☐ **start-up company**　신흥 기업
> ▶ start up (일을 시작하다)

☐ **angel** [éindʒəl]　명 (신흥 기업 등을 지원하는) 개인 투자가

☐ **incubator** [ínkjəbèitər] 명 기업의 육성
  ▶ incubator의 원 뜻은 「미숙아 보육기」이며, 동사는 incubate.

★ ☐ **corporation** [kɔ̀:rpəréiʃən] 명 회사 ; 주식회사
  ▶ corporate (회사의 ; 기업의)

★ ☐ **enterprise** [éntərpràiz] 명 회사 ; 사업

★ ☐ **firm** [fə:rm] 명 회사
  ▶ 그 밖에 business로 「회사, 기업」을 나타내는 일이 있다.

본사 · 지사 · 관련 회사

❻ ★ ☐ **affiliate** [əfílièit] (=affiliate company) 명 관련 회사

★ ☐ **headquarters** [hédkwɔ̀:rtərz] 명 본사 ▶ 항상 복수형으로 사용됨에 주의한다.

★ ☐ **subsidiary** [səbsídièri] 명 자회사

☐ **wholly-owned** 형 완전 소유의 ; 모회사가 100% 주식을 보유하는

★ ☐ **branch** [bræntʃ] 명 지점

☐ **arm** [ɑ:rm] 명 자회사 ; 지점
  ▶ British arm (영국 자회사), local arm (현지 자회사)처럼 사용한다.

☐ **parent company** 모회사

★ ☐ **holding company** 지주 회사

★ ☐ **conglomerate** [kənglámərət] 명 복합 기업
  ▶ 여러 분야의 기업 연합을 의미하며, 보통 지주 회사 밑에 편성되어 있다.

★ ☐ **joint venture** 합병 기업
  ▶ 복수의 기업이 자본을 출자하여 설립 · 운영하는 공동 사업 회사.

☐ **franchiser** [fræntʃaizər] / **franchisee** [fræntʃaizí:] 명 프랜차이즈 본점 / 프랜차이즈 가맹점

☐ **consortium** [kənsɔ́:rʃiəm] 명 컨소시엄 ; 공동 사업체
  ▶ 대규모 프로젝트 등의 입찰 · 실시를 위하여 임시로 조직하는 기업 연합을 나타낸다.

★ ☐ **department** [dipá:rtmənt] 명 부문 ; 부서

★ ☐ **division** [divíʒən] 명 부문 ; 사업부

회사의 설립

❺ ★ ☐ **found** [faund] 동 설립하다 ; 창설하다
  ★ ☐ **establish** [istǽbliʃ] 동 설립하다
    ☐ **incorporate** [inkɔ́:rpərèit] 동 법인화하다
    ☐ **articles of incorporation**   정관

사업 확장

❹ ★ ☐ **industry** [índəstri] 명 산업 ; 공업
  ★ ☐ **sector** [séktər] 명 업계 ; 부문
      ▶ the private / public **sector** (민간 / 공공 부문)
❼ ☐ **global reach** 해외 확장
❽ ★ ☐ **multinational** [mʌltinǽʃənəl] 형 다국적의
    ☐ **local partner** 현지 파트너
  ★ ☐ **be located in** ～에 있다 ; ～에 거점을 두다
      ▶ 회사 소재지를 나타낼 때 잘 사용하는 표현. be based in「～에 본점 · 거점을 두다」도 외어 두자.
  ★ ☐ **expansion** [ikspǽnʃən] 명 확장
  ★ ☐ **leading** [lí:diŋ] 형 일류의 ; 업계를 이끄는
  ★ ☐ **organization** [ɔ̀:rgənəzéiʃən] 명 조직
  ★ ☐ **institution** [ìnstətjú:ʃən] 명 조직 ; 단체
      ▶ organization이나 institution은 company나 firm 보다 넓은 의미의「단체」를 가리킨다.

TIPS | 01 집합명사

전형적인 집합명사로는 family(가족), company(회사), police(경찰) 등이 있습니다. 이들을 대명사로 받을 경우에는 복수의 구성원이 있으므로 모두 they로 받을 수 있습니다. 단, family는 가족을 한 뭉치로 보는 문맥에서는 it으로 받습니다. company도 they, it 모두가 가능하며 police는 보통 they로 받습니다.

04. 경영 (Management)

▶ 경영 전략, 재무 관리 등을 중심으로 경영의 기본 개념을 나타내는 말들을 모았습니다.

One of the keys to business success is having a ❶**competitive edge** in today's market. A good ❷**marketing** ❸**strategy** is important for any business to be ❹**profitable.** A business must define its ❺**target market**, and make that market its ❻**core business.**

That's why we at EIC have developed special marketing courses especially for businesses. EIC will come to your firm and teach your sales and marketing staff ways to ❼**streamline** their marketing plans for maximum benefit. Sign up for our courses online at www.eic.com.

현대 시장에서 비스니스 성공의 열쇠 중에 하나는 경쟁 우위를 유지하는 일입니다. 어떤 기업이라도 이익을 올리기 위해서는 양질의 마케팅 전략이 중요하게 됩니다. 기업은 그 대상 시장을 결정하고, 그 시장을 기간 사업으로 삼아야 합니다.

그러기 위해 저희 회사 EIC는 기업을 위한 특별 마케팅 과정을 개발했습니다. EIC가 여러분의 회사를 방문하여 여러분의 회사의 판매 · 마케팅 직원에게 이익 극대화를 위해서 마케팅 계획을 효율화하는 방법을 전수하겠습니다. 인터넷으로 www.eic.com 에 오셔서 저희 회사의 코스를 신청하십시오.

경쟁력

❶ ★ ☐ **competitive edge** 경쟁 우위 ▶ competition (경쟁 ; 경합)

☐ **key player** 주력 플레이어

☐ **monopoly** [mənɑ́pəli] 몡 독점

★ ☐ **advantage** [ədvǽntidʒ] 몡 유리 ; 우위

★ ☐ **market share** 마켓셰어 ; 시장 점유율

★ ☐ **collaboration** [kəlæbəréiʃən] 몡 협조 ; 협업(協業)

전략

❷ ★ ☐ **marketing** [má:rkitiŋ] 몡 마케팅
☐ **product portfolio** 제품 라인
☐ **range** [reindʒ] 몡 범위
❸ ★ ☐ **strategy** [strǽtədʒi] 몡 전략
　　▶ strategy는 전체적인 작전 · 계획을 가리키며, tactics는 부분적인 직진 · 계획을 가리킨다.
★ ☐ **tactics** [tǽktiks] 몡 전술
❺ ☐ **target market** 목표 시장
❻ ☐ **core business** 기간 사업
☐ **core competence** 핵심 능력
　　▶ 자사 사업의 핵심을 이루는 노하우가 강한 것을 의미한다.
☐ **synergy** [sínərdʒi] 몡 상승 효과 ; 시너지
★ ☐ **alliance** [əláiəns] 몡 제휴
★ ☐ **mergers & acquisitions (M & A)** 합병 ; 흡수
　　▶ merger (합병), acquisition (흡수 ; 매수) 각각 단독으로도 사용한다.
★ ☐ **takeover** [téikðuvər] 몡 매수
　　▶ take over (매수하다) 동사구로도 사용한다.
☐ **TOB (takeover bid)** 주식 공개 매입
　　▶ 매수를 공개 선언하여 투자가로부터 주식을 사 모으는 것을 의미한다.
☐ **MBO (management buy-out)** 매니즈먼트 바이아웃 ; 경영자 매수
　　▶ 자회사의 경영진 등이 모회사로부터 사업 경영권을 사서 취하는 것을 의미한다.
☐ **viable** [váiəbəl] 혱 실행 가능한 ; 성장할 수 있는

수익성

❹ ★ ☐ **profitable** [práfitəbəl] 혱 수익성이 있는 ; 이익이 오르는
★ ☐ **break-even point** 손익 분기점
　　▶ 동사구로 break even은 「손익 분기점에 이르다」라는 의미이다.
★ ☐ **lucrative** [lú:krətiv] 혱 수지 맞는
★ ☐ **turn around** 업적을 개선시키다 ; 흑자화하다
　　▶ turnaround (업적 개선)

합리화

❼ □ **streamline** [strí:mlàin]　동 합리화하다 ; 정비하다
□ **realignment** [rì:əláinmənt]　명 재편성
□ **consolidation** [kənsàlədéiʃən]　명 정리 통합
□ **rationalize** [ræʃənəlàiz]　동 합리화하다
★ □ **restructure** [ri:strʌ́ktʃər]　동 재편성하다
★ □ **diversify** [divə́:rsəfài]　동 다각화하다　▶ diversified (다각적인)
□ **spin off**　(사업 부문 등을) 분리 독립시키다
★ □ **downsize** [dáunsàiz]　동 소규모화하다 ; 간소화하다

책임 · 재무 상황

★ □ **disclosure** [disklóuʒər]　명 정보 발표
★ □ **accountability** [əkàuntəbíləti]　명 책임 ; 설명 책임
★ □ **solvent** [sálvənt] / **insolvent**　형 지불 능력이 있는 (경영이 건전한) / 지불 능력이 없는 (경영 부진의)
★ □ **collapse** [kəlǽps] / **bankruptcy** [bǽŋkrʌpsi]　명 도산
□ **go bust**　도산하다
□ **ailing** [éiliŋ]　형 경영 부진의 ; 병든
□ **liquidate** [líkwidèit]　동 (기업을) 정리하다 ; 청산하다
□ **shut down**　(공장 등을) 폐쇄하다

오퍼레이션

★ □ **commerce** [kámə:rs]　명 상거래 ; 상업
□ **feasibility study**　사업화 조사
　　▶ 프로젝트의 실현성을 조사하는 것을 나타낸다. feasibility → [fì:zəbíləti]
□ **back-office operation**　백오피스 업무
　　▶ 기업 경영에 필요한 제반 업무 (인사, 회계 등)
★ □ **performance** [pərfɔ́:rməns]　명 업적 ; 실적
□ **due diligence**　자산 조사
　　▶ 기업 매수 등을 할 때 매수 선기업의 자산 부채의 내용을 사전에 조사하는 것이다.
□ **letter of intent**　동의서 ; 가계약서
　　▶ 정식 계약서를 교환하기 전에, 계약의 의지를 확인하기 위한 문서를 가리킨다.

05. 임원 (Board Members)

▶ 이사회의 구성원과 상급 관리직의 호칭을 중심으로 소개합니다. COO나 executive 등 기본적인 것들입니다.

> The **❶board of directors** of Theramin Technologies, Inc. said today that the company will have a new **❷COO**. Peter Bryant, a former **❸entrepreneur**, will join Theramin in March and will be responsible for **❹decision-making** as well as serivng as **❺chairperson** of the board. Bryant will also report to the senior management team. The company also announced the appointment of Sandra Farnsworth as **❻CFO**. Farnsworth, who had a five-year **❼tenure** as the **❽controller**, will be in charge of all financial matters for the corporation.

Theramin Technologies의 이사회는 오늘 회사가 새로운 최고집행책임자(COO)를 영입하기로 했다고 발표했다. 창업자인 Peter Bryant가 3월에 Theramin에 참가하여 의사 결정에 책임을 지기로 하고 이사회의 회장으로 취임했다. Bryant는 또한 상급 경영 팀에 속한다. 그 회사는 또한 Sandra Farnsworth를 최고재무책임자(CFO)로 지명한 것도 발표했다. Farnsworth는 경리 부장을 5년간 맡았던 인물로 회사의 재무 업무 전반을 담당할 것이다.

이사회

❶ ★ ☐ board of directors 이사회
> ▶ director는 「이사 ; 간부」이며, board member라고도 말한다.

경영간부 · 관리직

❷ ★ ☐ Chief Operating Officer (COO) 최고집행책임자
> ▶ 단순히 operating officer로만 쓰일 경우에는 「집행위원」의 뜻이다.

❻ ★ ☐ Chief Financial Officer (CFO) 최고재무책임자

★ ☐ **Chief Executive Officer (CEO)**　최고경영책임자
　▶ 그 밖에 Chief Information Officer (CIO) (최고정보책임자), Chief Technology Officer(CTO) (최고기술책임자) 등이 사용된다.

❺ ★ ☐ **chairperson** [tʃέərpə̀:rsn] / **chairman** [tʃέərmən]　명 회장

★ ☐ **president** [prézidənt]　명 사장

☐ **managing director**　상무 이사 ; (영국 기업의) 대표 이사
　▶ 영국계열 기업인의 경우는 「사장」의 의미이다.

★ ☐ **vice president**　부사장
　▶ 회사에 두 명 이상 있는 것이 일반적이며, 고위의 부사장은 senior vice president라고 부르는 일도 있다.

★ ☐ **executive** [igzékjətiv]　명 경영 간부

❽ ★ ☐ **controller** [kəntróulər]　명 경리 부장

☐ **senior manager**　상급 관리직

★ ☐ **supervisor** [sú:pərvàizər]　명 관리직 ; 감독(자)

조직

★ ☐ **hierarchy** [háiərà:rki]　명 (조직의) 서열 ; 계층

☐ **flat** [flæt]　형 계층성이 약한

★ ☐ **corporate ladder**　승진의 계단 ; 기업 조직의 직계(職階)

★ ☐ **bureaucracy** [bjuərákrəsi]　명 관료주의

임기

❼ ★ ☐ **tenure** [ténjər]　명 임기

☐ **deputy** [dépjəti]　형 대리의　명 대리인

☐ **incumbent** [inkʌ́mbənt]　형 현직의

기타

❸ ★ ☐ **entrepreneur** [à:ntrəprəné:r]　명 기업가

☐ **tycoon** [taikú:n]　명 대군(大君) ; (실업계의) 거물
　▶ 일본의 도쿠가와(德川) 막부의 장군에 대하여 당시 외국인이 붙인 칭호. mogul (거물 ; 중요 인물), magnate (대 사업가 ; (업계의) 유력인물)도 같은 의미이다.

❹ ★ ☐ **decision-making**　명 형 의사 결정(의)

06. 투자 (Investment)

▶ 주식과 투자에 관련된 표현입니다. 주식 시황의 문제에 대응할 수 있도록 금융 상품은 조금 자세히 다루었습니다.

> Harding Inc. has announced that they plan to make the newly acquired Techcom a ❶**listed company** by next month. Harding is hoping to raise ❷**venture capital** of 550 million dollars for Techcom, and ❸**brokerage houses** are skeptical. Analysts say that ❹**shareholders** will expect steady ❺**dividends** in exchange for carrying the ❻**IPO**, so its listing might come too soon. Investors want evidence that ❼**stock** in the company will be high-growth. Another factor that could affect demand for the IPO is Harding's plan to have a ❽**majority stake** on ❾**shares** in the company.

Harding 사는 다음 달까지 새로 매수한 Techcom을 상장 기업으로 하는 계획을 발표했다. Harding 사는 Techcom을 위해 5억 5천만 달러의 벤처 투자 자금을 확보하려고 생각하지만 증권 회사들은 회의적이다. 전문가의 말에 의하면 주주는 신규 상장에 대하여 안정된 배당을 기대하고 있으며 Techcom의 상장은 시기상조라고 한다. 투자가는 이 회사의 주식이 급상승 하리라는 증거를 바라고 있다. 신규 상장의 수요에 영향을 줄 것 같은 다른 요인은 Harding 사가 이 회사의 과반수 주식을 보유할 계획이 있다는 것이다.

투자가

❶ ★ ☐ **listed company** 상장 기업
▶ listing (주식 상장). 「상장 기업」은 그밖에 quoted company, publicly-held company 등으로 말하는 방법이 있다.

❷ ☐ **venture capital** 벤처 자본 ; 투자 기업

❹ ★ ☐ **shareholder** [ʃɛ́ərhòuldər] 명 주주 ▶ stockholder로 흔히 사용한다.

❽ ☐ **majority stake** 과반수 주식 (보유)
▶ minority stake (과반수 미만의 주식 보유)

□ **institutional investor / buyer**   기관 투자가
▶ 생명보험 회사나 연금 운용 단체 등 단체의 큰 투자가를 지칭한다.
★ □ **investor relations (IR)**   투자가 방향 홍보 ; 기업 설명 활동

❸ ★ □ **brokerage house**   증권 회사
▶ brokerage firm, securities firm 등으로 부르는 일이 있다. 간단히 broker라고 부르기도 한다.
★ □ **stock exchange**   증권거래소
□ **bourse** [buərs]   몡 (주로 유럽의) 증권거래소

❺ ★ □ **dividend** [dívidènd]   몡 (주식 등의) 배당
★ □ **yield** [ji:ld]   몡 (채권 등의) 이윤
❻ ★ □ **IPO(initial public offering)**   주식 상장 ; 주식 공개
❼ ★ □ **stock**   몡 주식   ▶ share와 같은 의미이다.
❾ ★ □ **share** [ʃɛər]   몡 주식
★ □ **securities** [sikjúəritiz]   몡 주식   ▶ 복수형으로.
□ **equities** [ékwətiz]   몡 보통주   ▶ 복수형으로.
□ **ordinary share**   보통주
□ **voting rights**   의결권
□ **preference share**   우선주
▶ 이익을 배당할 때나 정산할 때 잔여 재산의 분배를 우선적으로 받지만 의결권은 없다.
□ **blue chips**   우량주
★ □ **bond** [band]   몡 채권 ; 공사채
▶ treasury **bonds** (미국 장기 채권), 또한 「미국 단기 국채」는 treasury bills.
□ **commodities** [kəmádətiz]   몡 상품   ▶ 복수형으로.
□ **warrants** [wɔ́(:)rənts]   몡 워런트채
▶ 일정한 가격(행사 가격)으로 그 회사의 주식을 구입할 수 있는 권리가 있는 회사채이다.
□ **derivatives** [dirívətivz]   몡 금융 파생 상품
□ **futures** [fjú:tʃərz]   몡 선물(先物) (거래)

07. 시장 동향 (Market Movement)

▶ 주식 시황을 나타내는 여러 가지 표현을 다루었습니다. 「호황 ↔ 불황」「상승 ↔ 하락」과 같이 대응시켜서 외우면 좋을 것입니다.

Amid **❶speculation** of **❷insider trading** at Centrone Corp., tech shares took a **❸nosedive** today that wiped out yesterday's **❹gains**. Analysts expect that it will be weeks before the tech market **❺rebounds** and investors can look forward to a **❻bull** market again. The recent onslaught of **❼fraud** and **❽manipulation** within corporations has created a **❾bear** market, as investors sell off their shares and wait for the market to **❿bottom out**.

Centrone 사에 대한 내부 거래의 투기 속에서 하이테크 주는 오늘 급락하여 어제의 상승분을 없애버렸다. 하이테크 주가 반등하고, 투자가가 다시 강세의 시장을 기대할 수 있도록 하려면 수주일 걸린다고 전문가는 예측하고 있다. 최근 여러 기업에서 연속하여 일어난 부정 행위와 주가 조작에 의하여 투자가는 주식을 매각하여 시장이 바닥을 치는 것을 기다리고 있기 때문에 약세의 시장으로 되어버렸습니다.

거래

❶ ★ ☐ **speculation** [spèkjəléiʃən] 명 투기

❷ ☐ **insider trading** 내부 거래
   ▶ 기업의 내부 정보를 부정하게 이용하여 주식을 매매하는 일을 말한다.

❼ ☐ **fraud** [frɔːd] 명 부정 행위 ; 사기

❽ ☐ **manipulation** [mənìpjəléiʃən] 명 주가 조작 ; 상장 조종

주가의 변동

❸ ☐ **nosedive** [nóuzdàiv] 명 급락
   ▶ 그 밖에 주가의 「하락」을 나타내는 말 → plummet / tumble / plunge / dive / free-fall

④ ★ ☐ **gain** [ɡein]　명 상승 ; 반등
　　　▶ 그 밖에 주가의 「상승」을 나타내는 말 → boost / surge / balloon / soar / spurt / upsurge / jump

⑤ ★ ☐ **rebound** [ribáund]　동 반등하다　명 반등

⑩ ★ ☐ **bottom out**　바닥을 치다 ; 최악기를 탈출하다

★ ☐ **recover** [rikʌ́vər]　동 회복하다

☐ **regain ground**　회복하다 ; 실지 회복하다

★ ☐ **sell-off / dump** [dʌmp]　명 투매
　　　▶ 주식의 대량 판매로 생기는 주가의 급격한 하락을 의미한다.

☐ **fluctuate** [flʌ́ktʃuèit]　동 변동하다 ; 상하로 움직이다

★ ☐ **rally** [rǽli]　명 반등 ; 반발

☐ **profit-taking**　형 이익이 나는

시장의 상황

⑥ ★ ☐ **bull** [bul]　형 명 (증권의) 강세(의)
　　　▶ 시장의 호황을 나타내는 표현 → hectic (활기가 있는), brisk (활기가 있는), frantic (열광적인),
　　　　booming (활황의)

⑨ ★ ☐ **bear** [bɛər]　형 명 약세(의)
　　　▶ 시장이 침체를 나타내는 표현 → dull (부진한), lackluster (활기 없는), thin (약한), sluggish (침체된)

☐ **erratic** [irǽtik]　형 (상장이) 흔들리는

☐ **volatile** [válətil]　형 불안정한 ; 변하기 쉬운

☐ **bumpy** [bʌ́mpi]　형 파란이 있는

☐ **downturn** [dáuntə̀ːrn] / **upturn** [ʌ́ptə̀ːrn]　명 하강 / 상승

★ ☐ **consecutive** [kənsékjətiv]　형 연속된
　　　▶ over four **consecutive** days (4일 연속) 처럼 사용한다.

TIPS　　**02**　다의어에 주의

일상 표현에서 여러 개의 뜻을 가진 단어에는 주의가 필요합니다. 예를 들면 account라는 단어는 「(예
금) 구좌」 외에 「고객」 「설명」 「계산(서)」 등의 뜻으로 사용됩니다. plant의 경우는 비즈니스에서는 「공
장」으로 생각하기 쉬우나 사무실의 「관엽 식물」의 뜻으로 사용됩니다. 이러한 일상 용어는 듣기에도 출제
되므로 외울 때 주의하도록 합시다.

08. 인사 (Human Resources)

▶ 인사 이동을 중심으로 회사의 인사에 관련된 표현을 다루도록 하겠습니다. ★표한 것은 특히 중요하므로 확실히 익혀둡시다.

> The following is a message from the ❶**human resources** department. The ❷**personnel** director, Ms. Harmon, has announced that she will no longer tolerate ❸**absenteeism** or ❹**tardiness** among the staff. She will ❺**dismiss** those that fail to show up for work. She has also announced that those who have been ❻**discriminated** against by a ❼**colleague** or boss may follow through with ❽**grievance procedures** at her office, and their grievances will be dealt with immediately.

다음은 인사부로부터의 메시지입니다. Harmon 인사부장은 직원들의 결근과 지각을 더 이상 참을 수 없다고 발표했습니다. 그녀는 제시간에 출근하지 않은 사람을 해고할 예정입니다. 그녀는 또한 동료나 상사로부터 차별 행위를 받은 사람은 그녀의 사무실에서 고충 처리 절차를 받을 수 있으며 불만 처리는 바로 실시될 것이라고 발표했습니다.

인사부

❶ ★ ☐ **human resources (HR)** 인사 ; 인사부 ; 인재
❷ ★ ☐ **personnel** [pə̀:rsənél] 명 인사(부) ; 인재   형 인원의
  ▶ workforce에서 「노동력」의 뜻이다.
  ☐ **administration** [ædmìnəstréiʃən] 명 경영 관리

인사 평가

❸ ★ ☐ **absenteeism** [æbsəntí:zəm] 명 결근
❹ ★ ☐ **tardiness** [tá:rdinis] 명 지각
  ★ ☐ **evaluation** [ivæljuéiʃən] 명 평가

인사 이동

❺ ★ ☐ **dismiss** [dismís] 동 해임하다 ; 해고하다

  ★ ☐ **lay off** 해고하다

    ☐ **discharge** [distʃá:rdʒ] 동 해고하다 ; 해임하다

    ☐ **outplace** [àutpléis] 동 (해고하기 전에) 재취직시키다

    ☐ **advancement** [ædvǽnsmənt] 명 승진

  ★ ☐ **promotion** [prəmóuʃən] 명 승진 ▶ demotion (강등)

  ★ ☐ **relocate** [ri:lóukeit] 동 배치 전환하다 ; 이전하다

  ★ ☐ **appoint** [əpɔ́int] 동 임명하다 ; 지명하다

  ★ ☐ **designate** [dézignèit] 동 지명하다
      ▶ 「업무를 할당하다」의 의미도 있다.

    ☐ **allocate** [ǽləkèit] 동 (업무 등을) 할당하다

  ★ ☐ **assign** [əsáin] 동 (업무 등을) 할당하다

  ★ ☐ **transfer** [trænsfə́:r] 동 인사 이동하다 명 [trǽnsfər] 인사 이동

  ★ ☐ **replacement** [ripléismənt] 명 후임자 ; 교대 요원

    ☐ **redundant** [ridʌ́ndənt] 형 잉여 인원의 ; 잉여의

    ☐ **delegate** [déligeit] 동 업무를 위탁하다 ; 권한을 이양하다

차별 · 고충

❻ ★ ☐ **discriminate** [diskrímənèit] 동 차별하다 ▶ discrimination (차별)

  ★ ☐ **prejudice** [prédʒudis] 명 편견

❽ ☐ **grievance procedures** 고충 처리 절차

동료

❼ ★ ☐ **colleague** [káli:g] 명 동료 ▶ coworker나 fellow worker라고도 말한다.

    ☐ **solidarity** [sàlədǽrəti] 명 연대감

전직

    ☐ **switch jobs / job-hop** 전직하다

    ☐ **mobility** [moubíləti] 명 유동성 ; 전직(轉職)이 많음

  ★ ☐ **retirement** [ritáiərmənt] 명 퇴직 ; 퇴임

    ☐ **turnover** [tə́:rnòuvər] 명 이직률

사기

- ☐ **morale** [mərǽl] 몡 사기 ; 근로 의욕
  - ▶ moral (도덕 ; 도의를 벗어나지 않는)과 다른 데 주의한다.
- ☐ **ownership** [óunərʃip] 몡 당사자 책임 ; 관여 책임
  - ▶ 일반적으로는 「소유권」의 뜻이지만, 비즈니스 용어로는 「기업의 일원으로서의 책임」이라는 의미로 흔히 사용되며, owner는 「담당자」를 나타낸다.
- ☐ **empowerment** [impáuərmənt] 몡 힘을 부여하는 것 ; 권한 이양
- ★ ☐ **mentor** [méntər] 몡 (비즈니스나 인생의) 지도자 ; 스승
- ☐ **guru** [gúəru:] 몡 권위자 ▶ 원뜻은 힌두교의 도사(導師)

노동 조합

- ★ ☐ **labor union** 노동 조합
- ☐ **dispute** [dispjú:t] 몡 쟁의
- ☐ **collective bargaining** 단체 교섭
- ☐ **arbitration** [à:rbitréiʃən] 몡 조정

고용주

- ★ ☐ **employer** [implɔ́iər] 몡 고용주 ▶ employ (채용하다 ; 고용하다)
- ★ ☐ **employee** [implɔ́ii:] 몡 피고용자 ; 사원 ; 종업원
- ★ ☐ **hire** [haiər] / **fire** [faiər] 동 채용하다 / 해고하다

현장

- ★ ☐ **clerical** [klérikəl] 형 사무의 ▶ clerk (사무직원)
- ★ ☐ **manual** [mǽnjuəl] 형 육체 노동의
- ☐ **shop floor** 생산 현장 ; 작업 현장

O9. 채용 (Recruitment)

▶ 「구인」은 Part 7의 필수 항목입니다. 중요 단어를 외워두면 구인 기사가 매우 읽기 쉬어지므로 잘 정리해둘 필요가 있습니다.

We are an engineering consulting firm and we are seeking a ❶**candidate** to fill the ❷**position** of Environmental Engineer. ❸**Applicants** must be ❹**skilled** in performing emission estimations and health risk reports. ❺**Qualified** candidates must have a B.S. ❻**degree** in Environmental Engineering and at least five years related work ❼**experience**. The ❽**starting salary** is from $60,000 to $70,000 per year and is based on experience. Please fax or e-mail your ❾**résumé** to EnviroEn at 707-903-9865 or job@enviroen.com. Only ❿**preferred** candidates will be called for an ⓫**interview**.

저희 회사는 엔지니어링 컨설턴트 회사로서 환경 기술자 자리에 앉을 알맞은 후보자를 모집하고 있습니다. 응모자는 배출 평가와 건강피해보고를 수행하는 기술이 필수적입니다. 자격이 있는 후보자는 환경 공학의 학사 학위를 취득하고 관련 업무의 최소한 5년 이상의 경력이 필요합니다. 첫 봉급은 연봉 6만~7만 달러이고, 경력에 따라서 결정합니다. 전화번호 707-903-9865 또는 주소 job@enviroen.com의 EnviroEn 으로 팩스나 이메일로 이력서를 보내 주십시오. 선발된 후보자만을 면접 보도록 하겠습니다.

응모

❶ ★ ☐ **candidate** [kǽndədèit] 명 후보자 ; 응모자

❸ ★ ☐ **applicant** [ǽplikənt] 명 응모자　▶ apply for는 「~에 응모하다」의 뜻이다.

❷ ★ ☐ **position** [pəzíʃən] 명 포스트 ; 직위

☐ **job offer** 구인

☐ **job opening** 취직 자리 ; 일의 빈자리

★ ☐ **vacancy** [véikənsi] 명 일의 빈자리 ; 결원

★ ☐ **classified ads**   (신문 등의) 분류 광고 ; 구인 광고
★ ☐ **help wanted**   구인 ; 사원 모집
★ ☐ **opportunity** [àpərtʃúːnəti]   명 기회 ; 찬스

자격 · 능력

❹ ★ ☐ **skilled** [skild]   형 기능이 있는
❺ ★ ☐ **qualified** [kwáləfàid]   형 자격이 있는
▶ **qualified** candidate는 「자격이 있는 응모자」의 뜻이며, qualification은 「사격」의 뜻이다.
❿ ★ ☐ **preferred** [prifə́ːrd]   형 바람직한 ; 더 나은
▶ 경험 · 기능 등이 「더 나은」과 같은 뜻으로 사용된다.
☐ **desired** [dizáiərd]   형 바람직한 ▶ preferred와 같은 뜻이다.
★ ☐ **required** [rikwáiərd]   형 필수의 ; 전제 조건의 ▶ requirements (요건)
❼ ★ ☐ **experience** [ikspíəriəns]   명 경험 ; 경력
▶ experienced (경험이 있는 ; 경험이 풍부한)
☐ **specialize in**   ~을 전문으로 하다
★ ☐ **proficient** [prəfíʃənt]   형 숙달된 ; 능숙한
▶ 목적어가 오는 경우에는 전치사 in을 사용한다.
☐ **flair** [flɛər]   명 재능 ; 소질 ; 능력
★ ☐ **expertise** [èkspərtíːz]   명 전문 지식 ▶ 발음 주의
☐ **aptitude** [ǽptətùːd]   명 적성 ; 소질
★ ☐ **competent** [kámpətənt]   형 능력이 있는 ; 적성이 있는 ▶ competence (능력 ; 적성)
☐ **motivated** [móutəvèitid]   형 동기가 부여된
☐ **dedicated** [dédikèitid]   형 헌신적인
☐ **outstanding** [àutstǽndiŋ]   형 걸출한 ; 발군의 ; 현저한
❻ ★ ☐ **degree** [digríː]   명 학위
☐ **MBA (Master of Business Administration)**   경영학 석사

채용 조건

❽ ★ ☐ **starting salary**   초봉
☐ **base salary**   기본급

★ ☐ **commission** [kəmíʃən] 몡 수수료
★ ☐ **terms** [təːrmz] 몡 조건
★ ☐ **competitive** [kəmpétətiv] 톙 경쟁력이 있는
  ▶ **competitive** salary에서 「타사에 지지 않는 (고액의) 급여」

채용 프로세스

❾ ★ ☐ **résumé** [rézumèi] 몡 이력서
☐ **curriculum vitae (CV)** 이력서
★ ☐ **track record** 실적 ; 경력
★ ☐ **e-mail attachment** 이메일 첨부 서류
☐ **cover letter** 커버레터 ; 자기소개서
⓫ ★ ☐ **interview** [íntərvjùː] 몡 면접
  ▶ interviewer는 「면접관」, interviewee는 「면접 받는 사람」

직위 업무

★ ☐ **report to** ~에 직속이다 (~의 밑에서 근무하다) ; ~에 보고할 의무가 있다
  ▶ **report to** Ms. Jobs (Jobs 씨 밑에서 근무하다)
★ ☐ **in charge of** ~을 담당하여
★ ☐ **duty** [djúːti] 몡 업무 ; 일
★ ☐ **responsibility** [rispànsəbíləti] 몡 업무 ; 책임
☐ **implement** [ímpləmènt] 됭 (업무 등을) 실행하다 ; 이행하다
☐ **coordinator** [kouɔ́ːrdənèitər] 몡 조정자

신입 사원

★ ☐ **recruit** [rikrúːt] 몡 신입 사원 됭 인재를 모집하다
  ▶ 비즈니스에서는 명사로서 잘 사용한다.
☐ **probation** [proubéiʃən] 몡 견습 기간
  ▶ **probation** period라고도 말한다.
☐ **trainee** [treiníː] 몡 견습생 ; 연수자
☐ **hands-on training** 실지 연수
  ▶ 기계나 컴퓨터 등을 실제로 만지면서 받는 연수를 의미한다.
☐ **mandatory** [mǽndətɔ̀ːri] 톙 의무의 ; 위임된

10. 급여 · 수당 (Compensation and Benefits)

▶ 부가급부와 인센티브에 대해서 특히 주의합시다. 급여 · 보수에도 여러 가지 명칭이 있습니다.

Are you being treated fairly by your employers? Did you know that by state law, all employees **❶are entitled to** at least a **❷minimum wage**, **❸overtime compensation** and a **❹pension** plan? Corporations and large companies must provide **❺health insurance benefits** and **❻maternity leave** for their employees. If you feel that you are being treated unfairly by your employer, please contact the state employment department to find out your rights. Remember, the laws are there to protect you.

당신은 고용주에게 정당하게 평가받고 있습니까? 주법에 의해 모든 종업원이 적어도 최저 임금, 초과 근무 수당, 연금 제도 가입의 권리가 있음을 알고 있었습니까? 주식회사와 대기업은 종업원에 대하여 건강보험급부와 육아 휴가를 제공해야만 합니다. 만약 당신이 고용주로부터 부당한 대접을 받고 있다고 생각되면 주 고용국에 연락하면 당신의 권리를 확인해줍니다. 당신을 지키는 법률이 있음을 기억해 주기 바랍니다.

사원의 권리

❶ ★ ☐ be entitled to　　~하는 권리가 있다
▶ to 이하는 명사상당어구 · 동사 어느 것이라도 좋다. 사원의 권리를 나타내는 표현으로 많이 사용된다.

☐ be eligible to/ for　　~하는 권리가 있다
▶ 동사의 경우는 to, 명사상당어구의 경우는 for를 사용한다.

급여

❷ ★ ☐ minimum wage　　최저 임금
❸ ★ ☐ overtime compensation　　초과 근무 수당

★ □ **paycheck** [péitʃèk] 명 급여 ▶ monthly **paycheck** (월급)

★ □ **payroll** [péiròul] 명 급여 ; 급여 지불 총액 ; 급여 지불 명부

★ □ **remuneration** [rimjù:nəréiʃən] 명 급여 ; 보수
▶ 1회로 한정한 일의 「보수」의 의미로 사용한다.

□ **performance-related pay** 업적금

□ **hourly payroll / hourly wage** 시간급

□ **time and a half** 1.5배의 할증 임금
▶ 초과 근무 수당이 보통의 1.5배가 되는 경우를 가리킨다.

★ □ **retirement allowance** 퇴직 수당

□ **severance payment** 해고 수당 ; 이직 수당

★ □ **raise** [reiz] 명 승급 동 승급시키다

인센티브

□ **perk** [pəːrk] **(perquisite)** 명 임시 수당 ; 임시 수입 ; 특전

★ □ **incentive** [inséntiv] 명 장려금 ; 보상금 ; 격려가 되는 것

★ □ **award** [əwɔ́ːrd] 명 보상금

★ □ **stock options** 스톡 옵션 ; 자사주 매입권
▶ 사원들이 일정 기간 내에 일정 가격으로 자사주를 구입하는 권리. 업적이 향상되어 주가가 상승되는 단계에 그 권리를 행사하면 그 차액이 수입으로 된다.

부가급부 · 수당

❹ ★ □ **pension** [pénʃən] 명 연금

❺ ★ □ **health insurance benefits** 건강 보험 급부

★ □ **fringe benefits** 복리 후생 급부 ; 부가 급부

★ □ **benefit package** 복리 후생
▶ 급료나 여러 수당을 합한 전체를 가리킨다.

★ □ **welfare** [wélfɛ̀ər] 명 복리 후생

★ □ **allowance** [əláuəns] 명 수당

□ **subsidized canteen** 점심 보조

❻ ★ □ **maternity leave** 육아 휴가 ; 산휴

□ **maternity pay** 육아 수당 ; 육아 휴가 중의 급여

★ □ **paid holiday / paid leave** 유급 휴가

11. 생산 (Production)

▶ 생산에 대해서는 잘 알고 있는 단어도 많을 것입니다. vendor, procure, subcontract 등 의외로 모르는 중요 표현에 주의합시다.

The ❶**R&D** department will hold a meeting to introduce the ❷**prototype** of our new food processing machine. We have already secured a ❸**patent** on this ❹**state-of-the-art** kitchen ❺**gadget** and will begin ❻**manufacturing** it as early as next month. All employees must attend this meeting to learn about this ❼**breakthrough** ❽**innovation** in kitchen ❾**products**. After the meeting, we will have a presentation for ❿**vendors**. The meeting will take place on Friday at 3:00 p.m. in the banquet room.

연구 개발부가 새로운 식품 가공기의 시험 작품을 소개하기 위해 회의를 열 예정입니다. 우리들은 이미 이 최첨단 주방 용품의 특허를 취득해 놓고 있으며 다음 달에 그 제조를 개시할 예정입니다. 사원은 전원 이 회의에 참가하여 주방 제품에서의 이 기술 혁신의 도입을 알아두기 바랍니다. 회의 후 영업 사원을 위한 설명회를 갖습니다. 회의는 금요일 오후 3시에 연회실에서 개최합니다.

연구 개발

❶ ★ ☐ **R&D (research and development)** 연구 개발
　▶ research (연구)와 development (개발)을 조합하여 한 단어로 사용한다.

❼ ☐ **breakthrough** [bréikθrù:] 명 기술 혁신 ; 비약적인 진보

❽ ★ ☐ **innovation** [ìnəvéiʃən] 명 이노베이션 ; 혁신

　★ ☐ **laboratory** [læbərətɔ́:ri] 명 연구실 ; 실험실

시작품(試作品)

❷ ★ □ **prototype** [próutoutàip]　명 시작품 ; 모델 ; 기본형
　★ □ **specifications** [spèsəfikéiʃən]　명 설계서 ; 발명 명세서
　　▶ 복수형으로 쓴다. specs로 축약하여 쓰기도 한다.
　　□ **benchmark** [béntʃmàːrk]　명 벤치마크 ; 기준

특허 · 지적 소유권

❸ ★ □ **patent** [pǽtənt]　명 특허
　★ □ **intellectual property rights**　지적 소유권
　　▶ IPR로 약어로 사용한다.
　★ □ **royalty** [rɔ́iəlti]　명 로열티 ; 특허권 사용료 ; 저작권 사용료
　　▶ loyalty (충성심)과 구별해서 외어둔다.
　　□ **infringe** [infríndʒ]　동 (특허권 등을) 침해하다

첨단 기술

❹ ★ □ **state-of-the-art**　형 최첨단의 ; 최신예의
　　□ **cutting-edge**　형 최첨단의 ; 최신예의
　　▶ state-of-the-art는 기술이나 제품을 수식하는 것이 보통이나, cutting-edge는 음악이나 패션을 수식
　　　할 수도 있다.
　　□ **sophisticated** [səfístəkèitid]　형 세련된 ; 최신식의 ; 정교한
　　□ **ubiquitous** [juːbíkwətəs]　형 유비쿼터스 ; 도처에 사용하는
　　▶ 「편재하다」가 원 뜻. **ubiquitous** computing과 같이 사용한다.
❺ ★ □ **gadget** [gǽdʒit]　명 편리한 기계 장치 ; 참신한 도구
　　▶ PDA (휴대정보단말기)나 다기능의 휴대전화 등을 가리켜 사용한다.

> ### 제조

❻ ★ ☐ manufacturing [mæn jə fǽkt ʃəriŋ] 몡 생산 ; 제조
▶ **manufacture** (제조하다) **manufacturer** (제조업자 ; 메이커)

❾ ★ ☐ product [prádʌkt] 몡 제품 ; 생산물 ▶ **production** (생산)

★ ☐ output [áutpùt] 몡 생산(고) ; 생산물

★ ☐ unit [júːnit] 몡 단위 ; 장치

★ ☐ plant [plænt] 몡 프랜트 ; 공장 ▶ 리스닝할 때 「(관엽) 식물」과 구별해서 들어야 한다.

★ ☐ operation [àpəréiʃən] 몡 조업 ; 가동 ; 운전

☐ rotation [routéiʃən] / **shift** [ʃift] 몡 교대(제)

★ ☐ capacity [kəpǽsəti] 몡 가동 능력 ; 수용 능력

☐ spare [spɛər] 몡 예비 부품 ; 예비의 것 혱 예비의 동 사용하기 위하여 떼어놓다

☐ shortage [ʃɔ́ːrtidʒ] 몡 부족

★ ☐ assembly line 조립 라인
▶ **assembly**는 「조립」의 의미이며, 동사는 **assemble** 「조립하다」이다.

☐ lean production 린 생산
▶ 군살을 뺀 효율적인 생산 방식을 말한다. 원래 일본의 자동차 공장의 생산 방식을 말한다.

★ ☐ defective [difǽktiv] 몡 불량품 ; 결함

☐ lemon [lémən] 몡 불량품

★ ☐ phase [feiz] 몡 공사 기간 ; (제조 등의) 단계

★ ☐ facility [fəsíləti] 몡 설비

★ ☐ equipment [ikwípmənt] 몡 기기(機器)

★ ☐ inspection [inspékʃən] 몡 검사 ; 검품 ; 시찰

☐ in progress 진행 중인 ; 시공품으로

☐ turnover [tə́ːrnðuvər] 몡 (생산 설비의) 회전율 ; 생산고

☐ duplicate [djúːpləkeit] 동 복제하다 혱 [djúːplikət] 복제의
▶ a **duplicate** key (복제 키)

☐ mold [mould] 몡 주형 ; 금형

자재 조달

⑩ ★ ☐ **vendor** [véndər] 몡 벤더 ; 서프라이어
  ▶「파는 사람 ; 판매업자」의 의미지만 제조 회사 등에 부품을 판매하는 것 같은 의미로 서프라이어와 같은
  의미로 사용된다.

★ ☐ **supplier** [səpláiər] 몡 서프라이어 ; 부품 납입 업자

★ ☐ **procure** [proukjúər] 동 조달하다 ▶ procurement (조달)

★ ☐ **subcontract** [sʌbkántrækt] 몡 하청   동 [sʌ̀bkəntrǽkt] 하청 계약하다
  ▶ subcontractor (하청업자)

☐ **outsource** [àutsɔ́:rs] 동 외부에 위탁하다 ; 외주 제작하다

☐ **in-house** 내제화하다 ; 사내의

★ ☐ **component** [kəmpóunənt] 몡 부품 ▶ part도 부품의 뜻으로 사용한다.

★ ☐ **raw materials** 원자재 ; 원재료

생산 방식

☐ **module** [mádʒu:l] 몡 모듈 ; 복합 부품
  ▶ 여러 가지 부품을 조립한 반(半)제품적인 부품.

☐ **just-in-time** 몡 형 저스트 인 타임 방식(의)
  ▶ 재고를 억제하기 위하여 생산 개시 시간에 맞게 부품을 납입하는 효율적인 생산 방식.

☐ **BTO (build to order)** 빌드 투 오더
  ▶ 구입자가 희망하는 품목과 구성으로 판매업자가 조립하여 납품하는 방식이며, 패션 제품 등을 주문 받
  을 때 사용한다.

12. 마케팅 (Marketing)

▶ 마케팅과 광고 특유의 표현들에 주의합시다. luxury, affordable 등은 주의가 필요한 표현입니다.

Macro-targeting in marketing usually refers to utilizing familiar communications in the media such as: Internet ❶**banner advertising**, ❷**pop-up ads**, ❸**billboards**, etc. This method helps companies to establish ❹**high-profile** ❺**recognition** in the market. According to consumer ❻**surveys** conducted in various ❼**sectors**, macro-targeting had the most influence on them when selecting goods. When establishing ❽**brand** recognition, macro-targeting is the best way to generate ❾**awareness**.

마케팅에서의 매크로 타기팅이란 인터넷의 배너 광고, 팝업 광고, 광고 간판 등 매체에서 잘 알려진 매스컴을 이용함을 말한다. 이 방법은 기업이 시장에서 높은 인지도를 확립하는 데 도움이 된다. 여러 종류의 업계에서 실시되는 소비자 조사에 의하면 매크로 타기팅은 제품을 고를 때 소비자에게 가장 많은 영향을 주었다. 브랜드 인지를 시키고자 할 때, 매크로 타기팅은 주목을 끄는 데 가장 좋은 방법이다.

광고 매체

❶ ★ ☐ **banner advertising** 배너 광고
> ▶ 인터넷상에서 클릭하는 회수로 효과를 측정하는 광고.

❷ ★ ☐ **pop-up ads** 팝업 광고
> ▶ 인터넷의 메인 페이지를 표시할 때 별개의 화면으로 표시되는 창을 이용한 광고.

❸ ☐ **billboard** [bílbɔ̀ːrd] 몡 빌보드 ; 광고 간판

☐ **print** [print] 몡 인쇄 매체

★ ☐ **spams** [spæmz] 몡 스팸 메일
> ▶ 무차별적으로 보내는 광고 메일을 말한다.

☐ **front page**　(잡지나 서적의) 표지 ; 표 1
☐ **spine** [spain]　명 (책의) 등표지
☐ **tag line**　슬로건 ; 캐치프레이즈 ; 끝맺음 말

❹ ★ ☐ **high-profile**　형 사람의 눈을 끄는 ; 지명도가 높은
　　▶ 「지명도가 낮은」은 low-profile이다.
❺ ★ ☐ **recognition** [rèkəgníʃən]　명 인지(도)
❾ ★ ☐ **awareness** [əwɛ́ərnis]　명 (고객 등의) 인식 ; 인지
　★ ☐ **attractive** [ətrǽktiv]　형 매력적인
　　☐ **sex up**　더욱 매력적으로 하다
　★ ☐ **display** [displéi]　명 전시 ; 표시　동 전시하다 ; 표시하다
　★ ☐ **exhibition** [èksəbíʃən] / **exhibit** [igzíbit]　명 전시회 ; 전람회
　　▶ exhibit는 동사로도 사용한다.
　　☐ **trade show**　상품 견본 전시회 ; (영화) 시사회
　★ ☐ **session** [séʃən]　명 세션 ; 설명회 ; 회합

❻ ★ ☐ **survey** [sə́ːrvei]　명 조사 ; 의식 조사　동 [sərvéi]　조사하다
　★ ☐ **questionnaire** [kwèstʃənɛ́ər]　명 앙케이트 ; 설문 조사
　★ ☐ **respondent** [rispándənt]　명 회답자
　　☐ **consumer panel**　소비자 패널 (위원회)
　　☐ **focus group**　포커스 그룹
　　▶ 상품 판매 대상의 소비자로 구성된 소수자의 그룹을 말한다. 이 그룹에 직접 인터뷰를 하는 등 필요 사항을 세세히 조사한다.

시장 분야

❼ ★ ☐ **sector** [séktər] 명 산업 부문 ; 업계

★ ☐ **segment** [ségmənt] 명 시장 구분
▶ 「부분 ; 선형」이 원 뜻인데 마케팅에서는 필요에 의해 세분화된 소비자 그룹을 말한다. segmentation (시장 세분화)

☐ **differentiation** [dìfərenʃiéiʃən] 명 차별화

☐ **upstream** [ʌ́pstríːm] / **downstream** [dáunstríːm] 명 형 상류(의) / 하류(의)
▶ upstream은 소재 산업 등을, downstream은 (산업의) 소비재 제조업자 등을 가리킨다.

★ ☐ **customer** [kʌ́stəmər] 명 고객

☐ **CS (customer satisfaction)** 고객 만족도

★ ☐ **consumer** [kənsúːmər] 명 소비자

★ ☐ **client** [kláiənt] 명 고객 ; 클라이언트
▶ 광고의 세계에서는 「광고주」의 뜻으로 많이 사용된다.

★ ☐ **niche** [nitʃ] 명 니취 시장 ; 시장의 틈새 ; 틈새 시장

☐ **cannibalize** [kǽnəbəlàiz] 동 경합하다 ; 공식(共食)하다
▶ 동일 회사의 신제품이 기존 제품의 시장을 탈환하는 경우 등에 사용한다.

☐ **market share** 시장 점유율 ; 마켓 셰어

마케팅 전략

❽ ★ ☐ **brand** [brænd] 명 브랜드 ; 상표 ▶ branding(브랜드 설정)

☐ **corporate image** 기업 이미지

★ ☐ **public relations (PR)** 홍보 활동

☐ **press release** 보도 발표

★ ☐ **advertising** [ǽdvərtàiziŋ] 명 광고 ▶ advertise (광고하다)

★ ☐ **promotion** [prəmóuʃən] 명 판매 촉진

☐ **tailor** [téilər] 동 (필요에 맞게) 조달하다

★ ☐ **target** [táːrgit] 동 표적하다 명 표적

☐ **generic** [dʒənérik] 형 상표 등록이 되어 있지 않은

☐ **maturity** [mətʃúərəti] 명 (시장 등의) 성숙

☐ **saturation** [sæ̀tʃəréiʃən] 명 포화 (상태)

☐ **life cycle** 라이프 사이클 ; 제품 수명

★ ☐ **competitor** [kəmpétətər] 명 경쟁 상대 (제품) ; 경쟁 회사

상품 속성

★ ☐ **merchandise** [mə́:rtʃəndàiz]　명 (집합적으로) 상품　동 선전하다

☐ **high-end / low-end**　형 고가격대의 / 저가격대의
▶ top-end (최고급의), bottom-end (최저급의)와 같이 말할 때도 있다.

☐ **middle-range**　형 평균 가격대의

★ ☐ **luxurious** [lʌgʒúəriəs]　형 고급의 ; 호화로운

★ ☐ **luxury** [lʌ́kʃəri]　형 고급의 ; 호화로운　명 고급품
▶ 명사로도 사용하나, 형용사로 더 많이 사용된다. a **luxury** sedan (고급 자동차)

★ ☐ **affordable** [əfɔ́:rdəbəl]　형 부담없는 가격의

☐ **authentic** [ɔ:θéntik]　형 진짜의 ; 믿을 만한

☐ **limited-time offer**　기간 한정 (봉사)

TIPS	**03** 미지어(未知語)의 대처법

읽기 분야에서는 모르는 단어를 반드시 만날 것입니다. 그럴 때는 서두르지 말고 대처하는 것이 중요합니다. 설문에 관련되지 않은 지엽적인 표현이면 몰라도 그다지 문제되지 않은 경우가 있습니다. 키워드의 경우라면 앞·뒤의 문맥에서 유추해 봅시다. 그 미지어의 뉘앙스가 부정인지 긍정인지 또한 어떤 장면에서 사용되는 단어인지 추측하는 것만으로 대처할 수 있을 때도 있습니다.

13. 판매 (Sales)

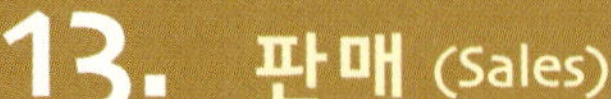

▶ 가격 인하에도 여러 가지 표현이 있습니다. 지불에 관한 표현으로는 installment (할부) 등의 주의해야 할 표현들이 있지요.

Attention ❶**bargain hunters:** Bowman department store is having its year-end ❷**clearance sale!** The entire stock of our store has been ❸**discounted**. All of the quality items in our store are ❹**marked down** 30 percent, and you can enjoy more savings with our ❺**rebate** items and ❻**coupon** books. This sale ends on the 31st at 6:00 p.m., so hurry down, because these ❼**fast-moving** items will not be ❽**on the shelves** for long.

특매품을 찾아다니는 사람은 주목하세요. Bowman 백화점이 연말의 재고 정리 세일을 하고 있습니다! 우리 가게의 전 재고가 가격을 인하합니다. 우리 가게의 모든 고가 상품은 모두 30퍼센트 할인되며, 환불 상품과 할인권으로 더 절약할 수 있습니다. 이 세일은 31일 오후 6시까지이므로 서두르시기 바랍니다. 잘 팔리는 이러한 상품들은 오래 진열되지 않을 것이기 때문입니다.

쇼핑

❶ ★ ☐ **bargain hunter** 특매품을 찾는 사람
❷ ★ ☐ **clearance sale** 재고 정리 세일
❸ ★ ☐ **discount** [dískaunt] ⑧ 할인하다 ⑲ 할인
❹ ☐ **mark down** 가격을 인하하다
　　▶ mark up (가격을 올리다)
❺ ☐ **rebate** [rí:beit] ⑲ 환불 ⑧ 환불하다 ; 할인하다
❻ ☐ **coupon** [kú:pɑn] ⑲ 할인권
☐ **undercut** [ʌ̀ndərkʌ́t] ⑧ 가격을 인하하다 ⑲ 가격 인하
☐ **haggle** [hǽgəl] ⑧ 가격을 깎다 ⑲ 가격 교섭 ; 에누리
☐ **tag price** 정찰가격 ; 정가
☐ **list price** 표시 가격 ; 카탈로그의 가격 ; 정가

★ ☐ **checkout** [tʃékàut] 명 계산
☐ **loyalty card** 포인트 카드 ; 회원 카드
  ▶ 자동 인출과 포인트 특전이 붙는 점포(체인점)의 전용 신용카드.
★ ☐ **installment payment** 할부 (지급)
★ ☐ **due** [dju:] 형 지불 기한이 된
★ ☐ **expiration date** (신용카드 등의) 유효 기한
★ ☐ **acceptable** [ækséptəbəl] 형 (신용카드 등을) 사용할 수 있는 ; 받는
☐ **voucher** [váutʃər] 명 할인권 ; 상품 인환권
☐ **surcharge** [sə́:rtʃà:rdʒ] 명 추가 요금
☐ **subtract** [səbtrǽkt] 동 공제하다

❼ ☐ **fast-moving** 형 잘 팔리는
❽ ★ ☐ **on the shelves** 진열된 ; 창고에 있는
★ ☐ **out of stock** 재고가 떨어진
★ ☐ **brand-new** 형 신품의
☐ **leading-edge** 형 최첨단의 ; 최신의
☐ **hip** [hip] 형 (의류 등이) 유행의 ; 세련된

★ ☐ **cold calls** 전화 판매 ; 방문 판매
  ▶ 전화나 방문 양쪽의 의미로 사용하는 점에 주의한다.
★ ☐ **presentation and closing** 프리젠테이션과 계약 합의
  ▶ closing은 판매 계약 등의 최종 합의를 의미한다.
☐ **telemarketing** [téləmà:rkitiŋ] 명 전화 판매
☐ **telephone solicitor** 전화 판매업자
★ ☐ **retail** [rí:teil] 명 소매 ▶ 금융업계에서는 「개인 고객 대상 사업」을 나타낸다.
★ ☐ **wholesale** [hóulsèil] 명 도매 ▶ 금융업계에서는 「법인 고객 대상 사업」을 나타낸다.

- ☐ **reseller** [risélər] 명 재판매업자
- ★ ☐ **outlet** [áutlet] 명 직판점 ; 소매점
- ☐ **thrift shop / junk shop** 중고품점
- ☐ **category killer** 카테고리 킬러
  - ▶ 특정 분야의 압도적인 품목을 낮은 가격으로 판매하는 소매점을 말하며 다른 점포의 그 분야를 소멸시키는 것에서 나온 말.
- ☐ **sales territory** 판매 구역
  - ▶ an exclusive **sales territory** (독점 판매 구역)
- ★ ☐ **sales representative** 판매원 ; 판매 대리인(점)
- ☐ **mail order** 통신 판매
- ☐ **end user** 최종 소비자
- ☐ **clientele** [klàiəntél] 명 고객 ; 단골
  - ▶ customer보다 공식적인 용어이다.
- ☐ **toll-free dial** 무료 전화 서비스
- ★ ☐ **launch** [lɔːntʃ] 동 (제품을) 발매하다
  - ▶ introduce ([시장에] 투입하다), release ([제품을] 판매하다 ; 발표하다)로 많이 사용된다.

상품

- ☐ **white goods** 백색 가전
  - ▶ 냉장고 · 세탁기 등을 가리킨다.
- ☐ **brown goods** 갈색 가전
  - ▶ TV · 오디오 비쥬얼 장비 · 패션 등을 가리킨다.
- ★ ☐ **durables** [djúərəbəlz] 명 내구 소비재
- ☐ **freebie** [fríːbiː] 명 무료 샘플 ; 시공품
- ☐ **cash cow** 수입 주종 상품 ; 흑자를 이루는 사업

14. 물류 · 운송 (Logistics and Transportation)

▶ 평소 이용하고 있는 택배업자의 업무 등을 생각하면서 암기하면 좋을 것입니다. 「대금 상환」과 「발송 수수료」는 무엇이라고 말할까요?

Now, more and more customers are utilizing online ❶**logistic** services. This level of technology allows for more efficiency in ❷**transportation**, and therefore cuts down ❸**shipping and handling costs**. For example, customers can book ❹**shipments** for return routes, which originally had been empty once the ❺**freight** was ❻**delivered**. ❼**Tracking numbers** for the shipments can be monitored online as well. Because of the convenience and time and money savings involved, logistic services companies are hoping that web-based services will soon replace the practice of filling out forms and using the phone.

오늘날, 점점 많은 고객이 온라인의 물류 서비스를 이용하게 되었다. 이 기술 수준은 운송에 보다 더 큰 효율성을 초래했고, 그것으로 운송 수수료를 삭감할 수 있게 되었다. 예를 들면 고객은 일단 화물이 배송되면 화물칸을 비운 채로 돌아오는 길에도 발송을 예약할 수 있다. 발송을 위한 추적 번호로도 온라인으로 체크할 수 있다. 그 편리성 외에 소요되는 시간과 경비를 절약할 수 있기 때문에 물류 서비스 기업은 인터넷 서비스가 머지않아 서식에 기입하거나 전화를 거는 관행을 대체할 것으로 기대하고 있다.

물류

❶ ★ ☐ **logistic** [loudʒístik] 형 물류의
▶ logistics (물류 ; 로지스틱스). 군사 용어로 사용되면 「병참 ; 후방 지원」의 의미이다.

재고 관리

★ ☐ **inventory** [ínvəntɔ̀ːri] / **stock** [stɑk] (명) 재고
  ▶ stockpile이라고도 한다.

☐ **lead time** 리드 타임
  ▶ 발주에서 배송까지의 기간을 나타낸다.

☐ **depot** [díːpou] (명) 창고 ; 보급소 ; 버스 차고

★ ☐ **warehouse** [wɛ́ərhàus] (명) 창고
  ▶ storehouse라고도 말한다.

운송

❷ ★ ☐ **transportation** [træ̀nspərtéiʃən] (명) 수송

❹ ★ ☐ **shipment** [ʃípmənt] (명) 발송 ; 출하 ; 선적 ; 발송품
  ▶ 발송이라는 행위와 발송되는 상품의 양쪽 모두를 가리킨다.

❻ ★ ☐ **deliver** [dilívər] (동) 배달하다 ; 납품하다 ▶ delivery (배달 ; 납품)

★ ☐ **distribution** [dìstrəbjúːʃən] (명) 유통 ; 판매

☐ **trucking** [trʌ́kiŋ] (명) 트럭 수송

☐ **surface** [sə́ːrfis] (형) 육상의
  ▶ surface transport는 「육상 수송」을 의미하며 「항공의」는 air를 사용한다.

★ ☐ **overnight** [óuvərnàit] (부) 하룻밤 사이에 (형) 하룻밤 사이의

하물 ; 화물

❺ ★ ☐ **freight** [freit] (명) 화물 ; 수상(水上) 운송 ; 공중 수송

★ ☐ **package** [pǽkidʒ] (명) 소포

❼ ☐ **tracking number** 추적 번호
  ▶ 화물에 지정된 고유의 인식 번호를 말한다.

★ ☐ **cargo** [káːrgou] (명) 화물 ; 카고

☐ **payload** [péilòud] (명) 최대 적재량 ; 유효 탑재량

☐ **loading** [lóudiŋ] (명) 짐싣기 ; 하역 ; 적재

운임

❸ ★ ☐ **shipping and handling costs**   발송 수수료
  ▶ shipping은 「발송」, handling은 「취급」을 의미한다.
   ☐ **cost and freight (c & f)**   운임 포함 가격
   ☐ **carriage paid / forward**   운임 선불 조건(으로)
★ ☐ **cash on delivery (COD)**   대금 상환 인도 ; 상품 인도 결제 방식

운송업자

★ ☐ **courier** [kə́:riər]   명 택배업자
   ☐ **forwarder** [fɔ́:rwərdər]   명 운송업자

운송 수단

★ ☐ **vessel** [vésəl]   명 선박 ; 항공기
   ☐ **aviation** [èiviéiʃən]   명 항공기
   ☐ **code sharing**   공동 운항
  ▶ 두 개 이상의 항공 회사 간에 맺은 운행 제휴를 가리킨다. 또한 code는 항공기의 편명(便名)을 말한다.
   ☐ **hub** [hʌb]   명 허브 ; (항로 등의) 거점
   ☐ **gateway** [géitwèi]   명 게이트웨이 ; 관문 ; 현관
  ▶ 현관의 역할을 하는 공항 등을 의미한다.

TIPS   **04**   비즈니스 어휘는 이미지로 외우자

업무와 관련된 어휘는 실제로 자신이 일하고 있다고 가정하여 암기하면 잘 습득할 수 있습니다. 「경영」이면 자신이 사장이 된 상황을 머리에 그리고, 업무의 스토리 속에서 관련시켜서 암기하는 것입니다. 전략을 짜서 임원 회의에 출석하여 업적 지표들을 확인하며 매수(買收)의 의논을 한다는 식으로 합니다. 구체적인 장면을 상상할 수 있으면 그만큼 선명하게 기억에 남습니다.

15. 교섭 · 거래 (Negotiations and Deals)

▶ 교섭 프로세스에 대해서는 많이 사용되는 동사를 중심으로 계약에 관련된 기본 표현을 소개합니다. 「22. 계약」도 함께 참고 바랍니다.

The Besten Company and online ad agency MarkUp have ❶**come to terms** on an interactive ad contract. The two groups finally ❷**confirmed** that they have reached a ❸**compromise** after spending months negotiating issues such as ad size and amount of interactivity. While they have officially ❹**closed the deal**, there are still some unresolved issues on the table, such as the charges incurred for the number of hits a banner ad receives. ❺**Quotations** have been hard to make in this business, as there are no set ❻**terms and conditions** on web-based ads yet.

Besten 회사와 온라인 광고 대행사인 MarkUp이 쌍방향 광고 계약으로 합의를 보게 되었다. 두 회사는 쌍방향 광고의 크기와 용량 등의 문제를 수개월 동안 교섭한 후 타결에 이르게 된 것을 최종적으로 확인했다. 두 회사가 공식적으로 거래하기로 했다지만 배너 광고가 받는 히트 수의 요금 등 아직 해결하지 못한 문제가 몇 개 있다. 견적은 이와 같은 비즈니스에서는 만들어지기 어렵다. 왜냐하면 인터넷 광고에서는 아직 확립된 조건이 없기 때문이다.

교섭 프로세스

❷ ★ ☐ **confirm** [kənfə́ːrm] ⑧ 확인하다

❸ ★ ☐ **compromise** [kámprəmàiz] ⑧ 타협하다 ; 타결하다   ⑲ 타협

☐ **describe** [diskráib] ⑧ 상세히 설명하다

★ ☐ **outline** [áutlàin] ⑧ 개요를 설명하다

☐ **suggest** [sədʒést] ⑧ 제안하다 ; 시사하다

☐ **propose** [prəpóuz] ⑧ 제안하다 ; 계획하다

★ ☐ **concede** [kənsíːd] ⑧ 양보하다

★ ☐ **negotiable** [nigóuʃiəbəl] / **firm** [fəːrm] ⑲ (가격이) 교섭 여지가 있는 / 확정된

견적 · 조건

❺ ★ ☐ **quotation** [kwoutéiʃən] 명 견적 ; 견적서
　　　▶ 「인용(구)」의 의미도 있다.

　★ ☐ **estimate** [éstəmèit] 명 견적 ; 견적서
　　　▶ 넓은 뜻으로는 「평가 ; 평가하다」의 뜻이다.

❻ ★ ☐ **terms and conditions** 조건
　　　▶ terms, conditions는 각각 단독으로 「조건」의 뜻이다.

　　☐ **itemize** [áitəmàiz] 동 항목별로 쓰다 ; (개별적으로) 명세를 밝히다

　　☐ **specify** [spésəfài] 동 명확히 설명하다 ; 조건을 붙이다

　　☐ **purchase order** 주문서

　★ ☐ **quantity** [kwántəti] 명 수량

　★ ☐ **unit** [júːnit] 명 단위 ▶ **unit** price (단가)

　★ ☐ **account** [əkáunt] 명 고객 ; 거래 ; 계산서 ; (은행의) 예금계좌

계약

❶ ★ ☐ **come to terms** 합의에 이르다 ; 교섭이 성립되다

❹ ★ ☐ **close the deal** 거래가 성립되다

　　☐ **done deal** 완료된 거래
　　　▶ 상거래 이외에도 이야기를 마친 경우 등에 "Done deal." (이것으로 끝난 일이야.) 등으로 사용된다.

　★ ☐ **tentative** [téntətiv] 형 임시의 ; 일시적인

　★ ☐ **signature** [sígnətʃər] 명 서명
　　　▶ 우리말로 「(유명인의) 사인」은 autograph이다.

　　☐ **notary public** 공증인

16. 고객 서비스 (Customer Services)

▶ 보증서를 예문으로, 제품의 아프터 서비스와 관련된 표현을 소개합니다. 자주 사용되는 표현들이 많으므로 잘 외워 둡시다.

❶Warranty

TellSun Inc. warrants its products to be free from **❷defects** and **❸flaws**, and **❹guarantees** that they are made of the highest quality design and craftsmanship. If a TellSun product is found to have **❺imperfections**, it may be **❻returned** for a full **❼refund** or **❽replacement**. TellSun will not be held **❾liable** for **❿damage** **⓫incurred** by the user or damage **⓬caused** by **⓭misuse** of its products. If defects are detected, the customer must make a **⓮claim** with the customer service center within 30 days of purchase.

보증서

TellSun 사는 자사 제품이 결함과 지장이 없으며, 최고 품질의 설계와 기술로 제조되어 있음을 보증합니다. 만약 TellSun 사의 제품에 결점이 발생했을 경우에는 반품해 주시면 전액 환불 아니면 제품 교환을 해 드리겠습니다. TellSun 사는 사용자가 일으킨 파손 또는 제품의 오용에 의한 파손에는 책임지지 않습니다. 결함이 발생된 경우에는 고객께서 구입하신 후 30일 이내에 고객서비스 센터에 청구 바랍니다.

보증

❶ ★ ☐ **warranty** [wɔ́:rənti] 명 보증 ; 보증서

❹ ★ ☐ **guarantee** [gæ̀rəntíː] 동 보증하다 명 보증

상품의 문제

❷ ★ ☐ **defect** [dífekt] 명 결함 ; 부족 ; 불비(不備)

❸ ★ ☐ **flaw** [flɔ:] 명 결함 ; 불비 ▶ flawed (결함이 있는)

⑤　☐ **imperfection** [ìmpərfékʃən]　명 결함 ; 불완전성
⑩　★　☐ **damage** [dǽmidʒ]　명 손해 ; 피해 ; 파손　동 손해를 입히다
　　☐ **inconvenience** [ìnkənví:njəns]　명 불편 ; 귀찮음
　　☐ **intact** [intǽkt]　형 손상되지 않은 ; 원래대로의
⑪　★　☐ **incur** [inkə́:r]　동 (피해 등을) 입다 ; 초래하다
⑫　★　☐ **cause** [kɔ:z]　동 일으키다 ; ～의 원인이 되다
⑬　★　☐ **misuse** [misjú:z]　명 오용 ; 악용

반품 · 교환

⑥　★　☐ **return** [ritə́:rn]　동 반품하다　명 반품
⑦　★　☐ **refund** [ri:fʌ́nd]　동 환불하다　명 환불
⑧　★　☐ **replacement** [ripléismənt]　명 교환
⑨　★　☐ **liable for**　～에 (법적인) 책임이 있다
　　☐ **compensate for**　～을 보상하다
　　▶ make up for와 같은 뜻으로 사용한다.
　　☐ **recall** [rikɔ́:l]　명 리콜 ; 결함있는 상품의 회수　동 (결함 상품을) 회수하다
　　☐ **withdraw** [wiðdrɔ́:]　동 회수하다 ; 철회하다

클레임

⑭　★　☐ **claim** [kleim]　명 클레임 ; 신청 ; 청구　동 클레임을 걸다 ; 청구하다
　　★　☐ **complaint** [kəmpléint]　명 불만 ; 고충
　　★　☐ **inquiry** [inkwáiəri]　명 조사 ; 탐구
　　☐ **dissatisfied** [dissǽtisfàid]　형 불만족한
　　☐ **purchaser** [pə́:rtʃəsər]　명 구매자
　　★　☐ **receipt** [risí:t]　명 영수증 ; 리시트

서비스 창구

　　☐ **call center**　고객 전화 창구
　　☐ **consumer department**　소비자 상담부
　　☐ **one-stop**　형 여러 가지 상품을 한 장소에서 살 수 있는
　　▶ one-stop shop, one-stop service 등으로 사용한다.

17. 회의 · 발표 (Meetings and Presentations)

▶ 발표와 회의의 진행에 관한 기본 표현들을 정리했습니다. 특히 동사 표현에 유의합시다.

May I have your attention, please? Mr. Klausen will ❶**hold a meeting** on Friday at 2:00 p.m. to give a ❷**presentation** on the latest ❸**proposal**. The meeting will be ❹**chaired** by Ms. Smith, and Ms. Jarvis will ❺**take the minutes**. All employees are required to attend, and we urge all to ❻**go over** the ❼**agenda** and actively participate in the presentation. ❽**Debate** and discussion are encouraged. Please mark the time on your calendars and plan to be there.

안내 말씀을 드립니다. 금요일 오후 2시에 Klausen 씨가 최신의 제안에 대하여 발표하는 회의를 개최하겠습니다. 회의는 Smith 씨가 사회를 보고, Jarvis 씨가 의사록을 기록합니다. 사원 전원이 출석해 주시고 전원이 의제를 미리 보고, 이 발표에 적극적으로 참가 바랍니다. 논의와 토론도 권장됩니다. 스케줄 표에 일정을 기입하여 참가 바랍니다.

회의의 시작

❶ ★ ☐ **hold a meeting** 회의를 열다

❹ ★ ☐ **chair** [tʃɛər] 동 의장의 역할을 하다 ; 사회를 보다

☐ **moderate** [mádərèit] 동 사회를 보다

★ ☐ **attend** [əténd] 동 출석하다

☐ **participant** [pɑːrtísəpənt] 명 참가자 ; 출석자

☐ **adjournment** [ədʒə́ːrnmənt] 명 (회의 등의) 연기
▶ adjourn (연기하다)

☐ **take the floor** 기립하다

프리젠테이션

❷ ★ ☐ **presentation** [prèzəntéiʃən]　몡 프리젠테이션 ; 발표
　★ ☐ **pie chart / bar chart / line chart**　원 / 막대 / 선 차트
　★ ☐ **figure** [fígjər]　몡 도표 ; 숫자
　★ ☐ **table** [téibəl]　몡 표
　　☐ **pointer** [pɔ́intər]　몡 (발표자 등이 가리키기 위한) 지휘봉
　★ ☐ **handout** [hǽndàut]　몡 배포 자료
　　　▶ hand out과 같이 동사구로 사용되면 「배포하다」의 의미이다.
　　☐ **visual** [víʒuəl]　몡 시각 자료　　혱 시각의
　　☐ **overhead transparency**　(오버헤드 프로젝트 용의) 투과 원고
　　　▶ transparency → [trænspéərənsi]
❸ ★ ☐ **proposal** [prəpóuzəl]　몡 제안
　　　▶ 「(결혼의) 프러포즈」의 의미도 있는 것에 주의한다.
　★ ☐ **performance** [pərfɔ́ːrməns]　몡 실적 ; 업적
　★ ☐ **forecast** [fɔ́ːrkæst]　몡 예측　　동 예측하다
　★ ☐ **advantage** [ədvǽntidʒ] / **disadvantage**　몡 유리한 점 / 불리한 점
　★ ☐ **objective** [əbdʒéktiv]　몡 (사업 등의) 목표
　　　▶ 수치 목표 등을 나타내어 사용되며, **objection** (반대)와 구별하여 생각한다.

회의의 진행

❺ ★ ☐ **take the minutes**　의사록을 기록하다
❼ ★ ☐ **agenda** [ədʒéndə]　몡 (회의의) 의제
　　　▶그 밖에 「계획표」나 「정책 일정」 등의 뜻으로 사용된다.
❽ ★ ☐ **debate** [dibéit]　몡 토론
❻　　☐ **go over**　죽 훑어보다
　　☐ **outline** [áutlàin]　동 요점을 말하다 ; 개요를 설명하다
　　☐ **rephrase** [riːfréiz]　동 고쳐 말하다 ; 바꿔 말하다
　　☐ **point out**　지적하다
　★ ☐ **refer to**　언급하다 ; 참조하다
　★ ☐ **summarize** [sʌ́məràiz]　동 요약하다
　　☐ **finalize** [fáinəlàiz]　동 정리하다 ; 종료시키다

- ☐ **conclude** [kənklúːd] 동 결론을 내다 ; 완료하다
- ☐ **review** [rivjúː] 동 재검토하다 ; 복습하다
- ☐ **reaction** [riːǽkʃən] 명 반응 ; 반작용
- ★ ☐ **objection** [əbdʒékʃən] 명 반대 (의견) ▶ 「찬성」은 approval이다.
- ★ ☐ **interrupt** [ìntərʌ́pt] 동 (상대의 말을) 가로채다
- ☐ **go back on the right track** (화제 등을) 바른 방향으로 되돌리다
  ▶ 잘못된 이야기를 수정할 경우에 사용한다.

논리

- ★ ☐ **exactly** [igzǽktli] 부 정확히 말하면
- ☐ **briefly** [bríːfli] 부 간단히 말하면
- ★ ☐ **eventually** [ivéntʃuəli] 부 / **as a result** 결론적으로
- ☐ **vice versa** [váisə vɔ́ːrsə] 역으로도 같음
  ▶ 라틴어. 이야기를 논리적으로 설명할 때 사용한다.

기타

- ☐ **whisper** [hwíspər] 명 귓속말 동 속삭이다
- ☐ **doodle** [dúːdl] 명 빈둥거림
- ☐ **yawn** [jɔːn] 명 하품 동 하품하다

TIPS	**O5** 이디엄 공략의 요령

TOEIC의 이디엄에서 특히 초점을 맞추어야 할 것은 동사구입니다. 동사구는 글의 겉에 드러난 뜻만으로는 상상하기 어려운 것이 많으므로 (pay off 「본전을 건지다」, go in for 「좋아하다」 등), 각각을 예문과 함께 외우는 것이 중요합니다. 그리고 국제 비즈니스에서 사용되는 것에는 한계가 있습니다. 점수 700을 목표로 하는 사람은 먼저 빈출의 동사구 100~150개 정도를 익혀두기만 해도 TOEIC의 해답을 찾는 데 매우 편하리라 생각됩니다.

18. 컴퓨터 (Computers)

▶ 컴퓨터에 대해서는 기본적인 것을 익혀두기만 해도 충분합니다. 외래어로 많이 알고 있기 때문에 간단하겠지요.

Due to a recent onslaught of viruses, the network engineers are asking all employees to **❶upgrade** their systems. Those that have **❷customized** or **❸partitioned** their hard disks are asked to **❹reinstall** and **❺reconfigure** their systems as well. The latest virus is particularly damaging as it **❻deletes** all your files and requires that you constantly **❼shut down** and **❽start up** your computer. There is no way to retrieve the files once they are deleted as they are not **❾saved** in the **❿trash bin**.

최근 바이러스 공격이 있었기 때문에 네트워크 기술자들은 전 사원에게 시스템의 업그레이드를 요구하고 있다. 하드디스크를 조작자의 주문에 의해 만들거나 분할을 필요로 하는 사람은 시스템을 재설치한 다음에 재설정하기를 요구받고 있다. 최신 바이러스는 모든 파일을 삭제하기 때문에 특히 피해가 크고, 지속적으로 컴퓨터의 전원을 껐다가 켜는 것이 필요하다. 파일은 한번 삭제되면 휴지통에는 저장되지 않기 때문에 복구할 방법이 없다.

본체의 설정

❶ ★ ☐ **upgrade** [ʌ̀pgréid] 동 업그레이드하다 ; 성능을 높이다

❷ ★ ☐ **customize** [kʌ́stəmàiz] 동 주문에 응하여 만들다

❸ ☐ **partition** [pɑːrtíʃən] 동 하드디스크를 분할하다

❹ ☐ **reinstall** [rìːinstɔ́ːl] 동 재설치하다
   ▶ install은 「컴퓨터에 소프트웨어를 설치하다」의 뜻.

❺ ☐ **reconfigure** [rìːkənfígjər] 동 재설정하다 ▶ configure (설정하다)

☐ **default** [difɔ́ːlt] 명 디폴트 ; (기능의) 초기 설정

기본 작동

❻ ★ ☐ **delete** [dilíːt] ⑧ 삭제하다

❾ ★ ☐ **save** [seiv] ⑧ 보존하다 ; 저장하다

❼ ★ ☐ **shut down** 전원을 끊다

❽ ★ ☐ **start up** 전원을 켜다

★ ☐ **reboot** [rìbúːt] ⑧ 재시동하다

★ ☐ **duplicate** [djúːpləkèit] ⑧ 복제하다

☐ **embed** [imbéd] ⑧ 끼워 넣다 ▶embedment (끼워 넣기)

☐ **archive** [áːrkaiv] ⑲ 아카이브 ; 기록 보관(소)
▶ 여러 개의 파일을 하나로 정리해 보관하는 곳이며, 동사로도 사용한다.

☐ **activate** [æktəvèit] ⑧ 활성화하다
▶ 화면에 글자를 입력할 수 있는 상태로 하는 것이다.

★ ☐ **retrieve** [ritríːv] ⑧ 검색하다 ; 복구하다

☐ **compress** [kəmprés] / **uncompress** ⑧ 압축하다 / 해제하다
▶ unzip도 「(압축을) 해제하다」의 뜻이다.

★ ☐ **burn** [bəːrn] ⑧ (CD 등에) 구워 넣다

☐ **optimize** [áptəmàiz] ⑧ 최적화하다

★ ☐ **initialize** [iníʃəlàiz] ⑧ 초기화하다

기본 기능

❿ ★ ☐ **trash bin** 휴지통

☐ **icon** [áikɑn] ⑲ 아이콘 ▶ 기능을 표시하는 그림으로된 기호이다.

☐ **wizard** [wízərd] ⑲ 위저드
▶ (그래프 작성 등에서) 복잡한 조작을 간소화 · 반자동화시킨 기능. 원래 「마법사」라는 뜻이다.

표 계산

★ ☐ **spreadsheet** [sprédʃit] ⑲ 표 계산 소프트 (기능)

☐ **column** [káləm] / **row** [rou] ⑲ (종의) 열 / (횡의) 행

☐ **sum up / totalize** [tóutəlàiz] ⑧ 합계하다

☐ **subtract** [səbtrækt] ⑧ 빼다

워드프로세스

- ☐ **justify** [dʒʌ́stəfài]　동 자간을 조절하다
- ☐ **indent** [indént]　동 인덴트하다 ; (문장 앞의) 글자를 안으로 들여 쓰다
- ☐ **space** [speis]　명 (문자와 문자 사이의) 공간
- ☐ **font** [fɑnt]　명 폰트 ; 서체
- ★ ☐ **capital** [kǽpitl]　명 (영문의) 대문자

주변기기

- ★ ☐ **peripheral** [pərífərəl]　명 주변기기 ▶프린터나 스캐너 등.
- ★ ☐ **storage** [stɔ́:ridʒ]　명 보존 ; 보관하는 곳
- ☐ **removable** [rimú:vəbəl]　형 (외부의 하드디스크 등을) 떼낼 수 있는

기타

- ☐ **be loaded with**　～을 탑재하다
- ☐ **ripping** [rípiŋ]　명 리핑
  ▶ 음악 CD 등에서 음성 데이터를 추출하여 컴퓨터에서 처리할 수 있는 파일로 변환하는 것.
- ☐ **plug-in** [plʌ́gìn]　명 플러그인
  ▶ 응용프로그램에 기능을 부가하는 확장 기능을 가진 것.
- ★ ☐ **suite** [swi:t]　명 슈트 ; 한 벌
  ▶ 일련의 기능을 한 묶음으로 한 소프트 등을 수식한다. **Home Office Suite** (홈 오피스 용 소프트) 등 제품명으로 흔히 사용된다.

19. 인터넷·통신 (Internet and Communications)

▶ 네트워크와 통신 용어도 무수히 많지만 너무 깊이 파헤쳐 외워도 TOEIC에서는 헛일이 됩니다. 먼저 ★표시한 것부터 체크해 나갑시다.

With the introduction of the high-❶**bandwidth** capabilities of ❷**broadband**, more and more ❸**dot-coms** are using ❹**streaming** media to lure customers. High-speed connections have made it possible for comsumers to see movies, order online and gencrally ❺**browse** the Internet at a faster pace. But as ❻**data transmission** becomes faster, security is compromised, and dot-coms must make their ❼**sites** more ❽**secure**. This is one of the biggest challenges of ❾**online** businesses in a fast-paced Internet world.

회선 용량이 큰 광대역 정보통신망이 도입됨으로써 점점 많은 닷컴기업은 고객을 매료시키기 위해 스트리밍 매체를 이용하게 되었다. 고속의 접속은 고객이 영화를 보거나 온라인으로 주문을 하거나 또한 흔히 빠른 속도로 인터넷을 검색하는 것을 가능하게 했다. 그러나 데이터 송신이 고속으로 됨에 따라 안정성이 희박해져서 닷컴기업은 사이트를 더 안전하게 만들어야 한다. 이것은 빠른 속도의 인터넷의 세계에서 온라인 사업의 최대 과제 중 하나이다.

브로드밴드

❶ ★ ☐ **bandwidth** [bǽndwìdθ] 명 회선 용량

❷ ★ ☐ **broadband** [brɔ́:dbæ̀nd] 명 브로드밴드 ; 광대역 (전송)
  ▶ 케이블 TV, 광통신 등 송신 용량이 큰 인터넷 접속 방식을 말한다.

❹ ☐ **streaming** [strí:miŋ] 명 스트리밍
  ▶ 움직이는 화면이나 음성 파일을 수신하여 리얼타임으로 재생되는 기능을 말한다.

❺ ★ ☐ **browse** [brauz]　⑧ 브라우즈하다 ; 검색하다

❼ ★ ☐ **site** [sait]　⑲ 사이트 ; 홈페이지

❾ ★ ☐ **online** [ánláin]　⑲⑭ 온라인의(으로) ; 인터넷의(으로) ; 네트워크 상의(에)
　　　▶ 인터넷을 가리키는 의미 외에 네트워크 형의 데이터베이스 시스템을 가리키는 경우도 있다.

☐ **bookmark** [búkmɑːrk]　⑲ 북마크 ; 즐겨찾기
　　　▶ 브라우저에 인터넷 사이트를 등록하는 것.

☐ **search engine**　검색 엔진
　　　▶ Google 등 네트워크 상의 정보 검색 기능을 말한다.

★ ☐ **hit** [hit]　⑧ 히트하다　⑲ 히트
　　　▶ 사이트의 페이지를 클릭하여 방문하는 것.

☐ **incoming** [ínkʌ̀miŋ] / **outgoing** [áutgòuiŋ]　⑲ 착신의 / 송신의
　　　▶ 인사(人事)에서도 the **incoming** / **outcoming** COO (신임의 / 퇴임의 COO)처럼 사용된다.

☐ **hook up**　(인터넷 등에) 접속하다

☐ **tap into**　접속하다 ; 진입하다

☐ **go on line / go off line**　접속하다 / 접속을 끊다

☐ **exit** [égzit]　⑧ (접속을) 종료하다

☐ **scroll through**　(화면을) 스크롤하다

★ ☐ **domain** [douméin]　⑲ 도메인　▶인터넷상의 「주소 표시」.

★ ☐ **virtual** [və́ːrtʃuəl]　⑲ 버츄얼의 ; 가상의
　　　▶ 일반적인 의미는 「실질의」이나, 컴퓨터 세계에서는 「사실에 가까운 → 가상의」라는 의미가 된다.

★ ☐ **portal** [pɔ́ːrtl]　⑲ 포털
　　　▶ 웹을 볼 때 「입구」가 되는 사이트. Yahoo 등.

☐ **URL (uniform resource locator)**　인터넷상의 주소를 나타내는 문자 열

☐ **thread** [θred]　⑲ 스레드
　　　▶ 게시물과 그것에 대한 답장으로 구성된 일련의 응답.

☐ **blog** [blɑg]　⑲ 블로그
　　　▶ 웹상에 써 넣는 일기나 코멘트.

★ ☐ **webmaster** [wébmæstər]　⑲ 웹 마스터
　　　▶ 웹의 관리자를 말함.

메일

★ ☐ **subject line** 제목란
☐ **forward** [fɔ́:rwərd] 동 송신하다 ; 전송하다
★ ☐ **reply** [riplái] 동 회신하다 명 회신
▶ 우리말로 「리스폰드」라고 하지만 영어로는 reply라고 한다.
★ ☐ **attach** [ətǽtʃ] 동 (메일에) 첨부하다 ▶ attachment (첨부 서류)
☐ **account** [əkáunt] 명 어카운트
▶ 전자 메일의 사용자를 식별하는 기호 · 숫자

보안

❽ ★ ☐ **secure** [sikjúər] 형 안전한 동 안전을 확보하다
☐ **encryption** [inkrípʃən] 명 암호화
★ ☐ **authorize** [ɔ́:θəràiz] 동 (접속을) 허가하다
▶ password나 ID의 입력으로 이용 허락을 하는 것.
★ ☐ **spams** [spæmz] 명 스팸 ; 스팸메일
▶ 무작위로 보내는 광고 메일 등.
☐ **censorship** [sénsərʃìp] 명 검열

통신

❸ ★ ☐ **dot-com** 명 닷컴 기업 ; 인터넷 관련 기업
❻ ☐ **data transmission** 데이터 송신
☐ **ISP (internet service provider)** 인터넷 서비스 제공 업체
★ ☐ **subscriber** [səbskráibər] 명 (인터넷 서비스 제공 업체의) 가입자
☐ **electronic settlement** 전자 결제
★ ☐ **bidding** [bídiŋ] 명 경매 ; 입찰
☐ **fiber optics** 광섬유
☐ **mobile phone / cellular phone** 휴대 전화
☐ **roaming** [róumiŋ] 명 로밍
▶ 서비스 지역 외에도 별도의 휴대 전화 회사와 제휴하여 접속할 수 있도록 하는 서비스.
★ ☐ **SMS (short messaging service)** 단문 메시지 서비스
▶ 휴대 전화 등의 단문 메시지를 영어로 SMS라고 흔히 부른다.
★ ☐ **pager** [péidʒər] 명 삐삐

20. 부동산 (Real Estate)

▶ ★표한 표현은 TOEIC에 자주 출제되는 것들입니다. mortgage, premises, down payment 등 금방 떠오르지 않은 표현도 있을 것입니다.

Let Gateway ❶**Real Estate** find the perfect home for you!
Whether you want to purchase or rent, Gateway can help you ❷**settle in** the ❸**residence** of your dreams. We have ❹**sublet**, apartment, ❺**condominium** and home listings all in the ❻**vicinity** of the ❼**downtown** area for your convenience. If you're planning to buy a ❽**property**, we'll help you find a ❾**lender** that has low ❿**down payment** requirements and low interest rates for your ⓫**mortgage**.

Gateway 부동산은 당신을 위한 최고의 집을 찾습니다!
구입, 임대에 상관없이 Gateway는 당신이 꿈의 주택에서 살 수 있도록 도와드릴 것입니다. 저희 회사는 여러분의 편리함을 위하여 번화가 근교에 전세, 아파트, 콘도, 단독주택 건물들을 소개하고 있습니다. 부동산을 구입할 계획이 있을 때는 저희 회사가 여러분들에게 값싼 계약금 요건과 저금리의 주택 융자를 제공하는 금융업자를 소개해 드립니다.

부동산업자

❶ ★ ☐ **real estate** 부동산
❽ ★ ☐ **property** [prápərti] 명 부동산 ; 자산
　 ☐ **realty firm** 부동산 회사 ▶ realty → [ríːəlti]

이전

❷ ★ ☐ **settle in** 거주하다 ; 이사하다
　 ☐ **move-in** 명 입주
　 ★ ☐ **relocate** [riːlóukeit] 동 이전하다
　 ★ ☐ **transfer** [trænsfə́ːr] 동 이사하다 ; 양도하다

주거 환경

❸ ★ ☐ **residence** [rézidəns]　⑲ 주택 ; 주택지 ; 거주지
▶ residential (주택의), 「상업용」의 반대 의미로 쓴다.

❺ ★ ☐ **condominium** [kàndəmíniəm]　⑲ 콘도미니엄 ; 분양 아파트

❻ ★ ☐ **vicinity** [visínəti]　⑲ 주변 ; 근처

☐ **adjacent to**　～에 가까운 ; ～와 이웃인

★ ☐ **surrounding** [səráundiŋ]　⑲ 둘러싸고 있는 ; 주위의　▶ surroundings (환경)

☐ **amenity** [əménəti]　⑲ 쾌적함 ; 편의 시설

❼ ★ ☐ **downtown** [dáuntáun]　⑲⑲⑲ 상업 지구 (의 / 에) ; 두심 (의 / 에)
▶ 시골풍의 소박한 「마을」의 뉘앙스가 없는 것에 주의.

☐ **outskirts** [áutskə̀:rtz]　⑲ (보통 복수) 교외

★ ☐ **suburb** [sʌ́bə:rb]　⑲ 교외

★ ☐ **urban** [ə́:rbən] / **rural** [rúərəl]　⑲ 도시의 / 지방(시골)의

★ ☐ **premises** [prémisiz]　⑲ (보통 복수) 부지 ; 토지

☐ **plot** [plɑt]　⑲ 작은 터 ; 작은 구획의 토지

☐ **tract** [trækt]　⑲ 구역

임대

❹ ☐ **sublet** [sʌ́blet]　⑲ 서브렛 ; 전대(轉貸)
▶ 임대로 빌린 물건을 다시 제 3자에게 빌려주는 것. 미국에서는 일반적인 관행이다.

★ ☐ **rent** [rent]　⑲ 임대료　⑧ 임차하다
▶ 명사로 「임대료」의 의미가 자주 사용된다. renter / lessee는 「임차인」, lessor는 「임대인」.

매매

❾ ★ ☐ **lender** [léndər]　⑲ (융자를) 빌려주는 사람

❿ ★ ☐ **down payment**　계약금 ; 착수금

⓫ ★ ☐ **mortgage** [mɔ́:rgidʒ]　⑲ 주택 융자

★ ☐ **collateral** [kəlǽtərəl]　⑲ 담보 (물건)

☐ **earnest money**　계약금 ; 착수금

☐ **occupant** [ákjəpənt]　명 점유자 ; 현거주자

★ ☐ **household** [háushòuld]　형 가정용의　명 가정

☐ **vacancy rate**　공실(空室)률

☐ **foreclosure** [fɔːrklóuʒər]　명 저당권 집행

내장 · 외장

★ ☐ **refurbish** [riːfə́ːrbiʃ]　동 리폼하다 ; 개장(改裝)하다　명 리폼
　　▶ 주택의 「개장」에 reform은 사용하지 않는 데 주의한다. 영어의 reform은 「(제도 등을) 개혁하다」의 의미이다.

★ ☐ **renovate** [rénəvèit]　동 개장하다 ; 수리하다

★ ☐ **install** [instɔ́ːl]　동 (설비 등을) 설치하다

☐ **gated** [géitid]　형 게이트로 둘러싸인
　　▶ 보안상 게이트로 둘러싸인 고급 주택지를 **gated** community 등으로 부른다.

☐ **furnace** [fə́ːrnis]　명 난로

★ ☐ **basement** [béismənt]　명 지하실

☐ **facade** [fəsáːd]　명 (건물의) 현관

☐ **penthouse** [pénthàus]　명 펜트하우스 ; 고급 옥상 주택

★ ☐ **furniture** [fə́ːrnitʃər]　명 가구　▶ 불가산 명사라는 점에 주의.

☐ **faucet** [fɔ́ːsit] / **tap** [tæp]　명 (수도의) 꼭지
　　▶ **tap** water라고 말하면 「수돗물」이다.

★ ☐ **outlet** [áutlet]　명 아웃렛 ; 배기구 ; 배수구

★ ☐ **sink** [siŋk]　명 수채 ; 싱크

☐ **intercom** [íntərkàm]　명 인터폰

★ ☐ **hall** [hɔːl]　명 복도

☐ **mezzanine** [mézənìːn]　명 (계단과 계단 사이의) 층계참

★ ☐ **exquisite** [ikskwízit]　형 우아한 ; 정교한

★ ☐ **spacious** [spéiʃəs]　형 넓은

☐ **vanity area**　배니티 에어리어　▶ 여성의 화장실을 나타낸다.

☐ **drain** [drein]　명 배수관 ; 하수구

☐ **sewer** [súːər]　명 하수도 ; 하수관

★ ☐ **utilities** [juːtílətiz]　명 공익 시설 ; 수도 광열비　▶ 수도, 전기, 가스 등에 대한 요금.

21. 세계 무역 (Global Trading)

▶ 통관과 외환의 기본 단어를 잘 외어둡시다. 통화 시세의 인상과 하락은 appreciate / depreciate 라고 흔히 말합니다.

These days, ❶**trade** is expanding and ❷**tariffs** and ❸**duties** are being lowered around the world. Free trade is on the rise and export restrictions are loosening up. ❹**Forex** has become the world's biggest financial market. For ❺**exporters**, ❻**importers** and traders alike, the business world is becoming barrier-free.

But throughout these prosperous times, developing countries continue to be left out. Developing countries are increasingly counting on ❼**foreign direct investment**, or to lift ❽**sanctions**, in order to survive.

오늘날 무역은 확대되고 관세와 세금은 세계 도처에서 낮아지고 있다. 자유 무역이 증가하고 수출 규제는 완화되고 있다. 외환은 세계 최대의 금융 시장으로 되었다. 수출업자와 수입업자, 무역업자에 대해서도 역시 비즈니스의 세계는 장애가 없어져 가고 있다.
그러나 이 번영의 시대에도 개발도상국은 계속 뒤처지고 있다. 개발도상국은 생존하기 위해 해외 직접 투자에 점점 의존하고 있다. 즉, 무역 규제를 해제하고 있는 것이다.

무역

❶ ★ ☐ **trade** [treid] 명 무역 ; 상거래

❺ ★ ☐ **exporter** [ikspɔ́:rtər] 명 수출업자 ▶ export(수출하다)

❻ ★ ☐ **importer** [impɔ́:rtər] 명 수입업자 ▶ import(수입하다)

❽ ☐ **sanction** [sǽŋkʃən] 명 무역 규제 ; 제제 조치

☐ **embargo** [imbá:rgou] 명 긴급 수입 제한

★ ☐ **quota** [kwóutə] 명 (수입 등의) 할당 수량

☐ **dumping** [dʌ́mpiŋ] 명 덤핑 ; 부당 가격 하락

□ **subsidy** [sʌ́bsidi] 몡 (정부의) **보조금** ▶ 보통 subsidies로 복수형으로 많이 쓰인다.
□ **trade balance** 무역 수지 ▶ imbalance (무역 수지 불균형)
★ □ **deficit** [défəsit] 몡 (무역 등의) 적자 ▶ surplus (무역 흑자)

통관

❷ ★ □ **tariff** [tǽrif] 몡 관세 ; 관세율
❸ ★ □ **duties** [djúːtiːz] 몡 관세 ; 세 ▶ duty-free로 「면세의」.
★ □ **customs** [kʌ́stəmz] 몡 세관 ; 통관 ; 관세
★ □ **declare** [diklέər] 몡 (세관에) 신고하다

외환

❹ ★ □ **forex** [fɔ́ːrəks] (**foreign exchange**) 몡 외환 ; 외환 시장
★ □ **exchange rate** 환율
★ □ **appreciate** [əpríːʃièit] / **depreciate** [dipríːʃièit] 몡 가치가 상승하다 / 가치가 하락하다
▶ The won is **appreciating** against the US dollar. (미 달러에 대한 원화 가치가 상승하고 있다.)
★ □ **currency** [kə́ːrənsi] 몡 통화
□ **hedge** [hedʒ] 몡 몡 헤지(하다) ; 리스크를 회피(하다)
▶ 구체적으로 외환 변동의 위험을 없애기 위해 통화 옵션을 계약하는 것으로 회피하는 것.

투자

❼ □ **foreign direct investment** 해외 직접 투자
▶ 해외에서 전개하는 사업에 직접 출자하는 것을 의미하며, indirect investment(간접 투자)는 외국의 주식 시장 · 채권 시장을 통해 투자하는 것을 의미한다.
□ **capital flight** 자본 유출 ; 자본 도피
▶ 통화 안정, 정치 상황 불안 등으로 통화 가치가 안정된 해외 투자 자금으로 바꾸는 일.

해상 운송

★ □ **vessel** [vésəl] 몡 배 ; 비행기
□ **bulk** [bʌlk] 몡 화물 ; 대량
★ □ **cargo** [káːrgou] 몡 화물 ; 선화
□ **quay** [kiː] / **wharf** [hwɔːrf] / **pier** [piər] 몡 부두

22. 계약 (Contracts)

▶ 법률 용어의 기본적인 것을 실었다. 계약과 법률에는 특수한 표현들이 많으므로 체크가 필요합니다.

Sometimes an employee's ❶**contract** is ❷**terminated** because he or she claimed a ❸**statutory** right. By law, this is considered an unfair dismissal. All employers are required to ❹**comply with** the law and reinstate any employee who is dismissed in this way. Race, gender and disability discrimination is against the law and cannot be ❺**applied** to any part of an agreement. It is up to employers to ❻**fulfill** their ❼**obligations** ❽**with regard to** the law.

사원의 계약은 때로는 법적 권리를 요구했다는 이유로 해고되는 경우가 있다. 법률에 의하면 이것은 부당 해고로 간주된다. 모든 고용주는 법률을 준수하여 이런 식으로 해고된 어떠한 사원도 모두 복직시켜야 한다. 인종, 성, 장애에 의한 차별은 법률에 위배되며 계약의 어떠한 부분에도 적용할 수 없다. 법률에 따른 그들의 의무를 이행하는 것은 고용주의 책임이다.

계약의 체결

❶ ★ ☐ **contract** [kántrækt] 명 계약(서)

❷ ★ ☐ **terminate** [tə́ːrmənèit] 동 (계약을) 종료하다 ; 해제하다
　　▶ finalize는 「(계약을) 정리하다 ; (계약을) 성립시키다」와 같은 의미로 혼동해서는 안 된다.

★ ☐ **terms and conditions** 조건

★ ☐ **signature** [sígnətʃər] 명 서명

★ ☐ **seal** [siːl] 동 날인하다 명 인감 ; 날인

★ ☐ **take effect** 발효하다

★ ☐ **expire** [ikspáiər] 동 (기간·효력이) 끝나다

☐ **default** [difɔ́ːlt] 명 (의무 등의) 불이행

☐ **waive** [weiv] 동 (조항의 적용을) 철회하다

☐ **offend** [əfénd] 동 (조항에) 위반되다
☐ **breach** [briːtʃ] 동 위반하다   명 위반
★ ☐ **secure** [sikjúər] 동 보증하다 ; 확보하다
★ ☐ **draft** [dræft] 명 (계약서 등의) 초안
★ ☐ **agreement** [əgríːmənt] 명 계약 ; 협정

계약의 이행

❸ ☐ **statutory** [stǽtʃutɔ̀ːri] 형 법적인 ; 법률에 따른
❹ ★ ☐ **comply with** (계약의 조항 등을) 준수하다
　　▶ compliance (준수)
❺ ★ ☐ **apply** [əplái] 동 적용하다
❻ ★ ☐ **fulfill** [fulfíl] 동 이행하다 ; 실행하다
★ ☐ **perform** [pərfɔ́ːrm] 동 이행하다 ; 실행하다
☐ **execute** [éksikjùːt] 동 이행하다 ; 계약서에 서명하다 ; 집행하다
　　▶ 「사형에 처하다」라는 의미도 있다. 명사형은 execution.
❼ ★ ☐ **obligation** [àbləgéiʃən] 명 의무 ; 책임 ; 은혜
　　▶ 계약상의 의무에도, 인간의 심적인 은혜에도 사용한다.
☐ **restrict** [ristríkt] 동 제약하다
☐ **disclose** [disklóuz] 동 공개하다 ; 보여주다
★ ☐ **grant** [grænt] 동 허가하다 ; 허락하다
★ ☐ **exclusive** [iksklúːsiv] 형 독점의 ; 배타적인

계약 · 법률 표현

8 ★ □ **with regard to** ~에 관하여

★ □ **in accordance with / pursuant to** ~에 의하여 ; ~에 따라서

□ **stipulate** [stípjəlèit] 동 ~을 규정하다

□ **provide for** ~을 규정하다

□ **refer to** ~을 언급하다 ; ~을 참조하다

★ □ **interested party / party concerned** 당사자

□ **said** [sed] 형 앞에서 말한 ; 해당의
  ▶ 앞에 나온 말을 명시하여 받는 경우에 사용한다. **said item** (해당 상품), **said person** (해당 인물)

★ □ **shall / may** 조 ~해야 한다 / ~할 수 있다
  ▶ 규정상 재량의 여지가 없는 경우 shall, 재량의 여지가 있는 경우에는 may를 사용한다. 계약 · 법률에
  서는 must나 can은 잘 사용하지 않는다.

□ **licensor** [láisənsər] **/ licensee** [làisənsí:] 명 허락자 / 피허락자

★ □ **deem** [di:m] 동 ~이라 생각하다

□ **liable** [láiəbəl] 형 (법적인) 책임이 있는 ▶ liability (책임)

□ **settlement** [sétlmənt] 명 조정 ; 화해

TIPS 06 어원은 유효한가?

어원이 일반의 비즈니스맨에게는 만능은 아니지만 사용할 수 있는 부분도 있다고 볼 수 있을까요? 특징
적인 것을 외워 두면 의외의 곳에서 도움이 될지 모릅니다. 예를 들면 trans-는 「지나서 ; 넘어서」라는 뜻
이므로, translate(번역하다), transfer(이동하다), transmit(송신하다), transplant(이식하다) 등을 통일된
이미지로 외워 두는 데 도움이 됩니다. 또한 -soci는 「동료」의 뜻인데, 예를 들면 associate를 모를 때,
이 단어가 「동료」의 연장에 있는 의미의 단어라는 것을 유추할 수 있습니다.

23. 비즈니스 여행 (Business Trip)

▶ 자기가 출장을 가는 이미지를 그려서 외워 나가면 좋을 것입니다. 해외 여행을 좋아하는 사람에게는 귀에 익은 말도 많을 것입니다.

Attention all ❶**passengers**: before we ❷**take off**, we would like to remind you of a few things. Be sure to keep your seat in the ❸**upright position** and your seatbelts ❹**fastened** until we reach our cruising ❺**altitude** speed. All ❻**carry-on luggage** should be ❼**stowed** securely and properly in the overhead bins, and please keep ❽**personal belongings** under the seat in front of you. Don't forget to fill out your ❾**disembarkation** cards and ❿**immigration** and customs forms before we land. The flight attendants will be serving ⓫**refreshments** and ⓬**snacks** shortly. Thank you.

승객 여러분에게 안내 말씀 드립니다. 이륙하기 전에 몇 가지 점에 대하여 설명하겠습니다. 순항 고도의 속도에 이를 때까지는 좌석을 정위치로 하고 안전띠를 매주세요. 수화물은 모두 머리 위의 짐칸에 안전하고 적절하게 보관하시기 바랍니다. 또한 소지품은 앞 좌석 밑에 놓아주세요. 착륙 전까지는 입국 카드와 입국·세관 양식에 반드시 기입해주세요. 잠시 후에 객실 승무원이 음료수와 가벼운 식사를 갖다드릴 것입니다. 감사합니다.

투자

❶ ★ ☐ **passenger** [pǽsəndʒər] 몡 승객
❸ ★ ☐ **upright position** 정위치
❹ ★ ☐ **fasten** [fǽsn] 몡 (안전 벨트를) 매다
❻ ★ ☐ **carry-on luggage** 기내 휴대의 수화물
　　　▶비행기에서는 luggage와 baggage는 같은 뜻으로 사용되는 일이 많음.

7 ☐ **stow** [stou] 통 채워 넣다

8 ★ ☐ **personal belongings** 개인 소지품 ▶ 복수형으로.

11 ★ ☐ **refreshments** [rifréʃmənts] 명 가벼운 식사 ; 음식

12 ★ ☐ **snack** [snæk] 명 가벼운 식사

★ ☐ **aisle seat** 통로측 좌석
▶ aisle의 발음에 주의 → [ail]. window seat (창측의 좌석)

★ ☐ **turbulence** [tə́ːrbjələns] 명 (비행기의) 소요

★ ☐ **headset** [hédsèt] 명 헤드폰

★ ☐ **crew** [kruː] 명 (비행기의) 승무원

☐ **blanket** [blǽŋkit] 명 모포 ▶ bracket(받침대)와 혼동하지 말 것.

★ ☐ **toiletries** [tɔ́ilitri] 명 세면 용품 ; 화장품

★ ☐ **board** [bɔːrd] 통 탑승하다 ▶ a **boarding** pass (탑승권)

☐ **stub** [stʌb] 명 (탑승권의) 반쪽권

비행

2 ★ ☐ **take off** 이륙하다 ▶착륙하다는 land를 사용.

5 ★ ☐ **altitude** [ǽltətjùːd] 명 고도

★ ☐ **destination** [dèstənéiʃən] 명 목적지

★ ☐ **bound for** ∼의 행의
▶ the flight **bound for** Milan (Milan 행 비행기)

★ ☐ **transfer** [trǽnsfəːr] 명 갈아타기 ▶ connection도 같이 사용.

☐ **stopover** [stápòuvər] 명 도중하차

☐ **runaway** [rʌ́nəwèi] 명 활주로

★ ☐ **departure** [dipáːrtʃər] / **arrival** [əráivəl] 명 출발 / 도착

출입국

9 ★ ☐ **disembarkation** [dìsembɑːrkéiʃən] 명 입국
▶ **disembarkation** card (입국 카드), 출국 카드는 embarkation card.

10 ★ ☐ **immigration** [ìməgréiʃən] 명 입국 ; 입국 관리
▶ naturalization (귀화)도 함께 외어 두자. 참고로 말하면 미국의 입국 관리 당국은 Immigration and Naturalization Service(이민귀화국) 이라 부른다.

☐ **immigration form**   입국 카드
★ ☐ **quarantine** [kwɔ́:rəntì:n]   명 검역
▶ 정치 · 군사에는 「(해상) 봉쇄」의 뜻.
☐ **metal detector**   금속 탐지기
★ ☐ **baggage claim**   수화물 수취소
☐ **carousel** [kæ̀rəsél]   명 (수화물 수취소의) 회전식 컨베이어
★ ☐ **lost and found**   유실물 취급소
★ ☐ **duty-free** [djú:tifri:]   형 면세의

여행 · 체재

★ ☐ **itinerary** [aitínərèri]   명 여행 계획(표) ; 여정
★ ☐ **fare** [fɛər]   명 운임
★ ☐ **souvenir** [sù:vəníər]   명 기념품
★ ☐ **jet lag**   시차병
★ ☐ **embassy** [émbəsi]   명 대사관
☐ **consulate** [kánsəlit]   명 영사관
☐ **expatriate** [ekspéitrièit]   명 거주 외국인 ; 해외 주재원
▶ 회화에서는 expat로 단축하여 사용하는 일이 있음.
☐ **island hopping**   섬 순회

숙박

★ ☐ **accommodations** [əkàmədéiʃənz]   명 숙박 시설
☐ **concierge** [kànsiέərʒ]   명 (호텔의) 접객계
★ ☐ **reception desk**   (호텔의) 프론트
★ ☐ **wake-up call**   모닝 콜

24. 산업 부문 (Industrial Sectors)

▶ 산업 분야는 세분화하면 수없이 많지만 여기서는 TOEIC에서 잘 나오는 것을 압축해서 정리하였습니다.

> At Furbur ❶**Manufacturing**, we forge and cast ❷**machinery** for various industrial sectors such as the ❸**automotive**, ❹**aerospace** and ❺**construction** sectors.
>
> Over the years we have specialized in ❻**civil engineering**, product development and exportation. We have also acted as a direct supplier to the ❼**retail** industry, and are presently under contract to make products for the ❽**defense** industry. Whatever your manufacturing and building needs may be, Furbur can help. Visit our site at www.furburman.com for more information.

Furbur 제조업은 자동차, 항공 우주, 건설업계 등의 여러 가지 산업 부문에서 필요한 기계를 설계·제조하고 있습니다.

수년 동안 당사는 토목, 제품 개발, 수출품을 특화해 왔습니다. 당사는 또한 소매업계로의 직접적인 공급 업체로서 활동하고 있으며 현재는 계약에 의해 방위 산업을 위한 제품을 제조하고 있습니다. 제조·건설을 하는 데 필요한 것이 어떠한 것일지라도 Furbur가 도와드리겠습니다. 그리고 상세한 정보에 대해서는 당사의 홈페이지 www.furburman.com을 방문하시기 바랍니다.

제조업

❶ ★ ☐ **manufacturing** [mǽnjəfǽktʃəriŋ] 명 제조업 ▶ manufacturer (제조업자 ; 메이커)

★ ☐ **semiconductor** [sèmikəndʌ́ktər] 명 반도체

☐ **material** [mətíəriəl] 명 소재

❷ ★ ☐ **machinery** [məʃíːnəri] 명 기계

❸ ★ ☐ **automotive** [ɔ̀ːtəmóutiv] 명 자동차의 ; 자동의 ▶ automobile (자동차)

❹ ★ ☐ **aerospace** [ɛ́ərouspèis] 명 항공 우주

☐ **aviation** [èiviéiʃən] 명 항공

❺ ★ ☐ **construction** [kənstrʌ́kʃən] 명 건설 ; 건축

- ☐ **general contractor** 청부업자
❻ ★ ☐ **civil engineering** 토목 공학
❽ ★ ☐ **defense** [diféns] 명 방위 ; 국방
- ★ ☐ **chemical** [kémikəl] 명 형 화학(의)
- ★ ☐ **petroleum** [pətróuliəm] 명 석유 ; 원유 ▶ petrochemical (석유화학의)
- ★ ☐ **pharmaceutical** [fàːrməsúːtikəl] 형 의약품의
- ☐ **cosmetics** [kɑzmétik] 명 화장품
- ★ ☐ **beverage** [bévəridʒ] 명 음료
- ☐ **distiller** [distílər] 명 양조업자

서비스 산업

❼ ★ ☐ **retail** [ríːteil] 명 소매 ▶ wholesale (도매)
- ★ ☐ **logistics** [loudʒístiks] 명 물류
- ☐ **outplacement service** 전직(轉職) 알선 서비스
- ★ ☐ **telecommunication** [tèləkəmjùːnəkéiʃən] 명 통신
- ★ ☐ **publishing** [pʌ́bliʃiŋ] 명 출판
- ★ ☐ **advertising** [ǽdvərtàiziŋ] 명 광고
- ★ ☐ **amusement** [əmjúːzmənt] / **entertainment** [èntərtéinmənt] 명 오락 ; 엔터테인먼트
- ☐ **trading firm** 상사(商社)
- ★ ☐ **insurance** [inʃúərəns] 명 보험
- ★ ☐ **health care** 건강 ; 헬스 케어

일차산업

- ★ ☐ **fishery** [fíʃəri] 명 수산업
- ★ ☐ **forestry** [fɔ́(ː)ristri] 명 임업
- ☐ **agro-industry** 농산업

25. 돈 (Money)

▶ 우리말에서는 당연히 사용되었어도 영어에서는 잘 모르는 말이 많을 것입니다. 돈에 관한 표현은 여러 가지 장르에서 나오므로 여기서 마스터하도록 합시다.

> Thank you for calling Freedom bank. If you'd like to know your ❶**savings** or ❷**checking account** ❸**balance**, press 1 now. If you are calling to make a ❹**time deposit**, please press 2. If you have been ❺**overcharged** on your ❻**statement**, please press 3. For all other inquirries, or to speak with a customer service agent, please press 0. Remember to have your ❼**passbook** or ❽**ATM** card number and ❾**PIN** ready.

Freedom 은행에 전화를 주셔서 감사합니다. 보통 예금 계좌 또는 수표 계정의 잔액을 알고자 할 때는 1을 눌러주세요. 정기 예금의 개설을 위해 전화를 주실 때는 2를 눌러 주세요. 명세서에 부당 청구가 있을 때는 3을 눌러주세요. 기타 문의 사항에 대하여 또는 고객 서비스 상담원과 통화하고자 하실 때는 0을 눌러주세요. 예금 통장 또는 현금 카드 번호와 비밀 번호를 준비하시기 바랍니다.

은행 계좌 · 카드

❶ ★ ☐ **savings account** 보통 예금 계좌

❷ ★ ☐ **checking account** 당좌 예금 계좌

❸ ★ ☐ **balance** [bǽləns] 명 차감 잔액 ; 차액

❹ ☐ **time deposit** 정기예금

❻ ★ ☐ **statement** [stéitmənt] 명 거래 명세서

❼ ★ ☐ **passbook** [pǽsbùk] 명 예금 통장

❽ ★ ☐ **ATM (automatic teller machine)** 현금 자동 인출 · 예금기
   ▶ ATM card(현금 카드)

❾ ☐ **PIN (personal identification number)** 비밀 번호 ; 개인 식별 번호

★ ☐ **plastic card** 신용카드 ▶ 물론 credit card라고도 한다.

★ ☐ **expiration date** 유효 기한
★ ☐ **valid** [vǽlid] / **invalid** [ínvəlid] ⑱ 유효한 / 무효의

은행 서비스

★ ☐ **withdraw** [wiðdrɔ́ː] ⑧ (예금을) 인출하다
★ ☐ **transfer** [trænsfə́ːr] ⑧ 송금하다 ⑲ [trǽnsfər] 송금
★ ☐ **remit** [rimít] ⑧ 송금하다 ; 불입하다
  ▶ remittance 「송금 ; 불입」
☐ **telegraphic transfer / wire transfer** 전자 송금
★ ☐ **credit** [krédit] ⑧ 입금하다 ; 돈을 갚다 ⑲ 신용 대출
  ▶ 동사 용법에 주의
☐ **creditor** [kréditər] / **debtor** [détər] ⑲ 채권자 / 채무자
☐ **government bonds** 국채
★ ☐ **mutual funds** 투자 신탁

돈 관련어

❺ ☐ **overcharge** [óuvərtʃaːrdʒ] ⑧ 과잉 청구하다
  ▶ charge는 「청구하다」. 「과소청구하다」는 undercharge를 사용한다.
★ ☐ **overdue** [òuvərdjúː] ⑱ 지불 기일을 넘기는
★ ☐ **reminder** [rimáindər] ⑲ 독촉장 ; 연체 통지
★ ☐ **bill** [bil] ⑧ 청구하다 ⑲ 지폐 ; 어음
★ ☐ **check** [tʃek] ⑲ 수표
☐ **bounce** [bauns] ⑧ (수표·어음이) 부도나다
  ▶ 「튀기다」가 원뜻. "은행에 낸 수표가 되돌아 온다"라는 이미지에서.
☐ **payer** [péiər] / **payee** [peií] ⑲ (어음 등의) 지불인 / 수취인
★ ☐ **denomination** [dinàmənéiʃən] ⑲ 화폐 단위 ; 액면 금액
★ ☐ **invoice** [ínvɔis] ⑲ 송장 ; 청구서
★ ☐ **amount** [əmáunt] ⑲ 금액
☐ **reimbursement** [rìːimbə́ːrsmənt] ⑲ 상환
★ ☐ **capital gain** 자산 매각 이익

26. 통근 · 교통 (Commuting and Traffic)

▶ 도로나 차의 구조 · 조작에 관한 표현을 중심으로 정리했습니다. "hood=보닛" 등 외래어와 다른 표현에 주의를 요합니다.

> This is Bill Franklin with your Eye in the Sky traffic report. Be careful on your ❶**commute** today as the number 5 ❷**freeway** is ❸**jammed** with ❹**heavy traffic**. It's also ❺**bumper-to-bumper** on the Hillsborough ❻**overpass**. Those of you traveling over the bridge into the city are in luck, however, because all ❼**toll booths** on the bridge are operating. I'll be back in 20 minutes with another report. Remember to drive safely.

"하늘의 눈" 교통 정보의 Bill Franklin입니다. 5번 고속도로는 교통량이 많아 정체하고 있으므로 오늘 통근할 때는 주의 바랍니다. Hillsborough 고가도로에서도 정체되고 있습니다. 이 다리를 건너 시내로 들어가는 운전자 여러분은 운이 좋습니다. 다리의 요금소가 모두 가동하고 있습니다. 20분 후에 다시 새로운 정보를 알려드리겠습니다. 안전 운행을 빕니다.

통근

❶ ★ ☐ **commute** [kəmjúːt] 몡 통근　동 통근하다

　★ ☐ **tram** [træm] 몡 시가 전차 ; 로면 전차

　☐ **subway** [sʌ́bwèi] 몡 지하철
　　▶ 영국에서는 underground나 tube라고 한다. 프랑스 등에서는 metro라고 한다.

　★ ☐ **transfer** [trǽnsfəːr] 몡 환승　동 [trænsfə́ːr] 환승하다

도로

❷ ★ ☐ **freeway** [fríːwèi] 몡 (무료) 고속도로
　　▶ expressway ((유료) 고속도로)

❼ ★ ☐ **toll booth** 요금소

❻ ★ ☐ **overpass** [ðúvərpǽs] 몡 육교 ; 고가도로 ▶ underpass (지하도)

★ ☐ **intersection** [ìntərsékʃən] 몡 교차점
　　　▶ T자로에서 T-intersection.

☐ **median** [mí:diən] 몡 중앙 분리대

★ ☐ **dear end** 막다른 길

★ ☐ **detour** [dí:tuər] 몡 돌아가는 길 ; 우회로

★ ☐ **short cut** 지름길

★ ☐ **crosswalk** [krɔ́:swɔ̀:k] 몡 횡단 보도 ▶ pedestrian crossing이라고도 한다.

★ ☐ **gas station** 주유소

☐ **unleaded** [ʌnlédid] 몡 무연 휘발유 혱 무연의

☐ **fill it up** (기름을) 가득 채우다 ▶ it는 차를 말함. her를 사용해도 된다.

교통체증

❸ ★ ☐ **jammed** [dʒæmd] 혱 정체된 ; 혼잡한

❹ ★ ☐ **heavy traffic** 체증 ; 교통 혼란

❺ ☐ **bumper to bumper** 혱 (차가) 꼬리를 문 ; 정체된

차의 종류

★ ☐ **vehicle** [ví:əkəl] 몡 탈것 ; 차량
　　　▶ 군용 차량 및 농업용 차량을 포함하는 광의의 「차량」을 말함.

★ ☐ **automobile** [ɔ̀:təməbí:l] 몡 자동차
　　　▶ car는 엄밀히 「승용차」를 말하고, 트럭 등은 포함하지 않는다. 상업용 차는 commercial vehicle.

☐ **passenger vehicle** 승용차

☐ **pickup** [píkʌp] 몡 픽업 ; 소형 트럭

☐ **SUV (sport-utility vehicle)** 스포츠용 차

★ ☐ **tow truck** 레커차 ▶ wrecker라고도 말한다.

차의 구조

- □ **transmission** [trænsmíʃən] 명 변속기 ; 트랜스미션
- □ **front-wheel drive** 전륜 구동(의)
  - ▶ 후륜 구동은 rear-wheel drive, 사륜 구동은 four-wheel drive.
- ★ □ **hood** [hud] 명 보닛 ▶ 외래어 표기와 영어가 다름에 주의
- ★ □ **rear-view mirror** 백미러
- ★ □ **steering wheel** 운전대, 핸들
- ★ □ **windshield** [wíndʃì:ld] 명 앞 유리
- □ **turn signal** 방향 지시등
- ★ □ **horn** [hɔːrn] 명 경적
- □ **fuel-cell-powered** 형 연료 전지 방식의
- □ **hybrid** [háibrid] 명 하이브리드 카
  - ▶ 전기 엔진과 휘발유 엔진을 겸용하는 차.
- ★ □ **mileage** [máilidʒ] 명 연비

사고

- ★ □ **flat tire** 펑크난 타이어
- ★ □ **skid** [skid] 동 스키드하다 ; 미끄러지다 명 스키드 ; 미끄러짐
- ★ □ **speeding** [spíːdiŋ] 명 속도 위반
- ★ □ **collision** [kəlíʒən] 명 충돌 (사고) ▶ collide (충돌하다)
- □ **rollover** [róulòuvər] 명 전복
- □ **hit-and-run** 명 뺑소니

TIPS **07** 시소러스 사전의 활용

어휘를 정리하면서 외우려면 영영의 유의어 사전(Thesaurus)을 학습 자료로 추가해도 좋을 것입니다. 여러 출판사에서 많이 나오고 있지만 되도록이면 서점에서 찾아서 자기 수준에 알맞고 또한 예문이 많은 것을 고르는 것이 상책입니다. 예문이 있으면 용법과 뉘앙스도 파악할 수 있습니다. 특히 권장하고 싶은 것은 Collins New School Thesaurus 등 학생용입니다. 영미의 중고생용이데, 기본 단어에 관해서는 TOEIC에 비교적 초점을 맞추고 있습니다.

27. 편지 · 문서 업무 (Letters and Paperwork)

▶ 편지에 관한 상용 표현이 중심입니다. 모르는 것을 잘 익혀둡시다.

❶ **Dear** Mr. Jelkins,

This is to confirm what we discussed earlier today. Please ❷ **let me know** if it is incorrect.

It is agreed that your firm, XYZ Support, will provide the necessary items to support our new project. We, in turn, will provide the necessary funding.
If this meets your inderstanding of what we discussed, please sign a copy of this letter, which I am sending as an ❸ **enclosure** ❹ **for your convenience**, and send it to me by ❺ **registered** mail ❻ **immediately**. I look forward to your ❼ **reply**.

❽ **Sincerely yours**,
Frank Howard

친애하는 Jelkins 씨,

오늘 조금 전에 협상한 것을 확인하기 위해 쓰고 있습니다. 만약 틀린 데가 있으면 알려주시기 바랍니다.

귀사 XYZ Support는 당사의 신규 프로젝트를 지원하기 위해 필요한 제품을 제공하는 것으로 합의되어 있습니다. 대신에 당사는 필요한 자금을 제공합니다.
이것이 우리들이 협상한 내용임을 확인하시면 편의상 동봉한 이 편지의 사본에 서명을 부탁합니다. 그리고 등기우편으로 저희한테 속히 보내주셨으면 합니다. 회답을 기다리겠습니다.

친애하는,
Frank Howard

상용 표현

❶ ★ ☐ **Dear ...,** 근계 ; 친애하는...
▶ 상대의 이름을 알 수 없을 경우 Dear Sir,나 Dear Madam,을 사용한다. 성별을 모를 경우는 Dear Sir or Madam, 등이 된다.

★ ☐ **To whom it may concern** 관계자에게
▶ 고객 서비스센터 등에 크레임이나 반품의 편지를 보낼 때 사용한다.

❽ ★ ☐ **Sincerely yours,** 경구
▶ Yours sincerely, / Truly yours, / Best Regards, (Regards,약식 표현) 등은 같은 기능을 한다.

❷ ★ ☐ **let A know B** A(사람)에게 B(사실)를 알리다
▶ 그 밖에 inform A of B, notify A of B도 같은 의미.

❹ ★ ☐ **for your convenience** 당신의 편의를 위하여
▶ 불편은 inconvenience.

❻ ★ ☐ **immediately** (부) 바로 ; 즉시
▶ right away / right now (바로), urgently (긴급히)와 같은 의미나 right away 쪽이 immediately 나 urgently보다 유연한 감이 있다. urgently는 긴박한 뉘앙스.

☐ **pressed** [prest] **/ imminent** [ímənənt] (형) 임박한

☐ **hear from** ～에서 연락이 있다

★ ☐ **appreciate** [əprí:ʃièit] (동) 감사하다 ; 고맙게 생각하다

편지 구조

❸ ★ ☐ **enclosure** [enklóuʒər] (명) 동봉물 ▶ enclose (동봉하다)

❺ ★ ☐ **registered** [rédʒistərd] (형) 등기의 ▶ express (속달)

❼ ★ ☐ **reply** [riplái] (명) 답신 ; 회답 (동) 회답하다

★ ☐ **subject** [sʌ́bdʒikt] (명) 주제

☐ **sender** [séndər] **/ recipient** [risípiənt] (명) 발송인 / 수취인

★ ☐ **confidential** [kànfidénʃəl] (명) 친전
▶ 형용사로는 「비밀의 ; 비밀을 지킬 의무가 있는」이라는 의미.

★ ☐ **attention** [əténʃən] (명) ～의 앞
▶ FAO (for the attention of)는 「～의 앞으로」의 약어

☐ **salutation** [sæ̀ljutéiʃən] (명) 인사(말)

★ ☐ **regarding** [rigá:rdiŋ] (전) ～에 관하여 ; ～에 대하여
▶ re로 축약하여 사용한다.

☐ **cc (carbon copy)** 카본 카피
▶ 비즈니스 서신이나 전자 메일로 같은 서류를 여러 다른 곳에 보낼 때 사용한다.

□ **moisten** [mɔ́isən]　동 (우표를 붙이기 위해 뒷면을) 축축하게 하다
★ □ **parcel** [pá:rsəl]　명 소포
★ □ **postage** [póustidʒ]　명 우편 요금 ; 송료
□ **scale** [skeil]　명 저울　▶「재다」는 measure를 사용한다.
□ **pack** [pæk]　동 싸다 ; 포장하다　명 포장

문서 업무

★ □ **memorandum** [mèmərǽndəm]　명 사내 연락 메모 ; 회람
★ □ **proofread** [prú:fri:d]　동 교정하다
★ □ **revise** [riváiz]　동 정정하다
★ □ **correct** [kərékt]　동 정정하다
□ **collate** [kəléit]　동 페이지 순으로 나열하다
□ **stack** [stæk]　명 (서류나 일의) 더미 ; 묶음　동 산적하다 ; 묶다
□ **pile** [pail]　명 (서류나 일의) 더미　동 산적하다
□ **align** [əláin]　동 나란히 놓다 ; 정렬하다
□ **bundle** [bʌ́ndl]　동 묶다　명 묶음

TIPS　08　자동사인가, 타동사인가? (1)

동사를 외울 때는 자동사(vi)와 타동사(vt)에 주의할 필요가 있습니다. 자동사는 직접목적어를 가질 수 없으므로 목적어를 끌어들이려면 전치사가 필요하게 됩니다.
⟨consent+to⟩, ⟨agree+to/with⟩, ⟨apologize+to사람 for이유⟩ 등입니다. 이와 같은 동사의 전치사와의 결합은 Part 5의 타깃의 하나입니다.

28. 일상 업무 (Everyday Office Work)

▶ 전화를 비롯하여 사무실 업무의 기본 표현을 소개합니다. chore와 run errands 등 맹점의 표현에 주의합시다.

> We at the personnel ❶**department** are pleased to announce that we have a new employee with us today. Her name is Sara Garrison, and she will be the ❷**receptionist** for the first floor. Please introduce yourselves when you have a chance. We would also like to remind you that tomorrow is ❸**dress-down Friday**, so there's no need to show up in suits, but do be mindful of the basic ❹**dress code**. Also those who prefer not to ❺**eat out** should remember to keep their ❻**cubicles** clean.

우리 인사부는 오늘 신입사원을 맞이함을 알리게 되어 매우 기쁘게 생각합니다. 그녀의 이름은 Sara Garison으로 1층의 접수 담당이 됩니다. 기회가 있으면 각자 자기 소개를 부탁합니다. 또한 내일은 캐주얼 복장을 하는 금요일이 됨을 알립니다. 정장 차림으로 출근할 필요는 없지만 기본적인 복장 규정에는 유의바랍니다. 그리고 외식을 안 하시는 분은 부스를 깨끗하게 하도록 주의바랍니다.

오피스

❶ ★ ☐ **department** [dipáːrtmənt] 명 부 ; 부문 ▶ division도 「부문」의 뜻.
❷ ★ ☐ **receptionist** [risépʃənist] 명 접수계
❻ ★ ☐ **cubicle** [kjúːbikl] 명 작은 방
  ★ ☐ **janitor** [dʒǽnətər] 명 관리원 ; 청소 작업원

전화

  ★ ☐ **call in sick** 아파서 결석한다고 전화하다
  ★ ☐ **hang up / hold on** (전화를) 끊다 / 끊지 않고 있다

★ ☐ **call back**   나중에 다시 전화해주다
★ ☐ **answering machine**   자동 응답 전화기
★ ☐ **wrong number**   잘못 건 전화   ▶ a prank call (장난 전화)
☐ **area code**   시외국번
☐ **telephone directory**   전화 번호부   ▶ directory 「주소록」

복장 · 소지품

❸ ★ ☐ **dress-down Friday**   캐쥬얼 프라이데이
❹ ☐ **dress code**   복장 규칙
☐ **binder** [báindər] / **organizer** [ɔ́ːrgənàizər]   몡 다이어리, 전자 수첩
☐ **business card**   명함
★ ☐ **briefcase** [bríːfkèis]   몡 브리프케이프; 서류함
★ ☐ **company brochure**   회사 개요 ; 회사를 소개하는 팜플릿

식사

❺ ★ ☐ **eat out**   외식하다
★ ☐ **luncheon** [lʌ́ntʃən]   몡 점심   ▶ power lunch (회의가 목적인 점심)
★ ☐ **catering** [kéitəriŋ]   몡 요식 조달업

업무 · 관례

★ ☐ **appointment** [əpɔ́intmənt]   몡 약속   ▶ make an appointment (약속하다)
☐ **reschedule** [riskédʒu(ː)l]   동 (약속이나 일정을) 재조정하다
★ ☐ **routine** [ruːtíːn]   몡 일과 ; 정해진 일정
★ ☐ **chore** [tʃɔːr]   몡 허드렛일
★ ☐ **run errands**   심부름하다
☐ **punch in / out**   출근하며 타임카드를 찍다 / 퇴근하며 타임카드를 찍다
★ ☐ **assignment** [əsáinmənt]   몡 직무 ; 할당된 일
★ ☐ **deadline** [dédlàin]   몡 마감일 ; 납기
★ ☐ **notice** [nóutis]   몡 통지 ; 고지 ; 게시
☐ **business day**   영업일
☐ **requisition** [rèkwəzíʃən]   몡 (비품 등의) 청구 용지 ; 신청 용지

29. 오피스 · 사무용품 (Office and Office Supplies)

▶ TOEIC에 나올만한 것에 초점을 맞추어 다루었습니다. 살짝 보기만 해도 괜찮지요.

> Notice to Employees:
>
> Tomorrow and Wednesday we will be rearranging the ❶**supply room**. Often used items such as ❷**stationery**, ❸**letter pads** and ❹**mechanical pencils** will be put near the door. ❺**Cardboard boxes**, ❻**packaging tape** and other items for shipping purposes will be put in the back of the room. Please remember to fill out the inventory form in the ❼**drawer** when taking supplies out, and report to a ❽**maintenance** staff member when supplies are low.

사원에게 알림:
내일과 목요일에 비품실의 정리를 실시합니다. 문구, 편지지, 샤프펜슬 등 자주 사용하는 품목은 문 부근에 놓을 것입니다. 판지 상자, 포장용 테이프 등의 발송용 품목은 방 구석에 놓을 것입니다. 비품을 꺼낼 때는 서랍 속의 재고 장부에 잊지 말고 기입하세요. 또한 비품이 떨어질 때는 관리 담당 직원에게 보고해 주기 바랍니다.

오피스

❶ ★ ☐ **supply room**　비품실　▶ storage room이라고도 한다.

❽ ★ ☐ **maintenance** [méintənəns]　명 관리 ; 보수

❼ ★ ☐ **drawer** [drɔ́:ər]　명 서랍

☐ **pantry** [pǽntri]　명 식기실

☐ **canteen** [kæntí:n]　명 사원 식당 ; 경식당

★ ☐ **rest room**　화장실

★ ☐ **plant** [plænt]　명 (관엽) 식물　▶ 리스닝에서는 「공장」과 구별할 것.

문방구 · 비품

❷ ★ ☐ **stationery** [stéiʃənəri] 명 문방구
  ▶ stationary (정지된 ; 고정된)와 구별하여 외울 것.

❸ ★ ☐ **letter pads** 편지지

❹ ☐ **mechanical pencil** 샤프 펜슬
  ▶ 「바꾸는 심」은 lead[led]라고 한다.

❺ ★ ☐ **cardboard box** 판지 상자

❻ ★ ☐ **packaging tape** 포장용 테이프

☐ **bulb** [bʌlb] 명 전구

★ ☐ **stapler** [stéiplər] 명 스테이플러 ; 서류 철하는 기계 동 스테이플러로 고정시키다
  ▶ 우리말의 「호치키스」는 상표명이므로 「스테이플러」가 맞는 말. 스테이플러의 침은 staple.

★ ☐ **ruler** [rú:lər] 명 자

☐ **highlighter** [háilàitər] 명 형광펜

☐ **correction fluid / white-out** 교정액 ; 화이트

☐ **gluestick** [glú:stik] 명 막대 풀

☐ **scissors** [sízərz] 명 가위

☐ **Post-it** [póustit] 명 포스트잇 ▶ 본래는 상표명이나 일반 명사처럼 사용한다.

☐ **eraser** [iréisər] 명 지우개

☐ **paper clip** 종이 집게

☐ **memo pads** 메모 용지

☐ **thumbtack** [θʌ́mtæk] 명 제도용 압핀

사무실 기기(機器)

★ ☐ **paper jam** (복사기의) 종이 낌

☐ **remove** [rimú:v] 명 (낀 종이를) 제거하다

☐ **repair service** 수리 서비스

30. 보험 · 연금 (Insurance and Pension)

▶ 보험, 연금의 기본 단어 외에 면세 조치에 관한 언어도 추가했습니다. spouse와 dependent, deduction 등은 필수 단어입니다.

Kareon Inc. offers its employees benefit packages that cover every aspect of their lives. We offer ❶**medical benefits** and ❷**dental plans** that have no ❸**premiums** and have 100 percent ❹**coverage**. We also make sure your ❺**spouses** and ❻**dependents** are covered. In addition to that, we match any ❼**contributions** you make to your own ❽**401(k)**. We make contributions to your life insurance plan, too. At Kareon, we care about our employees' lives.

Kareon 회사는 사원의 생활을 모두 보증하는 사원 복지 후생 제도를 제공합니다. 당사는 보험료가 무료이며 100%를 보증하는 의료 보험 제도와 치과 의료 보험 제도를 제공합니다. 또한 여러분의 배우자와 부양가족도 보험 대상이 됩니다. 거기에 여러분이 자신의 401(k)에서 내는 부담금에도 분담합니다. 당사는 여러분의 생명 보험에도 부담합니다. Kareon 회사는 우리 회사 직원의 생활을 돌보는 데 최선을 다 합니다.

보험 제도

❶ ★ ☐ **medical benefits**　의료 보험 제도
　　▶ 기업이 주도하는 종업원의 의료 보험 제도. dental plans도 같음.

❷ ★ ☐ **dental plans**　치과 의료 보험 제도

❸ ★ ☐ **premium** [príːmiəm]　명 보험료
　　▶ 사고시 등에 지불하는 보험금은 insurance payment라고 말한다.

❹ ★ ☐ **coverage** [kʌ́vəridʒ]　명 (보험의) 보증 금액 ; 보증 범위

❼ ☐ **contribution** [kàntrəbjúːʃən]　명 (기업 등의) 부담(금) ; 분담(금)

☐ **medical insurance**　의료 보험

☐ **damage insurance**　손해 보험

★ ☐ **insurer** [inʃúːərər]　몡 보험 회사

★ ☐ **insured** [inʃúərd]　몡 보험 계약자

★ ☐ **recipient** [risípiənt]　몡 보험금 수취인

☐ **paid-up**　톙 (보험금 등을) 지불 완납한

★ ☐ **policy** [páləsi]　몡 (보험 등의) 증서 ; 계약

★ ☐ **certificate** [sərtífəkit]　몡 보험증 ; 증명서

★ ☐ **claim** [kleim]　똥 (보험금을) 청구하다　몡 청구

면세 조치

❺ ★ ☐ **spouse** [spaus]　몡 배우자

❻ ★ ☐ **dependent** [dipéndənt]　몡 부양 가족

★ ☐ **deduction** [didʌ́kʃən]　몡 공제　▶ deductible (공제되는)

★ ☐ **income tax**　소득세

연금 제도

❽ ☐ **401(k)**　기업 연금 제도
　　▶ 국가에서 보증하는 것으로 퇴직해서 다른 회사로 옮겨도 계속할 수 있다. 401(K)는 미국의 내국세입법
　　(Internal Revenue Code) 401조 K항을 근거로 하는 것에서.

★ ☐ **pension** [pénʃən]　몡 연금

☐ **set aside / put aside**　적립하다 / 비축하다

TIPS　09　자동사인가, 타동사인가? (2)

동사는 우리말로 번역한 이미지로 외우고 있으면 의외의 함정에 빠지므로 주의가 필요합니다. "토론하다;
의논하다"의 뜻인 discuss는 우리말 이미지로 목적어를 가지려면 about가 필요하다고 생각되지만 이 동
사는 타동사이기 때문에 discuss the matter와 같이 직접목적어가 옵니다. reach(도착하다),
approach(가까이 가다)도 to 없이 장소가 이어집니다. 동사는 예문으로 외우는 일이 매우 중요합니다.

31. 환경 · 재활용 (Environment and Recycling)

▶ 환경에 관한 출제는 이제부터 늘어나리라 예측됩니다. 쓰레기에 대한 표현과 함께 외워둡시다.

❶**Deforestation** is the cutting down and damaging of forests and it is having severe effect on the earth's ❷**ecosystem**. We count on the tropical rainforests to control ❸**carbon dioxide** levels in the ❹**atmosphere** and to ❺**protect** ❻**endangered species**. But these forests continue to be destroyed every day for agricultural and commercial ❼**logging** purposes. We must work hard to ❽**conserve** the tropical rainforests before it's too late.

산림 파괴란 산림의 벌채와 손상을 말하는 것으로 그것은 지구의 생태계에 심각한 영향을 주고 있다. 우리들은 대기 중의 이산화탄소의 농도를 제어하기 위해 또한 멸종 위기에 있는 종(種)을 보호하기 위해 열대우림에 의존하고 있다. 그러나 이런 산림은 농업과 상업적인 벌채의 목적으로 매일 계속 파괴되고 있다. 우리들은 너무 늦기 전에 열대우림을 보호하기 위해 전력을 다 해야 합니다.

자연

❶ ☐ **deforestation** [diːfɔ̀ːristéiʃən] 똉 삼림 파괴 ; 산림 벌채

❷ ★ ☐ **ecosystem** [ékousìstəm] 똉 생태계

❻ ★ ☐ **endangered species** 멸종 위험에 처한 종 ▶ species → [spíːʃi(ː)z]

❼ ☐ **logging** [lɔ́ːgiŋ] 똉 벌채

★ ☐ **ecology** [ikάlədʒi] 똉 생태학 ; 에코로지 ; 생태

☐ **flora and fauna** (어떤 지역의) 동식물
▶ flora가 「식물(상)」, fauna가 「동물(상)」의 뜻. 여행 가이드 등에서 잘 사용한다.

대기 · 기상

❸ ☐ **carbon dioxide** 이산화탄소 ▶ dioxide → [daiáksaid]

❹ ★ ☐ **atmosphere** [ǽtməsfìər] 명 대기

★ ☐ **emission** [imíʃən] / **exhaust gas** 명 배기 가스

☐ **greenhouse gas** 온실 효과 가스
▶ greenhouse effect는 「온실효과(에 의한 온난화)」

☐ **fossil fuels** 화석 연료

☐ **ozone layer** 오존층

☐ **acid rain** 산성비

☐ **solar cell** 태양 전지

환경 보전

❺ ★ ☐ **protect** [prətékt] 동 보호하다

❽ ★ ☐ **conserve** [kənsə́ːrv] 동 보전하다

★ ☐ **assess** [əsés] 동 평가하다 ; 사정하다

☐ **treatment** [tríːtmənt] 명 처리 ; 치료

☐ **decontaminate** [dìːkəntǽmənèit] 동 정화하다

★ ☐ **pollution** [pəlúːʃən] 명 오염 ; 공해

★ ☐ **environment-friendly** 형 환경 친화적인

★ ☐ **gene** [dʒiːn] 명 유전자 ▶ 형용사형은 genetic [dʒənétik] (유전자의)

☐ **substance** [sʌ́bstəns] 명 물질 ▶ 「마약」이라는 의미로도 사용한다.

☐ **compound** [kámpaund] 명 화합물 ▶ 「혼합물」은 mixture.

★ ☐ **soil** [sɔil] 명 흙 ; 토지

☐ **reactor** [riǽktər] 명 원자로 ; 반응로

☐ **nuclear-free** 형 비핵(非核)의

식품

★ ☐ **organic** [ɔːrgǽnik] 형 유기의 ; 농약을 사용하지 않는

☐ **fertilizer** [fə́ːrtəlàizər] 명 비료

★ ☐ **additive** [ǽdətiv] 명 (식품 등의) 첨가제

☐ **intake** [íntèik] 명 섭취

쓰레기 ; 폐기물

★ ☐ **resource** [ríːsɔːrs] 명 자원

★ ☐ **waste collection** 쓰레기 수집

★ ☐ **burnable** [bə́ːrnəbl] 명 가연성의 ; 태울 수 있는

★ ☐ **bin** [bin] 명 쓰레기 상자

★ ☐ **littering** [lítəriŋ] 동 쓰레기 버리기 ; 어지르기

★ ☐ **trash** [træʃ] 명 쓰레기
　　▶ 음식물 쓰레기는 garbage라고 말한다.

★ ☐ **dispose of** 폐기히디 ▶ disposal (폐기)

★ ☐ **exhaust** [igzɔ́ːst] 동 (가스 등을) 배출하다

☐ **discharge** [distʃáːrdʒ] 동 (오수 등을) 배출하다
　　▶ 인사에서는 「해임하다」의 뜻.

★ ☐ **recyclable** [riːsáikləbl] 형 재활용 가능한

☐ **incineration** [insìnəréiʃən] 명 (쓰레기) 소각
　　▶ 「소각장」은 **incineration** facilities / plant. 동사는 incinerate(소각하다).

☐ **landfill** [lǽndfil] 명 쓰레기 매립장

★ ☐ **hazardous** [hǽzərdəs] 형 위험한

★ ☐ **toxic** [táksik] 형 유독한 ▶ poisonous도 같은 의미.

★ ☐ **sewage** [súːidʒ] 명 오수 ; 하수

32. 경기감 (Business Sentiment)

▶ 신문의 경제난에서 상용되는 표현을 소개합니다. 여러 가지 인용문에서 잘 사용되는 것들입니다.

The recent ❶**sluggish** economy has put even more of a pull on the rising ❷**unemployment rate**. As state grvernments battle ❸**budget dificits**, government workers are also losing their jobs, and a ❹**stimulus package** doesn't seem to be coming anytime soon. "Thousands of jobs have been eliminated as the economy ❺**deteriorates**," said John Frith, a government employee, "and I don't see a ❻**recovery** any time soon." 10,000 government officials lost their jobs last month alone, as the cloud of ❼**uncertainty** about the economy rises.

최근의 침체된 경제가 상승하는 실업률을 더한층 부추기고 있다. 주정부의 재정 적자와의 전쟁 때문에 공무원도 직장을 잃고 있으며 경기 자극책은 금방 기대할 수 없는 것 같다. "경제가 악화되고 있는 가운데 수천 명의 사람이 직장을 잃고 있다"라고 공무원인 John Frith는 말한다. "'빠른 회복은 기대할 수 없다"라고. 경제 소생에 불안의 암운이 드리워진 가운데 지난 달에도 일만 명의 공무원이 실업자가 되었다.

불황

❶ ★ ☐ **sluggish** [slʌ́giʃ]　휑 불황의 ; 침체된

❺　☐ **deteriorate** [ditíəriərèit]　동 악화하다
　▶ 명사형은 deterioration (악화)

❼ ★ ☐ **uncertainty** [ʌnsə́ːrtənti]　명 (미래의) 불안

　★ ☐ **depression** [dipréʃən]　명 불황 ; 불경기

　★ ☐ **recession** [riséʃən]　명 경기 후퇴
　▶ 엄밀히는 「2사분기 연속 마이너스 성장」

- ☐ **crippling** [krípliŋ] 휑 마비된 ; 파멸적인
- ☐ **stagnate** [stǽgneit] 동 성장을 멈추다 ; 침체하다
- ☐ **slowdown** [slóudàun] 명 경기 감속
- ☐ **bust** [bʌst] 명 불경기 ; 불황
- ☐ **shrink** [ʃriŋk] 동 (경제가) 위축하다
- ☐ **doldrums** [dóuldrəmz] 명 침체 ; 혼미

호황

❻ ★ ☐ **recovery** [rikʌ́vəri] 명 경기 회복
- ★ ☐ **booming** [búːmiŋ] 휑 호황의 ; 활황의
- ★ ☐ **robust** [róubʌst] 휑 강건한 ; 활황의
- ☐ **buoyant** [bɔ́iənt] 휑 상승 경향의 ; 증가 추세의
- ☐ **vigorous** [vígərəs] 휑 활기찬 ; 생기 있는
- ★ ☐ **turnaround** [tə́ːrnəràund] 명 (경기의) 호전 ; (업적의) 흑자화
   ▶ 동사구로서 turn around (흑자화하다 ; 호전하다)와 같은 의미로 잘 사용한다.
- ★ ☐ **rebound** [ribáund] 동 되튀다 ; 회복하다   명 회복 ; 도약
   ▶ bounce back (회복하다)도 비슷한 의미로 사용한다.
- ☐ **euphoria** [juːfɔ́ːriə] 명 고양감 ; 행복한 심리 상태
   ▶ 호황으로 들떠 있는 상태를 표현할 때 잘 사용한다.

경제 지표 · 센티멘트

❷ ★ ☐ **unemployment rate** 실업률
- ★ ☐ **capital investment** 설비 투자 ; 자본 투자
- ★ ☐ **CPI (consumer price index)** 소비자 물가지수 ▶ consumption (소비)
- ☐ **leading indicator** 선행지표
- ★ ☐ **growth rate** (GDP 등의) 성장률
- ☐ **nominal** [námənl] **/ real** [ríːəl] 휑 (성장률 등이) 명목의 / 실질의
- ★ ☐ **survey** [sə́ːrvei] 명 조사 ; 의식 조사   동 [səːrvéi] 조사하다
- ☐ **sentiment** [séntəmənt] 명 경기 판단 ; 심정

정책

❸ ★ ☐ **budget deficits**　재정 적자

❹ ★ ☐ **stimulus package**　경기 자극책

★ ☐ **tax reduction**　감세

☐ **financial policy / monetary policy**　금융 정책
　　▶ 콜 시장의 금리 유도나 국채 매각 등 중앙 은행이나 금융 당국이 행하는 정책.

☐ **fiscal policy**　재정 정책
　　▶ 증세·감세나 공공투자 등 재정 당국이 행하는 정책.

★ ☐ **demand and supply**　수요와 공급

★ ☐ **deregulation** [diːregjəléiʃən]　⑲ 규제 완화
　　▶ deregulate (규제 완화하다)

★ ☐ **privatization** [pràivətaizéiʃən]　⑲ 민영화
　　▶ privatize (민영화하다)

☐ **bidding price**　(국채 등의) 입찰 가격

☐ **bail out**　(자금을 제공하여) 구제하다
　　▶ **bail out** the ailing banks (경영 부진의 은행을 구제하다). **bailout** (구제; 공적자금투입)

TIPS　**010**　가산명사와 불가산명사

단수에서 a/an을 붙이고 복수에서 복수형으로 쓰는 것이 가산명사(셀 수 있는 명사)입니다. 한편, 셀 수 없는 명사를 불가산명사라고 합니다. pen이 가산명사, water가 불가산명사라는 것은 쉽게 알 수 있습니다. 그러나 그 중에는 판별이 곤란한 것도 있습니다. furniture(가구)와 equipment(기기)는 셀 수 있는 것 같지만 실은 불가산명사입니다. 이런 불확실한 것은 Part 5에서도 타깃이 되는 경우가 있습니다.

펀더멘털즈

★ ☐ **fundamentals** [fʌ̀ndəméntlz] 몡 펀더멘털즈 ; 경제의 기초 조건
▶ 산업 인프라, 고용 정세, 자금 공급 등 경제 전체를 좌우하는 환경.

☐ **hollowing-out** 몡 (산업의) 공동화
▶ 공장이 해외로 이전하여 제조 기능이 희박하게 되는 것.

☐ **overcapacity** [ðuvərkəpǽsəti] 몡 과잉 설비 ; 초과 생산 능력

☐ **glut** [glʌt] 몡 (부동산 등의) 공급 과잉

★ ☐ **non-performing loans** 불량 채권
▶ 부도 충당금은 loan-loss provision.

☐ **vicious circle / virtuous circle** 악순환 / 호순환

☐ **public works** 공공 사업

☐ **liquidity** [likwídəti] 몡 유동성 ; 자금 공급량
▶ 돈이 시중에 유통되는 것이나 유통액을 말한다.

★ ☐ **sustainable** [səstéinəbəl] 혱 지속적인
▶ **sustainable** growth (지속적인 성장)

☐ **stabilize** [stéibəlàiz] 동 안정시키다

☐ **emerging market** 신흥 시장
▶ 현재 아시아 여러 나라 등 급성장한 국가를 가리킨다.

★ ☐ **potential** [pouténʃəl] 혱 (성장의) 잠재력이 있는   몡 잠재 능력

생활 어휘

O1. 정치 · 행정 (Politics and Administration)

▶ 입법부와 행정부, 그리고 선거에 관한 기본 단어를 소개합니다. TOEIC에는 전문적인 정치 용어는 잘 나오지 않으므로 기초적인 것만으로 충분합니다.

In this new digital age, ❶**Congress** is coming up with ❷**legislation** to ❸**regulate** usage of the Internet and ❹**crackdown** on cyber crime. One such bill that ❺**lawmakers** are trying to get ❻**government** support for is the CAN-SPAM act, which will prevent unsolicited e-mail messages. Congress is expected to ❼**vote** on this ❽**issue** soon.

If it passes, it will be a major ❾**upheaval** of Internet commerce, as commercial electronic mails will have strict requirements.

요즘 디지털 신시대를 맞이하여 국회는 인터넷의 사용과 사이버 범죄의 단속을 규제하는 법률을 입안하고 있다. 국회의원이 정부의 지원을 받고자 하는 법안의 하나는 불필요한 이메일을 방지하는 "미혹 메일 단속법"이다. 국회는 이 의안을 곧바로 의결할 예정이다.
만약 그것이 가결되면 상용 전자 메일에 엄한 요건이 부과되기 때문에 인터넷 거래의 큰 변혁이 될 것이다.

입법

❶ ★ ☐ **Congress** [káŋgris] 명 (미국 등의) 의회 ; 국회
  ▶ 미국에서는 의회의 소재지에서 Capitol Hill 이라고 말한다.

❷ ★ ☐ **legislation** [lèdʒisléiʃən] 명 입법 ; 법률

❺ ★ ☐ **lawmaker** [lɔ́ːmèikər] 명 국회의원

☐ **Representative** [rèprizéntaitiv] / **Senator** [sénatər] 명 (미국의) 하원의원 / 상원의원

☐ **coalition** [kòuəlíʃən] 명 연립(정권)

★ ☐ **opposition** [àpəzíʃən] / **ruling** [rúːliŋ] 형 야당의 / 여당의

❸ ★ ☐ **regulate** [régjulèit] 동 규제하다 ▶ regulation (규제)
❹ ★ ☐ **crackdown** [krǽkdaun] 명 (위법 행위 등의) 단호한 단속 ; 일제 단속
❻ ★ ☐ **government** [gʌ́vərnmənt] 명 정부 ; 행정부
　 ★ ☐ **administration** [ædmìnəstréiʃən] 명 정권
　　 ☐ **regime** [rəiʒíːm] 명 정권
　　　▶ 부정적인 이미지가 있어 독재 국가 등에 사용하며, 군사 정권에 대하여는 junta라고 말한다.
　 ★ ☐ **prime minister**　수상 ; 국무총리
　 ★ ☐ **cabinet** [kǽbənit] 명 내각
　 ★ ☐ **governor** [gʌ́vərnər] 명 (주의) 지사 ▶「시장」은 mayor.
　 ★ ☐ **province** [právins] 명 주 ; 도 ; 지방
　　　▶ 중국의 성은 province, 미국은 state. 일본은 prefecture (현), 한국의 도는 province.
　　 ☐ **municipality** [mjuːnìsəpǽliti] 명 (시 · 군 수준의) 지방자치제

선거

❼ ★ ☐ **vote** [vout] 동 투표하다 명 투표 ▶「투표함」은 ballot box라고 말한다.
❽ ★ ☐ **issue** [íʃuː] 명 쟁점 ; 문제
　　 ☐ **constituency** [kənstítʃuənsi] / **electorate** [iléktərit] 명 유권자 ; 선거인
　 ★ ☐ **candidate** [kǽndidèit] 명 후보자
　 ★ ☐ **polls** [poulz] 명 여론 조사
　　 ☐ **census** [sénsəs] 명 국세 조사 ; 인구 조사

정치 혼란

❾ 　 ☐ **upheaval** [ʌphíːvəl] 명 동란 ; (사회적 · 정치적) 격변
　　 ☐ **civil war**　내전
　　 ☐ **coup** [kuː] 명 쿠데타 ▶ 발음 주의
　　 ☐ **curfew** [kə́ːrfjuː] 명 야간 통행 금지
　　　▶「계엄령」은 martial law.「비상 사태 선언」은 state of emergency.

O2. 국제 문제 (International Affairs)

▶ ★표의 단어를 먼저 잘 외어 둡시다. state, sovereign, border 등은 중요 단어입니다.

The United Nations Security Council welcomed a commitment by the ❶**sovereign** nation to allow the ❷**territory** it occupies to become an ❸**autonomous** ❹**state** by the end of next year. The UN will draw up the ❺**pact**, which is expected to be ❻**bilaterally** approved next week. The sovereign nation must also observe a ❼**ceasefire** effective immediately. The UN will send a ❽**peacekeeping** force to the area so that the transition proceeds smoothly.

국제연합 안전보장 이사회는 그 주권 국가가 내년 말까지 자신이 점령하고 있는 영토에 자치주의 설립을 인정한다는 공약을 환영했다. UN은 조약을 작성하고 내주에 쌍방의 승인을 얻을 전망이다. 또한 그 주권 국가는 즉시 정전 실시도 준수해야만 한다. UN은 권력 이양이 원활하게 진행되도록 그 지역에 평화 유지 부대를 파견할 예정이다.

주권

❶ ★ ☐ **sovereign** [sávərin] 휑 **주권의** ▶ a **sovereign** state (주권 국가)

❷ ★ ☐ **territory** [térətɔ̀ːri] 몡 **영토**
　　▶ 「영해」는 territorial waters, 「영공」은 territorial air라고 말한다.

❸ ☐ **autonomous** [ɔːtánəməs] 휑 **자치의**
　　▶ an **autonomous** region (자치구)

❹ ★ ☐ **state** [steit] 몡 **국가 ; (미국 등의) 주**

　★ ☐ **border** [bɔ́ːrdər] 몡 **국경**

　★ ☐ **independence** [ìndipéndəns] 몡 **독립**
　　▶ **Independence** Day ([미국의] 독립기념일)

❺ ★ ☐ **pact** [pækt]　명 조약 ; 협정　▶ treaty도 같은 의미로 사용한다.

❻ ★ ☐ **bilaterally** [bailǽtərəli]　부 양국 간에　▶ unilaterally (일국주의적으로)

☐ **ally** [əlái]　명 동맹 (국)

☐ **ambassador** [æmbǽsədər]　명 대사

☐ **embassy** [émbəsi]　명 대사관　▶ consulate (영사관)

☐ **envoy** [énvɔi]　명 외교사절 ; 특사

☐ **diplomacy** [diplóuməsi]　명 외교　▶ diplomat (외교관)

☐ **reciprocal** [risíprəkəl]　형 상호적인 ; 호혜적인
　　▶ a **reciprocal** trade agreement (상호 통상 조약)

❼ ★ ☐ **ceasefire** [síːsfàiər]　명 정전　▶ truce (휴전)

❽ ☐ **peacekeeping** [píːskìːpiŋ]　명 평화 유지
　　▶ a **peacekeeping** operation (평화 유지 활동)

★ ☐ **conflict** [kánflikt]　명 분쟁

★ ☐ **assault** [əsɔ́ːlt]　명 습격　동 습격하다　▶ ambush는 「매복 공격」.

★ ☐ **refugee** [rèfjudʒíː]　명 난민

☐ **defection** [difékʃən]　명 망명

☐ **surveillance** [səːrvéiləns]　명 정찰
　　▶ a **surveillance** plane (정찰기)

★ ☐ **troops** [truːps]　명 군대

☐ **marines** [məríːnz]　명 (미) 해병대

★ ☐ **deploy** [diplɔ́i]　동 (군대 등을) 배치하다

☐ **extremist** [ikstríːmist]　명 과격주의자 ; 과격파
　　▶ 「반란」은 revolt, rebellion, insurgency 등으로 말한다.

O3. 매스컴 (Media)

▶ 잡지 매체와 TV에 관한 표현은 의외로 자주 출제됩니다. 생소한 것들에 대해서는 간단한 해설을 첨가했습니다.

The ❶**bi-monthly** tabloid reported on its ❷**front page** today that the famous star had ❸**allegedly** abused a woman before he was famous. The ❹**cover story** detailed the allegations, in which the accuser claims the star punched her, in a five-page ❺**feature** even though the story is still only a ❻**rumor**. The woman, who prefers to remain ❼**anonymous** right now, has already been offered her own ❽**reality show** by television producers.

그 격월간의 타블로이드지는 오늘 제 1면에서 그 유명 배우가 무명 시절에 한 여성에게 학대를 가했다는 보도를 했다. 그 커버스토리는 이야기가 아직 소문에 지나지 않는다고 하면서 5쪽짜리 특집으로 고발자인 여성이 그 배우에게 구타당했다고 하는 주장을 세세히 전하고 있다. 그 여성은 현재로서는 이름을 공개하고 싶지 않다고 하지만 이미 TV의 PD로부터 그녀 자신의 리얼리티 쇼에 나오는 것을 의뢰받고 있다.

신문 · 잡지

❶ ★ ☐ **bi-monthly** [baimʌ́nθli] 형 격월간의

★ ☐ **quarterly** [kwɔ́ːrtərli] 형 계간의

★ ☐ **periodical** [pìəriádikəl] 명 정기 간행물

❷ ★ ☐ **front page** (신문의) 제 1면

❹ ☐ **cover story** 커버 스토리 ▶ 잡지의 표지에 관계된 특집 기사.

★ ☐ **headline** [hédlàin] 명 큰 제목 ; 헤드라인

★ ☐ **classified ads** (신문의) 분류 광고 ; 구인 광고

★ ☐ **publisher** [pʌ́bliʃər] 명 출판사 ; 발행인

★ ☐ **printer** [príntər] 명 인쇄 회사 ▶ 인쇄기인 「프린터」와 구별 주의.

☐ **DTP(desk-top publishing)** 데스크탑 퍼블리싱
▶ 편집 소프트로 데이터 처리된 원고를 인쇄소에 입고하는 시스템.

텔레비전

❽ ☐ **reality show** 리얼리티 쇼
▶ 배우 없이 일반인의 일상을 취재하여 리얼하게 재현하는 프로그램.

☐ **soap opera** 연속 드라마
▶ 비누 회사가 많이 스폰서를 하고 있다는 데서 이름이 유래.

☐ **sitcom** [sítkὰm] 명 시츄에이션 코미디 ; 시트콤
▶ 정해진 인물들이 다양한 장면 설정에서 전개하는 코미디. 보통 스튜디오 세트에서 촬영되고 배경에 시청자들의 웃음소리가 들어 있다.

☐ **slot** [slɑt] 명 (TV 광고 등의) 시간

★ ☐ **prime time** 프라임 타임 ▶ 통상적으로 오후 7시~11시.

★ ☐ **program** [próugræm] 명 프로그램

☐ **breaking news** 긴급 뉴스 ; 뉴스 속보

보도

❸ ☐ **allegedly** [əlédʒidli] 부 전하는 바에 의하면
▶ 보도 주체가 사실에 대한 인식 없이 나타내는 표현이며 reportedly와 같은 의미.

❺ ★ ☐ **feature** [fí:tʃər] 명 특집 동 특집으로 하다 ; (배우를) 주연시키다

❻ ★ ☐ **rumor** [rú:mər] 명 소문

❼ ★ ☐ **anonymous** [ənánəməs] 형 익명의

★ ☐ **authority** [əθɔ́:riti] 명 당국 ▶ 해당의 행정부 등을 가리킨다.

★ ☐ **celebrity** [səlébrəti] 명 유명인

☐ **affair** [əfέər] 명 사건 ; 불륜

☐ **gossip** [gásip] 명 가십 ; 잡담

☐ **source** [sɔ:rs] 명 출처 ; 정보원(源)

04. 교육 (Education)

▶ 교육에 관한 표현에는 맹점이 되는 것이 의외로 많이 있습니다. ★ 표한 것을 먼저 확실히 익혀둡시다.

Are you hoping to continue your education in an exciting, foreign land? Then be sure to check out Salisbury's ❶graduate ❷study abroad program. With the Salisbury program, you can study ❸language arts, ❹humanities or ❺liberal arts at selected universitics across the globe. Earn your ❻master's degree in just three summers while visiting an interesting country. Salisbury also offers quality ❼undergraduate programs, too. Broaden your horizons and call us today at 1-800-628-9378.

자기의 공부를 자극적인 외국의 땅에서 계속하고 싶지 않습니까? 만약 그렇다면 Salisbury의 해외 석사 프로그램을 조사해 보십시오. Salisbury의 프로그램에 의하여 세계에서 선택된 대학에서 언어 과목, 인문 과목, 일반 교육 과목을 배울 수 있습니다. 흥미 있는 나라를 방문하면서 여름방학 3학기로 석사 학위를 취득할 수 있습니다. Salisbury는 양질의 학사 프로그램도 제공하고 있습니다. 자신의 시야를 넓혀 나갑시다. 1-800-628-9378에 오늘이라도 전화 주십시오.

교육 시스템

❶ ★ ☐ **graduate** [grǽdʒuət] 명 졸업생 ; (미) 대학원생

❼ ★ ☐ **undergraduate** [ʌ̀ndərgrǽdʒuət] 명 대학생
▶ undergrad로 말하는 경우도 있다. freshman(1학년), sophomore(2학년), junior (3학년), senior(4학년)처럼 말하는 것도 기억해야 한다.

❷ ★ ☐ **study abroad** 유학하다

  ★ ☐ **higher education** 고등 교육 ▶ 대학 · 대학원 교육을 지칭함.

  ★ ☐ **elementary school** 초등 학교 ▶ 「유치원」은 kindergarten.

  ☐ **principal** [prínsəpəl] 명 학장 ; 교장

☐ **tutor** [tjúːtər] 명 개인 지도 교수 ▶ tutorial은 「개별 지도」.

☐ **sabbatical** [səbǽtikəl] 명 (대학 교수 등의) 장기 유급 휴가

등록 · 수업

★ ☐ **enroll** [inróul] 동 (학교에) 입학하다 ; (수업에) 등록하다
  ▶ enrollment (입학 ; 등록)

★ ☐ **registration** [rèdʒəstréiʃən] 명 등록 ▶ register (등록하다)

☐ **prerequisite** [priːrékwəzit] 명 필수 과목 형 필수의

☐ **syllabus** [síləbəs] 명 (강연 등의) 개요 ; 교수 요목 ; 실러버스

☐ **extension** [iksténʃən] 명 (대학의) 공개 강좌

★ ☐ **tuition** [tjuːíʃən] 명 수업료

★ ☐ **scholarship** [skálərʃìp] 명 장학금

★ ☐ **semester** [siméstər] 명 학기

학과

❸ ☐ **language arts** 언어학

❹ ★ ☐ **humanities** [hjuːmǽnətiz] 명 인문학

❺ ★ ☐ **liberal arts** 일반 교양 과목

☐ **psychology** [saikálədʒi] 명 심리학

☐ **literature** [lítərətʃər] 명 문학

☐ **astronomy** [əstránəmi] 명 천문학

학위 · 학점

❻ ★ ☐ **master's degree** 석사
  ▶ MBA (master of business administration)은 경영학 석사. 또 bachelor's degree (학사 학위)
    doctor's degree (박사 학위).

☐ **diploma** [diplóumə] 명 졸업증서 ; 학위

★ ☐ **degree** [digríː] 명 학위

★ ☐ **major** [méidʒər] 명 전공 ▶ major in (~을 전공하다)

★ ☐ **grade** [greid] 명 성적

★ ☐ **credit** [krédit] 명 이수 학점

O5. 건강 · 의약품 (Health and Medicine)

▶ 의사에게 증세를 설명한다고 생각하고 외워 나가면 될 것입니다. "checkup＝건강진단" 등, 의외로 모르는 표현에 주의.

The ❶**flu** season is in now upon us, so I would like to remind everyone to be aware of any ❷**symptoms** and to see their ❸**general practitioners** if they show any signs of ❹**illness**. If you have a high ❺**fever** and feel ❻**nauseous**, you could have the flu. Other symptoms include ❼**diarrhea**, a ❽**runny nose** and a ❾**cough**. Ask your doctor today about a flu ❿**vaccination** and reduce your chances of getting it. It is highly ⓫**contagious**, so prevention is the key.

유행성감기의 계절이 시작했으므로 그 증상에 신경을 쓰면서 병의 징후가 보이면 의사에게 진찰받을 것을 여러분에게 충고하고 싶습니다. 고열과 구토를 동반하는 경우에는 인플루엔자에 감염됐을 가능성이 있습니다. 그 이외에도 설사, 콧물, 기침 등의 증세가 있습니다. 오늘이라도 유행성감기의 예방 접종에 대하여 의사와 상담하여 감염될 가능성을 줄이십시오. 유행성감기는 감염성이 높으므로 예방이 최고입니다.

병

❶ ★ ☐ **flu** [fluː]　명 인플루엔저 ; 유행성감기
　　▶ 정확히는 influenza이나 flu로 짧게 말하는 경우가 많다.

　★ ☐ **cold** [kould]　명 감기　▶ catch a **cold** (감기에 걸리다)

❹ ★ ☐ **illness** [ílnis]　명 병 ; 아픔
　　▶ illness는 아픔이 있는 일반적인 상태를 가리키고, disease는 구체적인 원인으로 발병하는 병을 가리킨다. 같이 사용되는 일도 많다.

　★ ☐ **disease** [dizíːz]　명 병

⓫ ★ ☐ **contagious** [kəntéidʒəs]　형 전염성의 ; 접촉 감염성의
　　▶ infectious도 같은 의미로 「공기 감염성의」라는 뜻이다.

　☐ **anemia** [əníːmiə]　명 빈혈

　☐ **insomnia** [insámniə]　명 불면증

□ **pneumonia** [nju:móunjə] 명 폐렴
★ □ **cancer** [kǽnsər] 명 암
□ **stroke** [strouk] 명 뇌경색 ; 뇌졸중 ; 발작
□ **diabetes** [dàiəbí:tis] 명 당뇨병
□ **measles** [mí:zəlz] 명 홍역
□ **obesity** [oubí:səti] 명 비만
□ **hay fever** 명 고초열 (꽃가루에 의한 병)
□ **burn** [bə:rn] 명 화상

증상

❷ ★ □ **symptom** [símptəm] 명 증상 ; 징후
❺ ★ □ **fever** [fí:vər] 명 열
❻ ★ □ **nauseous** [nɔ́:ʃəs] 형 메스꺼운
❼ ★ □ **diarrhea** [dàiərí:ə] 명 설사
▶ 「구토」는 throw up이나 vomit라고 말한다.
❽ ★ □ **runny nose** 콧물
❾ ★ □ **cough** [kɔ(:)f] 명 기침   동 기침하다
□ **sneeze** [sni:z] 명 재채기   동 재채기하다
□ **rash** [ræʃ] 명 발진
□ **hangover** [hǽŋòuvər] 명 숙취
★ □ **itchy** [ítʃi] 형 가려운
★ □ **ache** [eik] / **hurt** [hə:rt] 동 아프다
□ **tickle** [tíkəl] 동 근질근질하다
★ □ **bleed** [bli:d] 동 피가 나다
□ **faint** [feint] 동 현기증이 나다
□ **dizzy** [dízi] 형 어질어질한
□ **cavity** [kǽvəti] 명 충치
□ **aging** [éidʒiŋ] 명 노화
□ **wrinkle** [ríŋkəl] 명 주름(살)

진단 · 치료

❸ ★ ☐ **general practitioner** 일반 개업의

❿ ★ ☐ **vaccination** [væksənéiʃən] 명 예방 접종
▶ 「주사」는 shot이나 injection이라고 한다.

★ ☐ **physician** [fizíʃən] / **surgeon** [sə́ːrdʒən] 명 내과 의사 / 외과 의사

☐ **psychiatrist** [saikáiətrist] 명 정신과 의사

★ ☐ **operation** [àpəréiʃən] 명 수술
▶ 공장에서는 「(기계의) 조작」, 회사에서는 「경영 ; 운영」, 군대에서는 「군사 작전」이 된다.

★ ☐ **diagnosis** [dàiəgnóusis] 명 진단 ▶ diagnose (진단하다)

★ ☐ **hospitalization** [hàspɪtəlizéiʃən] 명 입원

☐ **X-ray** 명 엑스 선

☐ **nursing care** 간호

☐ **home care** 재택 간호

★ ☐ **ambulance** [æmbjuləns] 명 구급차

★ ☐ **checkup** [tʃékʌp] 명 건강 진단

의약품

★ ☐ **prescription** [priskrípʃən] 명 처방 ; 처방전

☐ **over-the-counter** 형 (처방전이 필요없는) 시판의

★ ☐ **pharmacy** [fáːrməsi] 명 약국 ; 제약학

☐ **antibiotics** [æntibaiátiks] 명 항생물질

☐ **pill** [pil] 명 정제 ▶ 「가루약」은 powder라고 말한다.

★ ☐ **dose** [dous] 명 복용

06. 재판 · 법집행 (Trials and Enforcement)

▶ "검사" "판사" "원고" "피고" 등 재판의 기본 단어를 잘 익혀둡시다. "소송"에도 여러 가지 표현법이 있습니다.

One of the most common forms of ❶**embezzlement** today is employee theft. Company employees may commit ❷**petty crimes** like theft of small items or cash, or crimes where the ❸**punishment** would require a long ❹**imprisonment**. These crimes might include ❺**corruption** and ❻**bribery**. If you notice a drop in profits, delayed deposits or missing documents, you may be a victim of employee embezzlement. If you ❼**suspect** a particular employee, do not hesitate in having him or her ❽**arrested**.

오늘날 가장 일반적인 횡령의 하나는 종업원의 도둑질이다. 기업의 종업원은 사소한 물건이나 현금의 절도 같은 경범죄나 그 벌칙으로서 장기의 수감이 요구되는 범죄를 범할 때가 있다. 이런 범죄에는 부정 행위와 뇌물이 포함될 것이다. 만약 이익의 감소, 입금의 지연, 서류의 분실을 눈치 채면 당신은 종업원의 횡령의 희생자가 될 수도 있다. 가령 특정 종업원에게 의혹을 품게 되면 그 사람이 남자든 여자든 구속시키는 것을 망설이면 안 된다.

범죄

❶ ☐ **embezzlement** [imbézəlmənt] 명 횡령 ; 착복
　▶ 동사형은 embezzle.

❷ ☐ **petty crimes** 경범죄 ▶ 「중범죄」는 felony라고 한다.

❺ ★ ☐ **corruption** [kərʌ́pʃən] 명 독직 ; 부패 ; 매수

❻ ☐ **bribery** [bráibəri] 명 뇌물 수수

☐ **malfeasance** [mælfíːzəns] 명 위법 행위

★ ☐ **robbery** [rábəri] 명 강도 ▶ 「절도」는 theft를 사용.

☐ **kidnapping** [kídnæpiŋ] / **abduction** [æbdʌ́kʃən] 명 유괴

☐ **homicide** [hάməsàid] 똉 살인 ; 살인 행위
▶ 살인죄의 총칭. 법률상은 murder가 「(의도적인) 살인」, manslaughter가 「과실치사」

★ ☐ **harassment** [hǽrəsmənt] 똉 희롱 ; 미혹 행위
▶ 동사는 harass (괴롭히다). sexual **harassment**는 「성희롱」

☐ **accomplice** [əkάmplis] 똉 공범자

★ ☐ **offense** [əféns] 똉 범죄 ; 위법 행위

형벌

❸ ★ ☐ **punishment** [pʌ́niʃmənt] 똉 형벌 ; 처벌
▶ 정상 참작은 leniency라고 한다.

❹ ★ ☐ **imprisonment** [imprízənmənt] 똉 금고 ; 수감
▶ 「형무소」는 jail 또는 prison. 「구치소」는 detention house / center라고 말한다.

☐ **capital punishment / death penalty** 사형
▶ execute ([사형을]집행하다)

★ ☐ **fine** [fain] 똉 벌금 똥 벌금을 부과하다

☐ **delinquency** [dilíŋkwənsi] 똉 (의무의) 불이행 ; 과실

★ ☐ **juvenile** [dʒúːvənəl] 똉 미성년의
▶ **juvenile** crime (소년 범죄)

★ ☐ **guilty** [gílti] 똉 유죄의
▶ The jury found the accused **guilty** of robbery.
(배심원은 피고가 강도죄로 유죄임을 인정했다.)

☐ **parole** [pəróul] 똉 집행 유예 ; 가석방

☐ **prescription** [priskrípʃən] 똉 시효
▶ 의료에서는 「처방(전)」을 의미한다.

법집행

❼ ★ ☐ **suspect** [sʌ́spekt] 똉 용의자 ; 피의자

❽ ★ ☐ **arrest** [ərést] 똥 체포하다 ; 구속하다
▶ 「영장」은 writ라고 말한다.

☐ **detain** [ditéin] 똥 구류하다 ; 유치하다

☐ **confiscate** [kάnfiskèit] 똥 압수하다

재판

- ★ ☐ **attorney** [ətə́ːrni] / **lawyer** [lɔ́ːjər]   명 변호사
- ★ ☐ **judge** [dʒʌdʒ]   명 재판관 ; 판사
- ★ ☐ **prosecutor** [prásəkjùːtər]   명 검사
- ★ ☐ **bar** [baːr]   명 법조계
- ★ ☐ **plaintiff** [pléintif] / **defendant** [diféndənt]   명 원고 / 피고
- ★ ☐ **juror** [dʒúərər]   명 배심원   ▶ jury에서 「(12명으로 구성된) 배심」
- ☐ **litigation** [lìtigéiʃən]   명 소송
- ★ ☐ **sue** [suː]   동 소송을 제기하다
- ☐ **indict** [indáit]   동 기소하다 ; 고소하다   ▶ 발음 주의
- ☐ **charge** [tʃaːrdʒ]   동 고소하다 ; 기소하다
- ★ ☐ **witness** [wítnis]   명 증인
- ★ ☐ **evidence** [évidəns]   명 증거
- ★ ☐ **verdict** [və́ːrdikt]   동 (배심원이) 평결하다   명 평결
- ☐ **acquittal** [əkwítəl]   명 무죄   ▶ innocence도 같은 뜻.
- ★ ☐ **sentence** [séntəns]   동 판결을 하다 ; 형을 선고하다
  She was **sentenced** to 3 years in prison.
  (그녀는 3년간의 금고형을 선고 받았다.)
- ☐ **supreme court**   대법원
  ▶ 「고등법원」은 appeal court 또는 appellate court라고도 말한다. appeal은 「공소 ; 상소」의 뜻.
  「지방법원」은 district court.

법률

- ☐ **article** [áːrtikl]   명 조문 ; 조   ▶ **Article** 9 of the constitution (헌법 제 9조)
- ☐ **paragraph** [pǽrəgræf]   명 항
  ▶ 조 아래 분류. 그 아래의 하위 분류는 「호」이며, 이는 item을 사용한다.
- ★ ☐ **amendment** [əméndmənt]   명 개정   ▶ amend (개정하다)
- ★ ☐ **constitution** [kànstətjúːʃən]   명 헌법
- ☐ **civil codes**   민법
- ☐ **penal codes**   형법
- ☐ **penal provisions**   벌칙 규정

07. 사교 (Socializing)

▶ 파티와 축하 · 애도 등의 기본 표현을 소개합니다. RSVP 등 미국과 영국의 관례에 관련된 말에 조심합시다.

Hi everyone! I just wanted to send out an ❶**invitation** to you all for a ❷**get-together** at my house to ❸**celebrate** my daughter's ❹**engagement**. I haven't seen a lot of you in ages, so it will also be a sort of ❺**reunion** for me. The party will be held on Saturday night at 7:00 p.m., and we ask that you do not bring gifts. Please ❻**RSVP** by Friday. I hope you all can make it and help us ❼**toast** the ❽**bride and groom** to be!

여러분 안녕하세요! 저희 딸의 약혼을 축하하기 위해 자택에서 모임을 갖고자 초대장을 보내게 되었습니다. 많은 분들을 여러 해 동안 만나지 못해서 저에게는 이것이 어떤 의미로서의 동창회나 다름없습니다. 파티는 토요일 오후 7시부터 시작됩니다. 선물 등은 사양하겠습니다. 금요일까지 답장을 부탁합니다. 여러분 전원이 참석하시어 미래의 신랑 신부를 축복하여 주시면 감사하겠습니다.

초대

❶ ★ □ **invitation** [ìnvətéiʃən] 몡 초대(장)
❻ ★ □ **RSVP** 회답을 바람 ▶ 프랑스어 Repondez s'il vous plait의 약어.

파티 · 결혼식

❷ ★ □ **get-together** [géttəgèðər] 몡 모임 ; 간친회
❸ ★ □ **celebrate** [séləbrèit] 통 축하하다
❹ ★ □ **engagement** [engéidʒmənt] 몡 약혼
❺ ★ □ **reunion** [ri:jú:niən] 몡 재회 ; 동창회
❽ ★ □ **bride and groom** 신랑 신부 ▶ 「신랑」은 bridegroom이라고도 한다.

★ ☐ **alumni** [əlʌ́mnai] 명 동창생 (복수형)
▶ 단수형으로 남성의 동창생은 alumnus, 여성의 동창생은 alumna.

★ ☐ **banquet** [bǽŋkwit] 명 축연 ; 연회

★ ☐ **reception** [risépʃən] 명 피로연 ; 환영회

☐ **open house** 오픈 하우스 ; 자택 공개 파티
▶ 이사 후 새집의 집들이 파티를 말하거나, 판매용 부동산의 일반 공개를 나타낸다.

☐ **welcome party / farewell party** 환영회 / 송별회

축하 · 건배

❼ ★ ☐ **toast** [toust] 동 건배하다
▶ 「건배!」하는 소리는 Toast! 외에 Cheers!, Bottoms up! 등을 사용한다.

☐ **Congratulations!** [kəngrætʃəléiʃənz] 감 축하합니다!
▶ 소리 낼 때 복수형으로 됨에 주의.

애도

★ ☐ **condolence** [kəndóuləns] 명 후회 ; 애도 ; 조사

☐ **pass away** 죽다, 돌아가시다 ▶ die의 완곡 어법

☐ **bereaved** [birí:vd] 형 가족을 잃은 ▶ the bereaved 「유족」

★ ☐ **funeral** [fjú:nərəl] 명 장례 ; 장례식
▶ 「장례식 전야의 철야, 밤샘」은 한밤 중에 일어나 있는 데서 wake라고 한다.

☐ **mourning** [mɔ́:rniŋ] 명 애도 ; 복상 ▶ **mourning** dress (상복)

★ ☐ **sympathy** [símpəθi] 명 동정 ; 공감
▶ Please accept my **sympathies** on the death of your father.
(부친의 서거에 애도의 뜻을 표합니다.)

사교

☐ **compliment** [kámpləmənt] 명 칭찬 ; 찬사

☐ **flatter** [flǽtər] 동 아첨하다 ▶ flattering (아첨하기)

★ ☐ **rite** [rait] 명 의식 ; 의뢰

★ ☐ **ceremony** [sérəmòuni] 명 식전 ; 세리모니

★ ☐ **custom** [kʌ́stəm] 명 (사회적인) 관습 ; 개인의 습관

08. 감정 (Emotions)

▶ 기본적인 감정을 나타내는 표현을 되도록이면 많이 다루었습니다. 먼저 ★ 표한 것을 잘 외우도록 합시다.

> People who suffer from depression constantly feel ❶let down, ❷disappointed and ❸dissatisfied. Those who are bipolar may have periods when they feel ❹anxious, and it's impossible for them to ❺relax and ❻calm down. If you feel like this, you may need to see a counselor. Feeling constantly ❼sad could indicate mental illness, stress or physical strain. Don't go through life feeling ❽gloomy. See a specialist and take care of your mental health.

우울증에 걸린 사람은 항상 낙담하고 실망하고 불만족합니다. 우울병인 사람은 불안을 느끼는 기간이 있고, 편하게 있거나 침착하지 못합니다. 만약 당신이 이런 증세를 느끼면 카운슬러에게 진찰받는 것이 필요합니다. 끊임없이 슬픔을 느끼는 것은 정신질환과 스트레스, 과로를 나타내고 있습니다. 우울한 상태로 생활을 하면 안 됩니다. 전문가에게 상담하여 마음의 건강에 신경을 씁시다.

실망

❶ ★ ☐ **let down**   낙담하다 ; 실망시키다
　　▶ 예문에서는 과거분사형으로 사용되어 「낙담한」.

❽ ☐ **gloomy** [glú:mi]   〔형〕 우울한 ; 음산한

☐ **moody** [mú:di]   〔형〕 우울한 ; 침울한

불만 ; 화

❷ ★ ☐ **disappointed** [dìsəpɔ́intid]   〔형〕 불만족한 ; 낙담한
　　▶ disappoint (낙담시키다)

❸ ★ ☐ **dissatisfied** [dissǽtisfàid]   〔형〕 불만스러운

▶ dissatisfy (불만을 갖다). 반의어는 satisfy (만족시키다).

☐ **rage** [reidʒ]　몡 격노 ; 격한 노여움　동 격노하다

☐ **indignation** [ìndignéiʃən]　몡 분개 ; 의분

★ ☐ **bored** [bɔːrd]　혱 지루한　▶ boring 「지루하게 하는」

불안

❹ ★ ☐ **anxious** [ǽŋkʃəs]　혱 걱정하는 ; 우려하는
　　▶ be **anxious** to do는 「~하기를 갈망하다」라는 의미이다.

★ ☐ **concerned** [kənsə́ːrnd]　혱 걱정스러운 ; 우려하는
　　▶ concern은 「걱정시키다」의 동사이며, 「걱정」이라는 명사로도 사용된다.

★ ☐ **worry** [wə́ːri]　동 걱정하다　몡 걱정

☐ **feel ill at ease** 불안하다 ; 안절부절 못하다

쾌적 · 평온

❺ ★ ☐ **relax** [rilǽks]　동 누그러뜨리다 ; 완화하다

❻ ★ ☐ **calm down** 침착하다 ; 차분해지다

☐ **take it easy** 느긋하게 하다 ; 침착하다

☐ **make yourself at home** 마음 편안히 하다

☐ **loosen up** 긴장을 풀다

☐ **feel at home** (자기 집에 있는 것처럼) 편안하다

★ ☐ **cozy** [kóuzi]　혱 쾌적한 ; 따뜻한 분위기의

★ ☐ **comfortable** [kʌ́mfərtəbəl]　혱 쾌적한 ; 편안한

★ ☐ **relieved** [rilíːvd]　혱 안심이 된 ; 해방된

슬픔

❶ ★ ☐ **sad** [sæd] （형） 슬픈 ; 비통한

☐ **lament** [ləmént] （동） 슬퍼하다 ; 탄식하다

★ ☐ **sorrow** [sárou] （명） 슬픔 ; 비애

☐ **grieve** [griːv] （동） 매우 슬퍼하다 ; 비탄에 잠기다

★ ☐ **sympathetic** [sìmpəθétik] （형） 동정하는 ; 공감하는

기쁨 · 만족

★ ☐ **pleased** [pliːzd] （형） 기쁜 ; 기뻐하는
▶ please (기쁘게 하다)

☐ **content** [kəntént] （형） 만족하는 （명） 만족

★ ☐ **terrific** [tərífik] （형） 굉장한 ; 훌륭한
▶ **terrific** news 굉장한 뉴스

★ ☐ **excellent** [éksələnt] （형） 훌륭한 ; 우수한 ; 완벽한

☐ **gratify** [grǽtəfài] （동） 즐겁게 하다 ; 만족시키다

★ ☐ **encourage** [enkə́ːridʒ] （동） 권장하다 ; 용기를 주다
▶ 반의어는 discourage (낙담시키다 ; 의욕을 꺾다)

☐ **entertain** [èntərtéin] （동） 기쁘게 하다 ; 환대하다

☐ **I did it! / I made it!** 해냈다!
▶ 뭔가를 성취했을 때 기쁨을 표현할 때 사용.

곤혹

★ ☐ **embarrassed** [imbǽrəst] （형） 부끄러운 ; 당황한
▶ 칭찬을 받아서 「부끄러운」 등, 보통 부끄러움을 나타낸다. ashamed는 「(윤리적으로 비추어) 수치스러운」이라는 뉘앙스.

★ ☐ **upset** [ʌpsét] （동） 뒤집어엎다 ; 화나게 하다 （형） 전복한 ; 심란한

☐ **perplex** [pərpléks] （동） 당혹케 하다 ; 혼란시키다

공포

★ ☐ **scared** [skɛərd] ⑲ 두려워하는 ; 겁먹은
☐ **spooky** [spúːki] ⑲ (유령이 출현하여) 무시무시한 ; 신경질적인
☐ **frighten** [fráitn] ⑧ 놀라게 하다

기타 감정

★ ☐ **incredible** [inkrédəbəl] / **unbelievable** [ʌnbilíːvəbəl] ⑲ 믿을 수 없는
★ ☐ **terrible** [térəbəl] / **awful** [ɔ́ːfəl] ⑲ 지독한
★ ☐ **serious** [síəriəs] ⑲ 심각한 ; 진지한
☐ **frantic** [fræntik] ⑲ 매우 흥분된 ; 광란의
☐ **No way!** 절대 안돼! ; 설마!
☐ **Oops!** [u(ː)ps] ⑳ 이런 ; 아이구 ; 미안
  ▶ 실패, 실수했을 때 사용한다.

TIPS **11** 사역동사

이 코너에서 소개한 감정 표현의 동사는 원형에서는 bore(지루하게 하다)와 같이 사역동사입니다. 이것을 현재분사화하면 boring(지루하게 하는), 과거분사화하면 bored(지루한)로 됩니다. 이 패턴의 단어는 Part 5에서 현재분사·과거분사의 용법 구별의 열쇠가 될 때도 있습니다.

09. 일기예보 (Weather Forecast)

▶ 일기예보에는 독특한 표현법이 있습니다. "precipitation=강수량" 등은 어려워 보이는 단어이지만 의외로 잘 사용됩니다.

This is Jane Seeger with your weather report. Today we can expect partly ❶**cloudy** skies and a 25 percent ❷**chance of rain**. ❸**Highs** will be in the upper 50s and ❹**lows** will be around 35 degrees. There's a ❺**cold front** coming in, so expect those ❻**temperatures** to drop by tomorrow evening. Expect ❼**heavy rain** ❽**showers** by Tuesday that should ❾**taper off** by noon the next day. Bundle up, because it'll be ❿**freezing** out there this week!

Jane Seeger가 일기예보를 전합니다. 오늘은 때때로 흐리고, 비가 올 확률은 25퍼센트입니다. 최고 기온은 50도 대의 후반, 최저 기온은 35도 전후일 것입니다. 한랭전선이 접근하고 있어서 이 기온은 내일 저녁까지 내려갈 것입니다. 화요일까지는 강한 소나기가 있겠지만 다음날 정오에는 약해지겠습니다. 금주는 싸늘해지기 때문에 옷을 두껍게 입어야 되겠습니다.

일기

❶ ★ ☐ **cloudy** [kláudi] ㉝ 구름이 낀 ▶ partly cloudy (때때로 흐림)

❷ ★ ☐ **chance of rain** 비올 확률

★ ☐ **precipitation** [prisìpətéiʃən] ㉤ 강수(량)

❼ ☐ **heavy rain** 폭우

❽ ★ ☐ **shower** [ʃáuər] ㉤ 소나기

☐ **drizzle** [drízl] ㉛ 이슬비가 내리다 ㉤ 이슬비

❾ ★ ☐ **taper off** (비 등이) 차차 약해지다 ; 줄어들다

❿ ☐ **freeze** [friːz] ㉛ 추워지다 ; 얼게 하다

☐ **shiny** [ʃáini] ㉝ 맑은
▶ 「맑은」의 다른 표현들로는 bright, clear, fine 등이 있다.

□ **windy** [wíndi]　형 바람이 부는

□ **hazy** [héizi]　형 짙은 안개가 낀

□ **muggy** [mʌ́gi]　형 몹시 더운

□ **foggy** [fɔ́(ː)gi]　형 안개가 낀

□ **typhoon** [taifúːn]　명 태풍
　▶ 영어 일기예보는 고유명사(인명)로 부르는 것이 많다.

□ **thunderstorm** [θʌ́ndərstɔ̀ːrm]　명 뇌우 ; 폭풍우
　▶ 「천둥」은 thunder, 「번개」는 lightning이다.

□ **blizzard** [blízərd]　명 심한 눈보라 ; 장기간의 폭설

★ □ **low / high pressure**　저 / 고기압

★ □ **inclement** [inklémənt]　형 (기후가) 혹독한 ; 엄동의
　▶ increment (증대 ; 증가)와 혼동하기 쉽다.

기온 · 습도

❸ ★ □ **high** [hai]　명 최고 기온
　▶ 일기예보에서 간단히 high(s) 만으로 최고 기온을 나타낸다. 최저 기온은 low(s).

❹ ★ □ **low** [lou]　명 최저 기온

❻ ★ □ **temperature** [témpərətʃər]　명 온도

★ □ **humidity** [hju:mídəti]　명 습도

□ **velocity of wind**　풍속

□ **visibility** [vìzəbíləti]　명 시계(視界) ; 전망

□ **seismic intensity**　(지진의) 진도

★ □ **thermometer** [θərmámitər]　명 온도계　▶ 「체온계」의 의미로도 사용된다.

□ **anemometer** [æ̀nəmámitər]　명 풍속계

예보

❺ ★ □ **cold front**　한랭전선　▶ warm front (온난전선)

★ □ **weather report / weather forecast**　일기 예보

□ **isobar** [áisəbàːr]　명 등압선

★ □ **high tide / low tide**　만조 / 간조

□ **tidal wave**　조석파(潮夕波) ; 해일

★ □ **warning** [wɔ́ːrniŋ]　명 경보

□ **evacuation** [ivæ̀kjuéiʃən]　명 피난

□ **meteorology** [mìːtiərálədʒi]　명 기상학　▶ meteorologist (기상학자)

지리 · 지형

- ★ ☐ **climate** [kláimit] 명 기후
- ★ ☐ **tropical** [trápikəl] 명 열대의 ▶ temperate (온대의)
- ☐ **equator** [ikwéitər] 명 적도 ▶ tropic (회귀선)
- ☐ **Arctic** [á:rktik] / **Antarctic** [æntá:rktik] 형 북극의 / 남극의
- ★ ☐ **continent** [kántənənt] 명 대륙
- ★ ☐ **peninsula** [pənínsjulə] 명 반도
- ★ ☐ **region** [rí:dʒən] 명 지역
- ☐ **coast** [koust] 명 해안 ▶ coastal (해안의)
- ☐ **inland** [ínlənd] 명 내륙 지방
- ☐ **strait** [streit] / **channel** [tʃǽnl] 명 해협
- ☐ **archipelago** [à:rkəpéləgòu] 명 열도 ; 군도

기상도

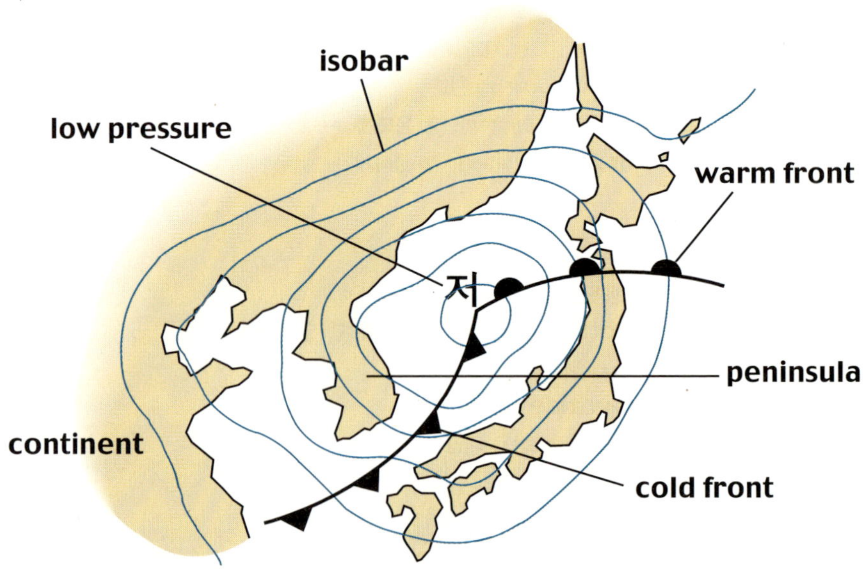

10. 요리 · 식사 (Cooking and Eating)

▶ 메뉴를 중심으로 외워두면 좋겠지요. 재료와 요리법은 무수히 많지만 우선 기본적인 것을 대충 훑어봅시다.

I'd like to inform you of some of the ❶**specials** we have here at Jay's Restaurant. My first ❷**recommendation** is the prime rib, cooked as you like it: ❸**rare**, medium rare or ❹**well done**. It's served with ❺**sautéed** ❻**mushrooms**. Next, we have the ❼**cod**, which has a light ❽**seasoning** and is ❾**broiled** to perfection. Its ❿**accompanying dish** is ⓫**grilled** ⓬**eggplant**. Both of these dishes come with a dessert of your choice from our dessert tray.

Jay의 레스토랑의 특별 요리를 몇 가지 소개하고자 합니다. 첫 번째로 권하고 싶은 것은 특상 비프스테이크로서 레어, 미디엄 레어, 웰단 등 기호에 맞추어서 요리하는 것입니다. 송이버섯 볶음이 곁들여서 나옵니다. 다음에 가볍게 양념한 대구 구이를 권합니다. 함께 곁들인 요리는 가지 구이입니다. 두 요리 모두 디저트 접시에서 좋아하는 디저트를 골라 드실 수 있습니다.

메뉴

❶ ★ ☐ **special** [spéʃəl] 몡 (가게의) 특별 요리 ; 명물 요리

❷ ★ ☐ **recommendation** [rèkəmendéiʃən] 몡 (가게의) 추천 요리

❿ ★ ☐ **accompanying dish** 함께 따라 나오는 음식

❸ ★ ☐ **rare** [rɛər] 혱 (고기가) 레어 ; 덜 구워진
   ▶ medium rare (미디엄 레어)는 문자 그대로 미디엄과 레어의 중간을 말하는데, 최근 많은 레스토랑에서 메뉴로 사용하게 되었다.

❹ ★ ☐ **well done** 웰던 ; 충분히 익힌

★ ☐ **smorgasbord** [smɔ́ːrgəsbɔ̀ːrd] 몡 바이킹 (방식)
   ▶ 준비된 요리에서 자기가 좋아하는 것을 골라 먹는 식사 방식.

☐ **pudding** [púdiŋ] 몡 푸딩 과자
   ▶ 우유 등과 빵, 밀가루, 쌀을 중류하여 만든 디저트.

☐ **dumpling** [dʌ́mpliŋ] 몡 덤플링 (푸딩의 일종)

□ **whiskey and water**　위스키의 물 탄 비율
▶ 「얼음 탄 버본」은 bourbon on the rocks 라고 말한다.

□ **liquor** [líkər]　몡 알코올 음료　▶ 발음 주의

★ □ **appetizer** [ǽpətàizər]　몡 전채 요리
▶ 식전에 먹는 canapé(카나페 ; 빵에 캐비아나 치즈를 얹어 놓은 것)이나 오르되브르(hors d'oeuvre(전채), aperitif(식사 전에 먹는 술) 등.

★ □ **place** [pleis]　몡 레스토랑 ; 가게
▶ 특히 구어에서 레스토랑이나 바를 말한다.

음식의 재료

❻ □ **mushroom** [mʌʃru(:)m]　몡 버섯
⓬ □ **eggplant** [égplæ̀nt]　몡 가지
□ **radish** [rǽdiʃ]　몡 무
□ **green pepper**　피망
❼ □ **cod** [kɑd]　몡 대구
□ **tuna** [tʃúːnə]　몡 참치
□ **crab** [kræb]　몡 게
□ **shrimp** [ʃrimp]　몡 새우
□ **oyster** [óistər]　몡 굴
□ **seaweed** [síːwìːd]　몡 (바닷말, 해조 등) 해초
□ **fillet** [fílit]　몡 (생선·고기의) 뼈 없는 살코기
□ **loin** [lɔin]　몡 요육(허리 부분의 살)
□ **mutton** [mʌ́tn]　몡 양고기　▶ lamb 「어린 양고기」
❽ ★ □ **seasoning** [síːzəniŋ]　몡 조미료 ; 스파이즈
★ □ **dairy** [dɛ́əri]　혱 유제의
▶ **dairy** products는 「우유 제품」. 버터, 치즈 등을 가리킨다.

★ □ **flour** [flauər]　몡 밀가루　▶ 소맥은 wheat라고 말한다.

★ □ **cereal** [síəriəl]　몡 시리얼 ; 콘프레이크

조리법

❺ ☐ **saute** [soutéi]   동 적은 양의 기름을 넣고 살짝 데치다
❾ ☐ **broil** [brɔil]   동 (불에) 굽다
⓫ ☐ **grill** [gril]   동 (불에) 석쇠로 굽다
☐ **boil** [bɔil]   동 끓이다
☐ **steam** [stiːm]   동 증기로 찌다
☐ **roast** [roust]   동 굽다
☐ **bake** [beik]   동 굽다
☐ **barbecue** [báːrbikjùː]   동 (불에) 통째로 굽다
☐ **toast** [toust]   동 (빵 등을) 굽다
☐ **chop** [tʃɑp]   동 잘게 썰다
☐ **slice** [slais]   동 얇게 베다
☐ **mince** [mins]   동 (고기를) 잘게 썰다
☐ **cube** [kjuːb]   동 네모로 자르다
☐ **grate** [greit]   동 (음식을) 강판으로 갈다

미각

★ ☐ **hot** [hɑt] / **spicy** [spáisi]   형 매운 ; 스파이시한
☐ **sour** [sáuər] / **vinegary** [víniɡəri]   형 신맛이 나는
☐ **greasy** [gríːsi] / **oily** [ɔ́ili]   형 기름기가 많은
☐ **plain** [plein]   형 담백한
☐ **crisp** [krisp]   형 파삭파삭한 ; 신선한
★ ☐ **savor** [séivər]   명 풍미 ; 맛   동 맛보다

11. 패션 (Fashion)

▶ TOEIC에 나올 만한 것을 주로 다루었습니다. attire는 의외로 잘 사용됩니다. "coat=슈트의 윗도리"는 Part 1에서 주의가 필요합니다.

> Are you looking for **❶classy**, yet **❷inexpensive** **❸apparel** for that special **❹formal** occasion? Then come down to Henneman's Clothiers. We have **❺dresses**, suits and formal **❻jackets** as well as the finest quality wool **❼coats**. We also have everyday garments for **❽informal** occasions at low priccs. If you need **❾alterations**, we will do them right there in our store. At Henneman's we take care of all your clothing needs. Henneman's–a name you can trust.

특별한 공식적인 자리에서 입을 고급스럽고 값싼 가격의 옷을 찾고 있지 않습니까? 그러시다면 Henneman 의상점으로 오십시오. 최고급 품질의 울 코트와 함께 드레스, 슈트, 포멀 재킷을 모두 갖추고 있습니다. 당점은 또한 평상시에 매일 입을 의류도 저렴하게 판매하고 있습니다. 손볼 데가 있으면 당점에서 바로 해드립니다. Henneman는 모든 손님이 필요로 하는 의류를 갖추고 있습니다. Henneman는 신뢰의 브랜드입니다.

스타일

❶ ★ ☐ **classy** [klǽsi] 휑 고급의 ; 멋진

❷ ★ ☐ **inexpensive** [ìnikspénsiv] 휑 가격이 비싸지 않은 ; 싼

❹ ★ ☐ **formal** [fɔ́:rməl] 휑 정식의 ; 포멀한

❽ ★ ☐ **informal** [infɔ́:rməl] 휑 비공식의 ; 인포멀한

★ ☐ **attire** [ətáiər] 휑 복장 ; 정장
   ▶ formal **attire** (정장)나 black tie **attire** (예복) 등과 같이 사용.

의복의 종류

❺ ★ ☐ **dress** [dres] 명 원피스 ; 드레스 ; 정장

❻ ★ ☐ **jacket** [dʒǽkit] 명 재킷 ; 상의

❼ ★ ☐ **coat** [kout] 명 코트 ▶ 「상의」라는 의미로 잘 사용.

☐ **sweat shirt** 운동복 ▶ sweat만으로도 통한다.

☐ **suspenders** [səspéndərz] 명 서스펜더 ; 바지의 멜빵

☐ **undershirt** [ʌ́ndərʃə̀ːrt] 명 속옷 ▶ 팬츠는 underpants.

☐ **zipper** [zípər] 명 지퍼 ▶ zip (지퍼를 잠그다)

☐ **panty hose** 팬티스타킹

★ ☐ **gem** [dʒem] / **jewelry** [dʒúːəlri] 명 보석품

봉제 · 소재 · 서비스

❸ ★ ☐ **apparel** [əpǽrəl] 명 의복 ; 의류 ▶ an **apparel** industry (의류 사업)

★ ☐ **garment** [gáːrmənt] 명 의류 ; 의류품

☐ **textile** [tékstail] 명 봉제 직물 ; 직물

❾ ★ ☐ **alteration** [ɔ̀ːltəréiʃən] 명 (의복의) 변경 ; 개조

☐ **dye** [dai] 동 염색하다 ▶ 머리를 염색하다의 경우에도 사용한다.

☐ **stitch** [stitʃ] 명 바느질 ; 꿰맨 자리 동 꿰매다

☐ **sewing** [sóuiŋ] 명 재봉
▶ **sewing** box 「재봉 상자」, **sewing** machine은 「재봉틀」

☐ **texture** [tékstʃər] 명 짜임새 ; 천 ; 질감

☐ **plaid** [plæd] / **tartan** [táːrtn] 명 형 격자무늬(의)

☐ **plain** [plein] / **solid** [sálid] 형 수수한 ; 무늬가 없는

의복의 부문

★ ☐ **collar** [kálər] 명 칼라 ; (옷의) 깃

★ ☐ **sleeve** [sliːv] 명 소매

☐ **lapel** [ləpél] 명 양복의 접은 깃

☐ **cuff** [kʌf] 명 의복의 손목을 덮는 부문 ; 소맷부리

☐ **tuck** [tʌk] 명 (옷의) 단 ; 장식 주름

☐ **crease** [kriːs] 명 (바지의) 세운 줄

12. 가정생활 · 양육 (Home life and Parenting)

▶ ★표 한 것부터 외워 나가는 것이 효율적입니다. 양육에 관한 표현은 의외로 잘 사용됩니다.

❶Bringing up children with the right amount of **❷discipline** continues to be a challenge for parents today. It is particularly difficult for a parent made single as a result of **❸divorce** or **❹separation** to **❺raise** their children to **❻grow up** to be responsible adults. Once a child reaches **❼adolescence**, it is important for parents to incorporate positive discipline. Parents need to prepare their **❽youngsters** so that they can have an active role in the community.

오늘 충분한 가정 교육을 하면서 어린이를 키우는 일은 부모에게 매우 큰 과제가 되고 있다. 이혼이나 별거의 결과 홀로된 어버이에게는 어린이를 책임감 있는 어른으로 키워나가는 것은 매우 힘들다. 어린이가 사춘기에 들어서면 부모는 적극적으로 가정 교육을 베풀어주는 것이 중요하다. 젊은이가 사회 속에서 적극적인 역할을 다할 수 있도록 부모는 이들을 준비시킬 필요가 있는 것이다.

양육

❶ ★ ☐ **bring up** (아이를) 기르다 ▶ 다음의 raise도 같은 뜻.

❺ ★ ☐ **raise** [reiz] 동 (아이를) 기르다

❻ ★ ☐ **grow up** (아이가) 성장하다

❷ ★ ☐ **discipline** [dísəplin] 명 훈육 ; 훈련 ; 규율

❼ ★ ☐ **adolescence** [ӕdəlésəns] 명 사춘기 ; 미성년기
▶ 12세의 여자, 14세의 남자에서부터 성년까지를 가리킨다. 형용사형은 adolescent(사춘기의).

❽ ★ ☐ **youngster** [jʌ́ŋstər] 명 젊은이 ; 미성년

★ ☐ **pregnancy** [prégnənsi] 명 임신
▶ pregnant (임신한). expect를 사용하여, She is **expecting**. (그녀는 임신 중이다.)이라고 표현한다.

★ □ **infant** [ínfənt]　몡 유아

★ □ **toddler** [tádlər]　몡 유아 ; 아장아장 걷는 아기
　　▶ toddle 「아장아장 걷다」

□ **diaper** [dáiəpər]　몡 기저귀

□ **dummy** [dʌ́mi]　몡 (젖먹이의) 젖꼭지

□ **rattle** [rǽtl]　몡 (장난감) 딸랑이

□ **stroller** [stróulər]　몡 (접는 식의) 유모차
　　▶ 보통의 유모차는 baby buggy이나 buggy등으로 말한다.

가정 환경

❸ ★ □ **divorce** [divɔ́ːrs]　몡 이혼　동 이혼하다

❹ ★ □ **separation** [sèpəréiʃən]　몡 별거　▶ separate (별거하다)

친족

□ **heredity** [hərédəti]　몡 유전

★ □ **relative** [rélətiv]　몡 친족 ; 친척

□ **kin** [kin]　몡 가족 ; 친족 ; 일족　형 친족의 ; 동류의

★ □ **sibling** [síbliŋ]　몡 형제 · 자매

가정 용품

★ □ **utensils** [juːténsəlz]　몡 (특히 부엌에서 쓰는) 용품 ; 기구

□ **broom** [bru（ː）m]　몡 빗자루　▶ 「쓰레받기」는 dustpan이라 말한다.

□ **detergent** [ditə́ːrdʒənt]　몡 세제　▶ bleach (표백제 ; 표백하다)

□ **fabric softener**　(세탁된 직물을) 유연하게 하는 제품

★ □ **laundry** [lɔ́ːndri]　몡 세탁물 ; 세탁소

□ **toothpaste** [túːθpèist]　몡 치약

□ **pesticide** [péstəsàid] / **insect spray**　살충제

★ □ **vase** [veis]　몡 화병

13. 가전제품 (Electric Appliances)

▶ 기본적인 것을 주로 다루었습니다. fridge와 vacuum 등의 단축 표현에, 특히 듣기에서 주의합시다.

At Appliance Repair, Ltd., we can ❶repair any ❷appliance from ❸washing machines to ❹lawn mowers. We also have agreements with various manufacturers that allow us to ❺fix their items that ❻break down while under ❼warranty. No job is too big for Appliance Repair. We can repair multiple ❽household items quickly and efficiently. Call Appliance Repair today and get a free estimate over the phone. Remmember—We're here to serve you.

Appliance Repair사는 세탁기부터 잔디 깎는 기계까지 어떤 가전 제품이라도 수리합니다. 당사는 또한 보증 기간 중에 고장 난 제품의 수리 보증을 인정하는 계약을 여러 제조업자와 맺고 있습니다. Appliance Repair는 어떤 일이라도 맡아서 하겠습니다. 당사는 여러 종류의 가정용 제품을 신속하고 능률적으로 수리할 수 있습니다. 오늘이라도 Appliance Repair로 전화를 주시면 전화상으로 무료의 견적을 뽑아드리겠습니다. 기억 하십시오―당사가 여러분의 도우미라는 것을.

애프터서비스

❶ ★ ☐ **repair** [reipέər] 동 수리하다　명 수리
　▶ 「수리하다」란 의미로는 다음의 fix, mend 등도 자주 사용된다.

❺ ★ ☐ **fix** [fiks] 동 수리하다 ; 조절하다　명 수리 ; 조절

❼ ★ ☐ **warranty** [wɔ́(ː)rənti] 명 보증서
　▶ 「반품」은 return, 「환불」은 refund, 「상품 교환」은 replacement라고 말하며 「영수증」은 receipt이다.

★ ☐ **guarantee** [gæ̀rəntíː] 동 보증하다　명 보증

★ ☐ **inquiry** [inkwáiəri] 명 질문 ; 조사
　▶ inquire about 「~에 대하여 조사하다」

제품 · 종류

❷ ★ ☐ **appliance** [əpláiəns]　명 가전 제품 ; 기구
　▶ electric **appliance**나 home **appliance** 등으로도 말한다.

❸　☐ **washing machine**　세탁기
　▶ 「건조기」는 drier.

❹　☐ **lawn mower**　잔디 깎는 기계
　▶ mower 만을 사용해도 된다.

❽ ★ ☐ **household** [háushòuld]　형 가정(용)의 ; 가족의　명 가정 ; 가족

　☐ **razor** [réizər]　명 전기 면도기

　☐ **vacuum cleaner**　진공 청소기
　▶ vacuum [vǽkjuəm]만을 사용하는 일도 있음에 주의.

　☐ **refrigerator** [rifrìdʒəréitər]　명 냉장고
　▶ 이것도 fridge 만을 써서 사용하는 일이 보통이다.

기능 · 사용 환경

❻ ★ ☐ **break down**　고장나다
　▶ 「(기능이) 고장 난」의 의미로는 out of order, out of control 등을 사용한다.

★ ☐ **instructions** [instrʌ́kʃənz] / **manual** [mǽnjuəl]　명 메뉴얼 ; 취급설명서

　☐ **outlet** [áutlet]　명 콘센트
　▶ 「소매점 ; 직판점」이란 의미가 있는 것에 주의한다.

　☐ **alternating current (AC)**　교류(전원)

　☐ **electric leakage**　누전

　☐ **liquid crystal**　액정
　▶ a **liquid crystal** television (액정 텔레비전)

　☐ **resolution** [rèzəlú:ʃən]　명 (모니터나 화면의) 해상도

14. 문학·예술·역사 (Literature, Art, and History)

▶ ★표의 빈출 표현을 먼저 익혀둡시다. "classical=클래식 음악" "tune=곡" 등은 맹점의 단어입니다.

Welcome to Illusions Art Gallery. This week, our gallery features ❶**replicas** of ❷**masterpiece** ❸**paintings** from the pre-Raphaelite ❹**era**, as well as original ❺**sculptures**. The ❻**painters** have ❼**reproduced** each classic painting perfectly, using computer imaging as a guide. The sculptures are by up-and-coming artists. From next week, we'll have authentic items from the Ming ❽**dynasty** in China, so be sure to visit us and learn more about this ❾**ancient** ❿**civilization** through the art works.

Illusions Art Gallery로 오십시오. 금주 저희 갤러리에서는 오리지널 조각 작품과 함께 라파엘 이전 시대의 걸작 회화의 레플리카를 전시하고 있습니다. 화가는 컴퓨터에 의한 화상화 기법으로 각각의 고전 회화를 완벽하게 재현했습니다. 조각 작품은 신예 아티스트의 손으로 만들어진 것입니다. 내주부터는 중국 명조의 진품인 작품을 전시하므로 꼭 당관에 오셔서 예술 작품을 통하여 이 고대 문명에 대하여 더 많이 알아주셨으면 합니다.

미술

❶ ☐ **replica** [réplikə] 명 복제 ; 모사화

❼ ☐ **reproduce** [rì:prədʒúːs] 동 재현하다 ; 복제하다

❷ ★ ☐ **masterpiece** [mǽstərpìːs] 명 걸작

❸ ★ ☐ **painting** [péintiŋ] 명 회화

❻ ★ ☐ **painter** [péintər] 명 화가

❺ ★ ☐ **sculpture** [skʌ́lptʃər] 명 조각 ▶ 「조각가」는 sculptor라고 말함.

☐ **engraving** [ingréiviŋ] 명 판화

☐ **portrait** [pɔ́ːrtrit] 명 초상화

☐ **calligraphy** [kəlígrəfi] 명 서예

역사

❹ ★ ☐ **era** [íərə] 명 시대 ; 연대
❽ ☐ **dynasty** [dáinəsti] 명 왕조 ▶ reign는 「(국왕 등의) 치세 ; 통치」
❾ ★ ☐ **ancient** [éinʃənt] 형 고대의 ; 태고의 ; 옛날의
☐ **prehistoric** [prì:histɔ́:rik] 형 선사 (시대)의
★ ☐ **medieval** [mì:díí:vəl] 형 중세의
☐ **feudal** [fjú:dl] 형 봉건 (시대)의 ; 봉건주의의
★ ☐ **contemporary** [kəntémpərèri] 형 동시대의
❿ ★ ☐ **civilization** [sìvəlizéiʃən] 명 문명 ; 문화 ▶ civilized (문명화된)
☐ **remains** [riméinz] 명 유적 ; 유물 ▶ 복수형으로
☐ **primitive** [prímətiv] 형 원시의 ; 태고의 ; 원시적인
☐ **heritage** [héritidʒ] 명 (문화적인) 유산

문학

★ ☐ **author** [ɔ́:θər] 명 작가 ; 저자 ▶ novelist (소설가)
☐ **poetry** [póuitri] 명 시 ; 시집 ▶ poet (시인)
☐ **prose** [prouz] 명 산문
★ ☐ **excerpt** [éksəːrpt] 명 발췌 ; 인용
☐ **proverb** [právəːrb] 명 속담 ; 격언
☐ **preface** [préfis] 명 서문 ; 서론
▶ 책의 구성으로, 「목차」는 contents, 「주(注)」는 notes, 「맺음말」은 epilogue, 「색인」은 index가 있다.
☐ **figurative** [fígjərətiv] 명 비유 ▶ metaphor (암유, 은유)

음악

★ ☐ **classical** [klǽsikəl] 명 클래식 음악 ▶ classic (고전 ; 고전적인)
★ ☐ **instrument** [ínstrəmənt] 명 악기 ▶ instrumental (기악곡)
☐ **choir** [kwáiər] 명 합창 ; 합창단 ; 성가대 ▶ 발음 주의
★ ☐ **tune** [tʃuːn] 명 곡 ; 악곡 ; 선율

15. 도시의 풍경 (City Views)

▶ Part 1의 사진 문제에서 잘 나오는 말을 정리했습니다. 알듯 하면서도 모르는 단어에 주의합시다.

This is to inform all the occupants here that this ❶**high-rise** will be razed next month. We have arranged space for all the businesses here in a ❷**skyscraper** a ❸**block** away. The new space is at the bottom of the ❹**pedestrian** ❺**overpass** across the ❻**expressway**. The new building has a wonderful view as well as a ❼**florist** and a ❽**grocery store** on the first floor, and ❾**vending machines** throughout the building.

이 고층 빌딩이 다음 달 해체됨을 모든 입주자 여러분에게 알려드립니다. 저희들은 이 건물의 모든 사업체를 위해서 1블록 떨어진 고층 빌딩에 공간을 확보해 두었습니다. 새로운 공간은 고속도로를 횡단하는 보행자용 육교를 내려오면 바로 부근에 있습니다. 신축 빌딩은 전망이 좋고, 일층에는 꽃집과 잡화점이 들어서고, 빌딩 어느 곳에나 자동 판매기가 설치되어 있습니다.

건물

❶ ★ ☐ **high-rise** [háiraiz] 廖 고층의　廖 고층 건물

❷ ★ ☐ **skyscraper** [skáiskrèipər] 廖 고층 건물 ; 마천루

☐ **skyline** [skáilàin] 廖 스카이라인 ; 하늘을 배경으로 한 빌딩의 윤곽

★ ☐ **story** [stɔ́:ri] 廖 층
　▶ a ten-**story** apartment (10층 아파트)

★ ☐ **cathedral** [kəθí:drəl] 廖 성당 ; 교회

★ ☐ **complex** [kəmpléks] 廖 복합 빌딩 ; 콤플렉스

☐ **mall** [mɔ:l] 廖 쇼핑몰 ; 상점가

☐ **ledge** [ledʒ] 廖 (건물의) 선반 모양의 수평돌기

☐ **railing** [réiliŋ] / **handrail** [hǽndrèil] 廖 난간 ; 손잡이

☐ **canopy** [kǽnəpi] 廖 (장식적인) 닫집 모양의 것

☐ **corridor** [kɔ́:ridər]　명 복도

☐ **court** [kɔ:rt]　명 안마당
▶ 「재판소」나 「왕궁」, 「테니스 등의 코트」와 같은 의미도 있다.

☐ **patio** [pǽtiðu]　명 스페인풍의 안마당
▶ 집에 인접하여 식사 등을 할 수 있는 테라스.

☐ **ornament** [ɔ́:rnəmənt] / **decor** [deikɔ́:r]　명 장식

노상

❸ ★ ☐ **block** [blɑk]　명 블록

❹ ★ ☐ **pedestrian** [pədéstriən]　명 통행인
▶ **pedestrian** crossing (횡단보도). 「통행인」은 passerby라고도 많이 사용한다.
　복수형은 passersby이다.

❺　☐ **overpass** [ðuvərpǽs]　명 육교

❻ ★ ☐ **expressway** [ikspréswèi]　명 (유료) 고속도로

☐ **ramp** [ræmp]　명 경사로 ; (고속도로의) 램프

☐ **lane** [lein]　명 차선 ; 통로
▶ 「추월 차선」은 fast **lane**이나 passing **lane**라고 말한다.

★ ☐ **curb** [kə:rb]　명 (보도의) 연석
▶ curve(커브)와 구별하여 쓸 것. 듣기에서, 특히 Part 1에 주의.

☐ **path** [pæθ]　명 작은 도로 ; 산책로 ; 통로

☐ **sidewalk** [sáidwɔ̀:k] / **pathway** [pǽθwèi]　명 보도 ; 인도

☐ **sign** [sain]　명 표지
▶ 「(교통) 신호」는 signal이라고 말한다. 참고로 지도 등의 「범례」는 legend.

가게

❼ □ **florist** [flɔ́(:)rist] 몡 꽃집 ; 꽃집의 주인

❽ ★ □ **grocery store** 잡화점

❾ ★ □ **vending machine** 자동판매기

★ □ **vendor** [véndər] 몡 판매자 ; 노점 상인

★ □ **rack** [ræk] 몡 선반 ; 격자 선반

★ □ **newsstand** [njú:zstænd] 몡 신문·잡지 판매대

풍경

★ □ **billboard** [bílbɔ̀:rd] 몡 광고 간판

□ **bulletin board** 게시판 ; 고지판 ▶ bulletin → [búlətən]

□ **flowerbed** [fláuərbèd] 몡 화단

□ **fountain** [fáuntən] 몡 분수

□ **payphone** [péifoun] 몡 공중 전화

★ □ **phone booth** 전화 부스

★ □ **bush** [buʃ] 몡 관목 ; 덤풀

□ **tree-shaded** 혱 나무로 그늘진

□ **grove** [grouv] 몡 작은 숲

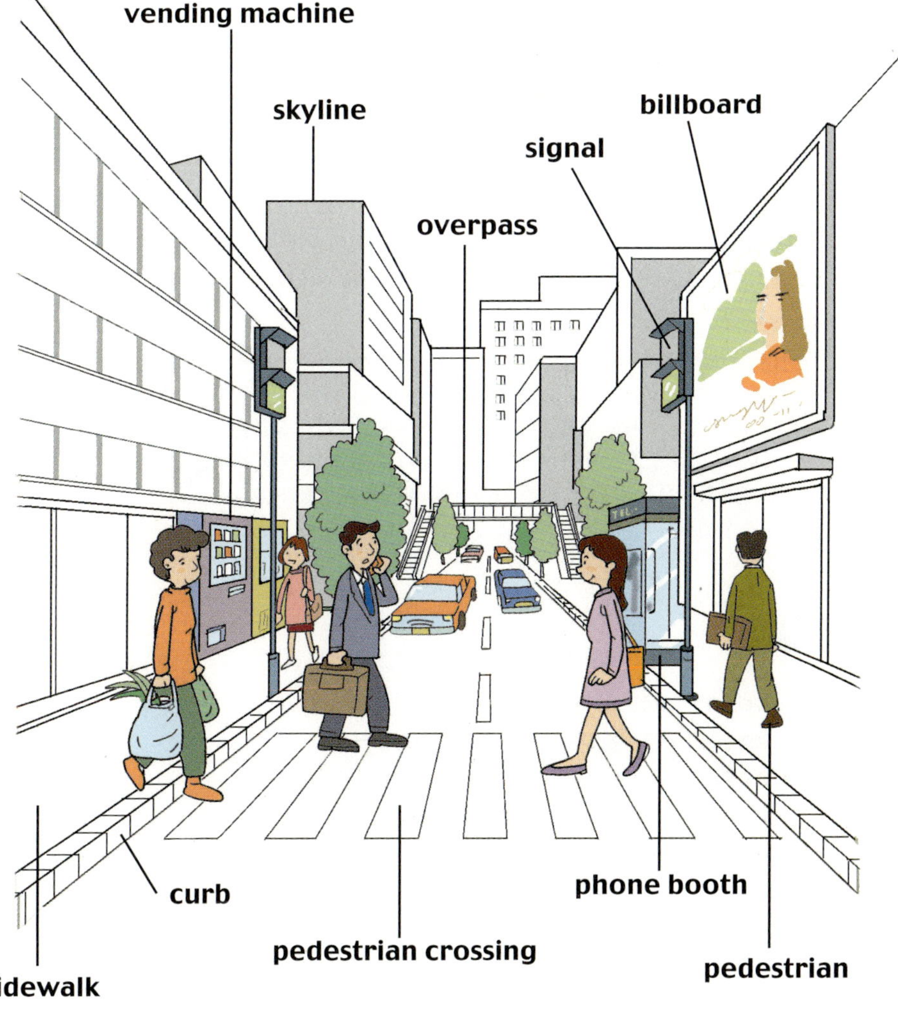

vending machine
skyline
billboard
signal
overpass
curb
phone booth
pedestrian crossing
pedestrian
sidewalk

16. 위치·방향·이동
(Location, Direction and Movement)

▶ 위치·방향·이동도 Part 1을 풀 때 포인트가 됩니다. 전치사(구)는 그 이미지를 파악해 두는 것이 중요합니다.

In order to play golf well, golfers must really work on their swing. To have the proper swing, a player must first stand **❶upright**, and slightly **❷bend** his knees. The left foot and the right foot should be **❸adjacent to** one another. Then, he should place one hand **❹on top of** the other on the club and lean **❺forward**. Then he should hit the ball in an **❻upward** movement and make sure it's **❼in line with** where he wants it to go.

골프를 잘 치려면 골퍼는 스윙 연습을 잘 해야 합니다. 올바른 스윙을 하려면 플레이어는 먼저 똑바로 서서 무릎을 약간만 구부립니다. 왼발과 오른발은 각각 나란히 되도록 합니다. 다음에 골프채 쥔 손을 다른 쪽 손으로 덮고, 앞으로 허리를 구부립니다. 위쪽 방향의 동작으로 공을 치고, 날아가게 하고자 하는 방향으로 공이 날아가고 있는지 여부를 확인합니다.

동작

❷ ★ ☐ **bend** [bend] 동 굽히다 ; 구부리다

★ ☐ **kneel** [ni:l] 동 무릎 꿇다 ; 무릎을 굽히다

★ ☐ **bow** [bau] 동 인사하다 명 인사

★ ☐ **look out** 밖을 보다 ; 주의하다 ▶ look back (뒤돌아 보다)

☐ **put down** 아래에 내려놓다 ; 내리다
  ▶ put down a parcel (짐을 내려놓다)

☐ **pick up** 집어 올리다 ; 고르다

★ ☐ **take off** (모자·의복 등을) 벗다 ; (수족 등을) 떼다
  ▶ take off her scarf (스카프를 벗다) 반의어는 take on.

★ ☐ **wear** [wɛər] 동 (의복 등을) 몸에 걸치다 ; 옷을 입고 있다

☐ **turn right / left** 오른쪽 / 왼쪽으로 돌다

☐ **fold** [fould] 동 접다 ; 포개다

위치

❶ ★ ☐ **upright** [ʌ́pràit]　형 똑바른 ; 곧추선　부 똑바로
❸ ★ ☐ **adjacent to**　～에 인접하여 ; ～에 근접하여
　★ ☐ **next to**　～에 가까이 ; ～의 다음에
　　☐ **beside** [bisáid]　전 옆에
❹ ★ ☐ **on top of**　～의 위쪽에
　　☐ **in the middle of**　～의 가운데에
　★ ☐ **in front of**　～의 앞에　▶ in the rear of (～의 뒤에)
　　☐ **ahead of**　～보다 앞쪽에 ; ～에 앞서
　　　▶ behind (～의 뒤쪽에 ; ～에 늦어서)
　★ ☐ **in the process of**　～의 과정에 ; ～의 진행 중에
　　☐ **beneath** [biní:θ]　전 ～의 바로 아래에
　　　▶ **beneath** a blue sky (푸른 하늘 아래에)
　　☐ **against** [əgénst]　전 ～에 기대어 ; ～을 배경으로 하여
　　　▶ lean **against** the wall (벽에 기대다)
　　☐ **across** [əkrɔ́:s]　전 ～을 가로질러 ; ～을 교차하여
　　　▶ walk **across** a street (거리를 가로 질러 걷다)
　　☐ **through** [θru:]　전 ～을 통하여
　　　▶ pass **through** a hall (홀을 통하여 지나가다)

방향

❺ ★ ☐ **forward** [fɔ́:rwərd]　부 앞에 ; 앞쪽에　▶ rearward (뒤에 ; 뒤쪽에)
❻ ★ ☐ **upward** [ʌ́pwərd]　부 위에 ; 위쪽에　▶ downward (아래에 ; 아래쪽에)

기타

❼ ★ ☐ **in line with**　～와 일치하여
　★ ☐ **all over**　전면에 ; 도처에
　★ ☐ **under way**　진행 중에　▶ under construction (공사 중에)
　　☐ **in disorder**　혼란하여 ; 난잡하여　▶ in a mess도 같은 의미 (구어적).

17. 색 · 모양 (Colors and Shapes)

▶ 색은 중 · 고 수준에서 나오지 않은 것을 중심으로, 모양은 기본적인 것을 다루었습니다. 모양에 대해서는 Part 1에서 해답의 포인트가 되는 일이 있습니다.

We carry a wide array of neon signs for your business at FlashLights. Choose from a variety of shapes and colors of ❶bright neon signs. We can customize your sign to your specifications: ❷square, ❸rectangular or ❹round and in ❺vivid colors like ❻crimson and ❼violet. Take a look at our catalog and choose a design that's right for you. Whether you'd like it ❽subtle or ❾brilliant, we will make a sign to suit your needs.

FlashLights는 손님의 비즈니스를 위해 폭넓은 종류의 네온사인을 취급하고 있습니다. 빛나는 네오사인을 여러 가지 모양과 색 중에서 선택하십시오. 손님의 구체적인 요망에 따라 네온사인을 꾸밀 수 있습니다. 정사각형, 직사각형, 원형, 그리고 진한 분홍색과 보라색 등 선명한 색으로 하는 것도 가능합니다. 당사의 목록을 보시고 손님께서 마음에 드시는 디자인을 선택하십시오. 필요한 네온사인이 섬세한 것이거나 화려한 것이라도 당사는 손님의 요망에 맞는 네온사인을 제작하겠습니다.

색

❶ ★ ☐ **bright** [brait] 형 밝은 ; 찬란한

❺ ★ ☐ **vivid** [vívid] 형 산뜻한 ; 선명한 ; 생생한

❻ ☐ **crimson** [krímzən] 명 형 심홍색(의)

❼ ★ ☐ **violet** [váiəlit] 명 형 보랏빛(의)

❽ ★ ☐ **subtle** [sʌ́tl] 형 섬세한 ; 미묘한

❾ ★ ☐ **brilliant** [bríljənt] 형 찬란한 ; 선명한

☐ **sepia** [síːpiə] 명 형 세피아색(의) ; 암갈색(의)

☐ **beige** [beiʒ] 명 형 베이지색(의)

☐ **azure** [ǽʒər] 명 형 하늘색(의) ; 담청색(의)

☐ **ultramarine** [ʌ̀ltrəməríːn] 명 형 군청(의)

□ **mauve** [mouv] 명 형 엷은 자주색(의)

★ □ **tint** [tint] 명 밝은 색   동 엷은 색조를 내다
▶ a pinkish **tint** 핑크 색조를 띤

□ **fluorescent** [flùərésnt] 명 형 형광색(의)
▶ 「형광등」이란 뜻으로도 사용한다.

★ □ **transparent** [trænspɛ́ərənt] / **opaque** [oupéik] 형 투명한 / 불투명한

□ **matte** [mæt] / **gloss** [glɑs] 명 형 (빛깔 등이) 윤기를 지운 면(의) / 광택(이 있는)

모양

❷ ★ □ **square** [skwɛər] 명 형 정사각형(의)

❸ ★ □ **rectangular** [rektǽŋgjələr] 형 직사각형의
▶ **rectangle** (직사각형)

❹ ★ □ **round** [raund] 명 형 원(의)

★ □ **triangular** [traiǽŋgjələr] 형 삼각형의

★ □ **oval** [óuvəl] 명 형 타원형(의)

★ □ **cube** [kju:b] 명 정육면체 ▶ **cubic** (정육면체의)

□ **cone** [koun] 명 원뿔체 ▶ **conical** (원뿔체의)

□ **sphere** [sfiər] 명 구 ▶ **spherical** (구의)

□ **hemisphere** [hémisfìər] 명 반구
▶ 지리(地理)에서 Western **hemisphere** (서반구)처럼 사용한다.

□ **pentagon** [péntəgàn] 명 오각형

□ **arc** [ɑ:rk] 명 호 ▶ **sector** (부채꼴), **chord** ([악기의] 현)

□ **cylinder** [sílindər] 명 원통 ; 원주

□ **sharp** [ʃɑ:rp] / **obtuse** [əbtjú:s] 형 예각의 / 둔각의

★ □ **horizontal** [hɔ̀:rəzántl] 형 수평의

★ □ **perpendicular** [pə̀:rpəndíkjələr] / **vertical** [və́:rtikəl] 형 수직의

★ □ **altitude** [ǽltətjùːd] 명 (삼각형 등의) 높이
▶ 일반적으로 「고도 ; 해발」의 의미.

18. 신체 (Body)

▶ 건강·의료에 관한 문제 외에 신체의 겉모습에 대해서는 Part 1에서도 중요합니다.

Medical science has come up with new machines that can easily examine a person from head to ❶toe. The CT scan can check all major organs such as the ❷pancreas, ❸stomach, ❹liver and ❺kidneys, and can aslo check the ❻spine and ❼lumbar regions. There is also a new MRI machine that can clearly look at the ❽veins and ❾arteries without first having dye injected into them. These medical advances have greatly helped to find a disease befor it spreads in a person's body.

의학은 사람을 머리에서 발 끝까지 쉽게 검사하는 새로운 기계를 만들어내고 있다. CT 스캐너는 췌장, 위, 간장, 신장 등의 주요 기관을 검사할 수 있을 뿐 아니라 척추와 요추의 부위도 체크할 수 있다. 또한 새로운 MRI기는 색소를 주입하지 않고 정맥과 동맥을 선명하게 관찰할 수 있다. 이와 같은 의학의 발전은 병이 사람의 신체로 퍼지기 전에 미리 발견하는 데 크게 기여하고 있다.

내장

❷ ☐ **pancreas** [pǽŋkriəs]　뗑 췌장

❸ ★ ☐ **stomach** [stʌ́mək]　뗑 위

❹ ★ ☐ **liver** [lívər]　뗑 간장 ; 간

❺ ★ ☐ **kidney** [kídni]　뗑 신장

　★ ☐ **intestine** [intéstin]　뗑 장

　★ ☐ **lung** [lʌŋ]　뗑 폐

　☐ **trachea** [tréikiə]　뗑 기관(氣管)

　☐ **bladder** [blǽdər]　뗑 방광

❽ ★ ☐ **vein** [vein]　뗑 정맥

❾ ★ ☐ **artery** [áːrtəri]　뗑 동맥

머리

- temple [témpəl] 명 관자놀이
- forehead [fɔ́(:)rid] 명 이마
- eyebrow [áibràu] 명 눈썹
- eyelid [áilìd] 명 눈꺼풀
- eyelash [áilæʃ] 명 속눈썹
- nostril [nástrəl] 명 콧구멍
- ★ cheek [tʃiːk] 명 뺨
- ★ jaw [dʒɔː] 명 턱 ▶ chin은 (아래 턱)
- ★ throat [θrout] 명 목구멍
- beard [biərd] 명 턱수염
- moustache [mʌ́stæʃ] 명 콧수염
- whiskers [hwískərz] 명 구레나룻

상반신

- ❻ ★ spine [spain] 명 척추 ; 등뼈
- ❼ lumbar [lʌ́mbər] 명 요추(腰椎)
- upper arm (어깨에서 팔꿈치까지의) 팔
  ▶ (팔꿈치에서 손목까지의) 팔은 forearm이라 한다.
- armpit [áːrmpìt] 명 겨드랑이
- ★ elbow [élbou] 명 팔꿈치
- ★ wrist [rist] 명 손목
- ★ palm [pɑːm] 명 손바닥
- thumb [θʌm] 명 엄지손가락
  ▶ index finger (인지) ▶ 기타는 p. 306 그림을 참조.
- ★ breast [brest] / chest [tʃest] 명 가슴 ; 흉부 ▶ breast는 「유방」의 뜻도 있음.
- ★ abdomen [ǽbdəmən] 명 복부
- ★ belly [béli] 명 배 ; 복부
- navel [néivəl] 명 배꼽 ▶ 구어로 belly button이라고 말한다.
- ★ back [bæk] 명 등
- ★ side [said] 명 옆구리

★ ☐ **waist** [weist]　⑲ 허리 ; 허리 부분 ; 웨이스트

하반신

❶ ★ ☐ **toe** [tou]　⑲ 발가락
★ ☐ **heel** [hiːl]　⑲ 뒤꿈치
★ ☐ **ankle** [ǽŋkl]　⑲ 발목
☐ **shank** [ʃæŋk]　⑲ 정강이
☐ **thigh** [θai]　⑲ 넓적다리
☐ **buttocks** [bʌ́təks] / **bottom** [bátəm]　⑲ 궁둥이
★ ☐ **limb** [lim]　⑲ (머리 · 동체와 구별하여) 팔 ; 다리 ; 수족　▶ four **limbs** (사지(四肢))

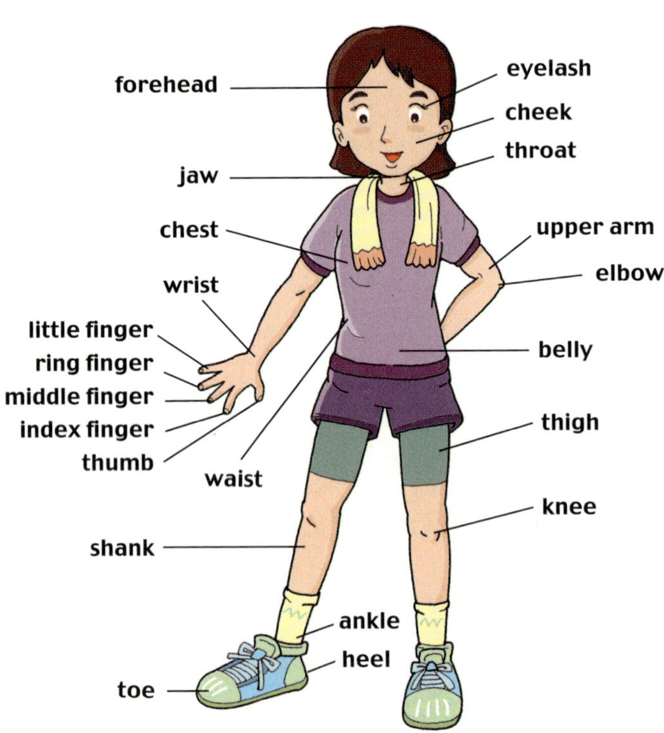

정선 이디엄

CD-2

Level 1

CD 2 Track 51

001 ☐ **above all** 우선 ; 무엇보다도

All employees should be punctual, and **above all**, they should be ethical.
모든 종업원들은 시간을 잘 지켜야 하며, 무엇보다도, 그들은 도덕적이어야 한다.

002 ☐ **according to** ～에 따르면

According to a recent report, the jobless rate is steadily increasing.
최근의 보고에 따르면, 실업률은 지속적으로 증가하고 있다.

003 ☐ **accuse ~ of...** …라는 이유로 ～을 비난하다
〔책임을 묻다 · 고소하다〕

The CEO was **accused of** channeling funds into his own account.
그 최고경영책임자는 자금을 자기 자신의 계좌로 이체한 것에 대해 고소되었다.

004 ☐ ***be* accustomed to** (명사) ～에 익숙해지다

▶ to 이하는 명사상당어구. 「습관이 되다」의 표현은 get **accustomed** to 이다.
Ms. Lester is from the south and **is** not **accustomed to** the cold weather up north.
Lester 씨는 남부 출신이어서 북부의 차가운 날씨에 적응하지 못한다.

005 ☐ ***be* anxious to (do)** ～하기를 열망하다

The new recruit **is** very **anxious to** start her new job.
그 신입 사원은 그녀의 새로운 일을 시작하기를 매우 열망한다.

 **apart from**   ～을 제외하고

Apart from the chipped paint, this old car looks like new.
페인트가 벗겨진 것을 제외하고 이 오래된 차는 새것 같이 보인다.

 **apologize for**   ～에 대하여 사과하다

▶ 사과하는 사람을 나타낼 때는 〈to 사람〉을 사용한다. 〈apologize to + 사람 + for 이유〉
apologize는 자동사이므로 직접 목적어를 갖지 못한다.

The plant was expected to apologize for the chemical leak.
그 공장은 화학 물질을 배출한 것에 대해 사과할 것으로 예상된다.

 **approve of**   ～을 승인하다 ; ～에 찬성하다

▶ disapprove of는 「～을 승인하지 않다」
Once the president approves of the new building plan, we can move forward.
일단 사장이 새 건축 계획을 승인한다면 우리는 빨리 추진할 수 있다.

□ **as for**   ～에 대하여 ; ～에 관하여

▶ 보통 문장 앞에 놓아 용건을 명시할 때 쓴다.
As for taking a vacation this year, I am far too busy to do so.
금년 휴가를 내는 것이라면 내가 너무 바빠서 내지 못하겠다.

 **as of**   ～부로 ; ～시점에

▶ 기일을 명시할 때 사용한다.
The item will be on sale as of noon tomorrow.
그 상품은 내일 정오를 기점으로 판매가 될 것이다.

011 ☐ **ask a favor**   부탁하다 ; 원하다

Robin wanted to **ask a favor** of the boss, but he was away from his desk.
Robin은 사장님에게 부탁하기를 원했지만, 그는 자리에 없었다.

012 ☐ **at a loss**   당황하여 ; 어찌할 바를 몰라

Ms. Day is at a loss as to what to do about the problem with the supplier.
Day 씨는 공급업자와의 문제에 대해 무엇을 해야 할지 당황했다.

013 ☐ **at the cost of**   ~을 희생하여 (=at the price of)

John continued to work long hours **at the cost of** his health.
John은 자신의 건강을 희생하여 장시간 일을 계속했다.

014 ☐ **because of**   ~의 이유로 (=due to / owing to)

All flights were cancelled **because of** the upcoming storm.
모든 비행이 다가올 폭풍우로 취소되었다.

015 ☐ ***be* bound to**   ~의 의무가 있다 ; ~에 구속시키다 ; 확실히 ~하다

▶ to 이하하는 동사도 가능하나 이 경우에는 「확실히 ~하다」라는 의미로 사용되는 일이 있다.
I **am bound to** the employee contract for a year.
나는 1년간의 사원 계약에 구속되어 있다.

016 ☐ **break even**   손익분기점에 도달하다

After a year in the red, the shop was finally able to **break even**.
1년간의 적자 후에, 마침내 가게는 손익분기점에 도달할 수 있었다.

 **017** ☐ **bring up**　　(아이 등을) 기르다 ; (제안 등을) 내놓다

Lena left the big city because she wanted to **bring** her children **up** in the country.
Lena는 그녀의 아이들을 시골에서 키우고 싶었기 때문에 대도시를 떠났다.

 **018** ☐ **by all means**　　반드시 ; 좋다뿐인가

▶ "Absolutely." 와 같이 강한 긍정으로 받아 들이는 대답에 사용.
By all means, the seminar will go on as planned.
어떤 일이 있어도 그 세미나는 예정대로 진행될 것이다.

 **019** ☐ **by chance**　　우연히 ; 뜻밖에

The two former colleagues met **by chance** in the street.
옛날 친구였던 둘은 거리에서 우연히 만났다.

020 ☐ **by means of**　　～에 의하여 ; ～을 이용하여

They finished the assignment **by means of** hard work and dedication.
그들은 헌신적으로 열심히 일을 해서 그 업무를 끝마쳤다.

 CD 2 Track 53

 **021** ☐ **call for**　　요구하다 ; 필요로 하다 ; 불러 청하다

Jack's promotion **calls for** a celebration.
Jack의 승진은 축하받을 만하다.

022  ☐ **cannot help but (do)**　　～하지 않을 수 없다(=cannot help ...ing)

Joan **cannot help but** feel sorry for animals that have been abandoned.
Joan은 버려진 동물에 대해 가엾게 생각하지 않을 수 없었다.

023  ☐ **care for**　　～를 좋아하다 ; ～을 돌보다

Madeline **cares for** her boyfriend very much, but refuses to marry him.
Madeline은 그녀의 남자 친구를 매우 좋아하지만, 그와 결혼하는 것은 거부한다.

024  ☐ **carry out**　　실행하다 ; 이루다(=accomplish)

Mr. Harris was fired because he wasn't able to properly **carry out** instructions.
Harris 씨는 지시 사항들을 적절하게 실행할 수 없었기 때문에 해고되었다.

025  ☐ **catch up with**　　～을 따라 잡다

The business mistakes the CEO made **caught up with** him later when the business folded.
그 최고경영책임자가 범한 사업상 실수는 후에 그에게 나쁜 결과를 가져와 그 회사는 도산했다.

026  ☐ **come along**　　순조롭게 진행하다 ; 잘 되다

The construction of the new monument is **coming along** well.
새 기념물의 공사가 순조롭게 진행되고 있다.

come up with
생각하다 ; 제안하다

Ms. DuPrie was asked to **come up with** a new strategy for the next ad campaign.
DuPrie 씨는 다음 광고 캠페인의 새로운 전략을 고안하도록 요구 받았다.

compensate for
～을 보상하다 (=make up for)

The president put in thousands of dollars worth of his own money to **compensate for** the loss.
그 사장은 손실을 보상하기 위해서 수천 달러의 자신의 돈을 투입했다.

consist of
～으로 이루다 ; ～으로 구성되다

The new snack item **consists of** fat-free ingredients.
그 새로운 스낵 상품은 무지방 성분들로 구성되어 있다.

consult with
～와 상담하다

Terry felt she was unfairly dismissed from her job and decided to **consult with** an attorney.
Terry는 부당하게 해고를 당했다고 생각하여 변호사에게 상담하기로 결심했다.

contrary to
～에 반하여 ; ～와 반대로

▶ to 이하에 반대하는 대상을 나타낸다. 문장 중간에도 온다. on the contrary (오히려 ; 역으로 말하면) 도 기억하자.

Contrary to what the figure show, our company is doing well.
수치가 보여주는 것과 반대로, 우리 회사는 잘 운영되고 있다.

032 ☐ **cope with** 　~에 대처하다 ; ~을 타개하다

Many dot-coms are finding it hard to **cope with** losses in the Internet industry.
많은 닷컴 회사들이 인터넷 사업에서의 손실에 대처하는 것에 어려움을 겪고 있다.

033 ☐ **do away with** 　폐지하다 (=abolish)

The company decided to modernize and **do away with** the old dress code.
그 회사는 현대화를 꾀하고 오래된 복장 규정을 없애기로 결정했다.

034 ☐ **end up ...ing** 　결국 ~으로 되다

Ms. Werner **end up** apply**ing** for a position overseas.
Werner 씨가 결국 해외 근무 신청을 하였다.

035 ☐ **far from** 　~와 멀다 ; 결코 ~아니다

▶ from 이하는 명사상당어구 만이 아닌 예문처럼 형용사나 부사도 온다.

Although the deadline is near, the manuscript is **far from** complete.
원고 마감일이 가까웠지만, 원고를 완성하려면 아직 멀었다.

036 ☐ **_be_ fed up with** 　~에 싫증나 있다

Some workers become **fed up with** their jobs and change careers.
근로자 중에는 자기 직업에 싫증이 나서 직장을 옮기는 사람도 있다.

037 ☐ **feel free to (do)** 　마음대로 ~하다 ; 자유롭게 ~하다

Feel free to browse around the shop and try on items that you like.
가게 안을 자유롭게 둘러보고 마음에 드는 것을 한번 입어보세요.

038 ☐ **feel like ...ing**　　～하고 싶다

I **feel like** hav**ing** Italian food for dinner.
나는 저녁으로 이탈리아 음식을 먹고 싶다.

039 ☐ **fill in**　　(신청 등에) 기입하다 (= fill out)

Please **fill in** all the blanks on the application form.
신청서의 모든 빈칸을 기입하세요.

040 ☐ **fill in for**　　～의 대신[대역] 업무를 하다

Daryl will **fill in for** Tim while he's away.
Daryl이 Tim이 없는 동안에 그의 업무를 대신할 것이다.

041 ☐ **for the time being**　　당분간 ; 우선 당장

The plant is short of funds and will not change locations **for the time being**.
그 공장은 자금이 부족해서 당분간 장소를 바꾸지 않을 것이다.

042 ☐ **free of**　　～이 면제되어 ; ～이 없는

▶ 여기의 of는 분리 전치사로 「～에서」의 뜻.

The department store gave out samples of the new product **free of charge**.
그 백화점은 신제품의 견본을 무료로 배포하였다.

043 □ get rid of　　　～을 없애다 ; 격퇴하다 ; ～에서 벗어나다

Vivian couldn't seem to **get rid of** her cold and had to take several days off of work.
Vivian은 그녀의 감기가 낫지 않을 것 같아서 며칠간 업무를 쉬어야만 했다.

044 □ get together　　　모이다 ; 함께하다

The alumni of the university will **get together** for a party next month.
그 대학 동창생들은 다음 달에 모여서 파티를 연다.

045 □ go ahead　　　앞서 가다 ; 착수하다 ;
　　　(명사구로) 승인 ; 진행 사인

▶ with 이하에 목적어가 와서 **go ahead** with the project(그 프로젝트를 진행하다)와 같이도 쓰인다.

Mr. Wang was given the **go ahead** to start designing the room.
Wang 씨는 그 방의 설계를 시작하라는 승인을 받았다.

046 □ hand in　　　제출하다 (= submit) ; 손으로 건네다

The students were told to **hand in** their assignments by Friday.
학생들은 금요일까지 과제를 제출하라는 말을 들었다.

047 □ have nothing to do with　　　～와 관계가 없다

The CEO's resignation **has nothing to do with** the recent scandal.
그 최고경영책임자의 사임은 최근의 스캔들과 아무런 관계가 없다.

048 ☐ **in case of** ～의 경우에

In case of fire, please use the emergency exits.
화재 발생시에는 비상 출구를 이용하세요.

049 ☐ **in charge of** ～을 담당하여 ; ～을 관리하여

Tanya is **in charge of** finding staff for the event.
Tanya는 그 이벤트에 필요한 직원을 구하는 업무를 담당하고 있다.

050 ☐ **in good shape** 몸 상태가 좋아 ; 상태가 양호하여
(↔ in bad shape)

Cal exercises daily in order to stay **in good shape**.
Cal은 건강을 유지하기 위하여 매일 운동한다.

CD2 Track 56

051 ☐ **in mind** ～을 고려하여 ; ～을 염두에 두어

▶「～을」의 부분은 in mind 앞에 쓰는 것이 보통이지만 예문에서는 절로서 뒤에 두었다.

Please keep **in mind** that we only have a few weeks left to finish the assignment.
우리가 그 과제를 끝마치는 데는 단지 몇 주 밖에 없다는 사실을 명심하세요.

052 ☐ **in terms of** ～의 점에서 ; ～의 관점에서

The boss always judges an object **in terms of** the money spent on it.
그 상사는 언제나 그것에 든 비용의 관점에서 목적을 판단한다.

053 ☐ **in the long run** 긴 안목으로 보면 ; 결국

Mutual funds are a good investment **in the long run**.
투자신탁은 긴 안목으로 보면 좋은 투자다.

054 ☐ **instead of** ～ 대신에 ; ～이기는 커녕

Mike took the bus **instead of** the train to work this morning.
Mike는 오늘 아침에 기차 대신 버스로 출근했다.

055 ☐ *be* **involved in** ～에 연루되다 ; ～에 열중하다

Mr. Norton **is involved in** a litigation case that is taking up all of his time.
Norton 씨는 자기 시간 대부분을 빼앗는 소송 사건에 연루되어 있다.

056 ☐ **keep up with** ～에 뒤지지 않다 ; ～와의 교제를 계속하다

I am so busy it's hard to **keep up with** the latest news every day.
나는 너무 바빠서 매일 최신 뉴스를 접하기 어렵다.

057 ☐ **let alone** ～은 말할 것도 없이 ; 물론

The couple can't afford the rent for the apartment, **let alone** buy it.
그 부부는 아파트를 살 형편은 말할 것도 없이, 임대료 낼 여유도 없다.

058 ☐ **look forward to** (명사) ～을 기대하다

▶ to 이하는 명사상당어구.

Ingrid is really **looking forward to** her long summer vacation.
Ingrid는 긴 여름 방학을 고대하고 있다.

059 ☐ **look like** ~처럼 보이다 ; ~와 외관이 비슷하다

I have been told repeatedly that I **look like** my sister.
나는 내 여동생과 닮았다는 말을 여러번 들어왔다.

060 ☐ **look up** 찾아보다 ; 위를 보다

I was unfamiliar with the word and had to **look up** its meaning in the dictionary.
나는 그 단어를 잘 알지 못해서 사전에서 그 의미를 찾아봐야만 했다.

 **Track 57**

061 ☐ **look up to** 존경하다 (= respect)

▶ 반대 의미의 이디엄은 look down upon (멸시하다).

We really **look up to** our supervisor because he has a lot of experience.
우리는 상사가 많은 경험을 가지고 있기 때문에 그를 정말로 존경한다.

062 ☐ **make out** 이해하다 (= understand) ; 판독하다 ; 성공하다

The writing on the fax was so faint I couldn't **make out** what it said.
팩스에 있는 글씨가 너무 흐려서 나는 그 의미를 이해할 수 없었다.

---

063 ☐ **make up for** ~을 보상하다

Ms. Fillmore was on leave for a week and had to **make up for** lost time when she returned to work.
Fillmore 씨는 일주일 동안 휴가를 내서 그녀가 직장으로 돌아왔을 때 빠진 시간을 보충해야만 했다.

---

064 ☐ **may as well** ~하는 것이 좋다 ; ~해도 좋다

I have nothing to lose so I **may as well** try it.
나는 잃을 것이 없어서 그것에 도전해 보려고 한다.

---

065 ☐ **next to** ~ 다음에 ; ~에 인접하여

Next to playing the guitar, she likes to sing.
기타를 치는 것 다음으로 그녀는 노래 부르는 것을 좋아한다.

---

066 ☐ **nothing but** 오직 ~이다

Ever since I started the new position, I have had **nothing but** problems.
나는 새 직위의 일을 시작한 이래 문제들만 있어왔다.

---

067 ☐ **on behalf of** ~을 대표하여 ; ~을 위하여

On behalf of the entire staff, I would like to welcome you to our company.
전체 직원을 대표하여 저는 당신이 우리 회사에 입사한 것을 환영합니다.

---

068 ☐ **on purpose** 고의로 ; 의도적으로

The strange ad was done **on purpose** to attract attention.
그 기발한 광고는 주의를 끌 목적으로 실행되었다.

---

069  ☐ **on second thought**   잘 생각하여 ; 재고하여

On second thought, I'd rather have lunch at my desk than eat out.
다시 생각해보니 나는 외식을 하느니 차라리 내 책상에서 점심을 먹겠다.

070  ☐ **once in a while**   가끔 (=from time to time)

It's a good idea to take a break **once in a while** when working on the computer.
컴퓨터로 작업할 때 가끔씩 휴식을 취하는 것은 좋은 생각이다.

071  ☐ **one after another**   차례차례 ; 꼬리를 물고

The secretary stacked the files **on after another**.
그 비서는 차례차례 그 서류들을 쌓아 올렸다.

072  ☐ **owe ~ to ...**   ～을 …에 돌리다 ; ～의 덕택이다

I **owe** my success in my career **to** my father.
내 일의 성공은 아버지의 덕분이다.

073  ☐ **pass away**   죽다 ; 서거하다

▶ die의 완곡한 표현임.

The firm hasn't been the same since our manager **passed away**.
그 회사는 우리의 부장님이 돌아가신 후로 예전 같지 않다.

074 ☐ **pay off** 보답이 되다 ; 수지가 맞다 ; 완전히 갚다

All the writer's hard work **paid off** in the end and his novel sold out.
그 작가의 모든 노고에 결국 보답하여 그의 소설은 모두 팔렸다.

075 ☐ **prevent ~ from ...** ~을 …못하게 하다

The government stepped in to **prevent** the corporations **from** merging.
정부는 회사들이 합병하는 것을 막기 위해 개입했다.

076 ☐ **provide ~ for ...** ~을 …에게 제공하다

The maker **provided** the basic materials **for** the prototype.
그 제작업자는 시험 작품을 위해 기본 소재를 제공하였다.

077 ☐ **put off** 연기하다 (= postpone)

Rich couldn't **put off** cleaning his desk out any longer, so he did it in the morning.
Rich는 그의 책상 청소를 더 이상 연기할 수가 없어서, 아침에 청소를 했다.

078 ☐ **put up with** 참아내다 ; 견디어내다 (= endure)

Justin couldn't **put up with** the long hours at work so he quit.
Justin은 장시간 노동을 참을 수 없어서 직장을 그만뒀다.

079 ☐ **refrain from** ～하는 것을 삼가다

The jury was told to **refrain from** speaking about the case outside of the courtroom.
그 배심원은 법정 밖에서 재판에 대하여 입 밖에 내지 말라는 소리를 들었다.

080 ☐ **regardless of** ～임에도 불구하고 (= in spite of)

The company picnic will take place as planned, **regardless of** the weather.
회사의 야유회는 날씨에 상관없이 계획대로 실행될 것이다.

081 ☐ **remind ~ of ...** ～에 …을 생각나게 하다

Those paintings **remind** me **of** Rembrandt's work.
그 그림들을 보면 Rembrandt의 작품이 생각난다.

082 ☐ **report to** ～에 직속하다 ; ～에 보고 의무가 있다

Mr. Watson **reports to** Ms. Wilkenson, who is the director.
Watson 씨는 관리자인 Wilkenson 씨의 직속 부하다.

083 ☐ **stand by** 옹호하다 ; 지원하다 ; 고수하다

Mr. Leary is a man who **stands by** his opinion.
Leary 씨는 자기 의견을 고수하는 사람이다.

084 ☐ **stand for** 나타내다 ; 지지하다

Our company name **stands for** integrity.
우리 회사의 이름은 성실을 나타낸다.

085 ☐ **succeed to** ～을 계승하다

The princess **succeeded to** the throne after the queen died.
그 공주가 여왕이 죽은 후에 왕위를 계승했다.

086 ☐ **suffer from** ～에 고생하다 ; ～의 손해를 입다

Mr. Jones **suffers from** stiff joints so he is planning to retire.
Jones 씨는 관절염으로 고생하여 되직을 계획하고 있다.

087 ☐ ***be* supposed to** ～하기로 되어 있다 ; ～할 의무가 있다

All employees **are supposed to** punch in every morning, but some are neglecting to do so.
모든 직원들은 아침에 출근 카드를 찍기로 되어 있지만, 몇몇 직원들은 카드 찍기를 게을리 하고 있다.

088 ☐ **take advantage of** ～을 이용하다 ; ～을 속이다

A good salesperson never **takes advantage of** a customer.
훌륭한 영업 사원은 결코 고객을 속이지 않는다.

089 ☐ **take after** ～을 닮다 (= resemble)

The child seems to **take after** her mother.
그 아이는 그녀의 어머니를 닮은 것 같다.

090 ☐ **take ~ into account** ～을 고려하다 ; 참작하다

An architect must **take** the budget **into account** when he or she creates a building design.
건물 설계를 할 때 건축가는 예산을 고려해야 한다.

091 ☐ **take over** ~을 인계하다 ; ~의 후임을 맡다

Charles will **take over** as CEO when his father retires.
Charles는 자기 아버지가 은퇴할 때, 최고경영책임자의 자리를 인계할 것이다.

092 ☐ **thanks to** ~의 덕택에

The small country had a booming economy **thanks to** the tourist trade.
그 작은 나라는 관광업 덕분에 호경기를 맞고 있었다.

093 ☐ **try on** 입어보다

There are fitting rooms in the back of the store where customers can **try on** the clothes.
가게 뒤쪽에는 손님들이 옷을 입어볼 수 있도록 가봉실들이 있다.

094 ☐ **turn down** 각하하다 ; (음량 등을) 줄이다

Marion was distraught after being **turned down** for the position.
Marion은 그 직위에 대한 약속이 거절당한 후 마음이 상했다.

095 ☐ **turn out to be** ~으로 판명되다 (= prove to be)

It **turned out to be** a perfect day for a flea market and each vendor sold a lot of goods.
벼룩시장의 최고의 날이 되어 각 판매상들은 많은 상품을 팔았다.

096 ☐ **under control**   말끔히 관리하여 ; 통제되어

The firefighters had trouble getting the forest fire **under control**.
소방관들은 산림 화재를 진압하는 데 어려움을 겪었다.

097 ☐ **up to**   ～의 의무(담당)에 ; ～의 차제에

▶「～에 종사하여」「～까지」라는 의미로 사용한다.

The menu for the banquet is entirely **up to** James.
연회의 메뉴는 완전히 **James**의 담당이다.

098 ☐ **used to (do)**   예전에 ～하곤 했다 · ～였다

Mr. Boyd **used to** be a software engineer but now he's an artist.
Boyd 씨는 예전에는 소프트웨어 기술자였지만 지금은 예술가이다.

099 ☐ ***be* used to ...ing**   ～하는 데 익숙하다

LeAnn **is used to** dri**ving** to work every day and wouldn't consider any other form of transportation.
LeAnn은 매일 차로 출근을 하는 데 익숙해서 어떤 다른 형태의 교통 수단은 고려하지 않으려고 한다.

100 ☐ **when it comes to**   ～에 대하여 ; ～의 이야기라면

When it comes to sales, no one is as skilled as Samuel.
판매에 관해서라면 **Samuel**만큼 능력이 있는 사람은 없다.

CD 2 Track 61

101 ☐ **a pile of** 산처럼 ~

Kirk had **a pile of** forms on his desk that he needed to fill out and send.
Kirk는 기입해서 보내야 할 서류가 책상 위에 산더미 같이 쌓여 있었다.

102 ☐ **account for** ~을 설명하다 ; ~의 책임을 지우다

The company couldn't **account for** the loss of revenue in the third quarter.
그 회사는 3/4분기의 수입의 감소를 설명할 수 없었다.

103 ☐ **adhere to** ~에 따르다 ; ~에 고집하다 ; ~에 부착하다

We must strictly **adhere to** company rules if we want to be promoted.
우리는 승진하기를 원한다면 회사 규칙에 엄격하게 따라야 한다.

104 ☐ **as is** 현 상황으로

▶ 부동산이나 중고품의 설명에 사용된다. 「때나 흠이 있는 자국」과 같은 것.

The camera is in poor condition and is being sold **as is**.
그 카메라는 상태가 좋지 않아서 현 상황 그대로 판매될 것이다.

105 ☐ ***be* associated with** ~을 연상시키다 ; ~와 관계가 있다

Red, brown and orange **are** usually **associated with** autumn.
빨강색, 갈색 그리고 오렌지색은 일반적으로 가을을 연상시킨다.

106 ☐ **at any rate**　　아무튼 ; 어떤 값을 치루더라도

At any rate, I will attend the company party tomorrow night.
어쨌든 나는 내일 밤에 있을 회사 파티에 참석을 할 것이다.

107 ☐ **at hand**　　임박한 ; 가까운

The time is **at hand** when I must think about retirement.
내가 퇴직에 관해 생각해야 할 때가 임박했다.

108 ☐ **at large**　　자유로이 (= not captured, free) ; 일반적으로 (= in general)

The reporter announced that the escaped convict was still **at large**.
그 기자는 탈출한 수형자가 아직 잡히지 않았다고 보고했다.

109 ☐ **behind schedule**　　예정보다 늦은

The restaurant owner is panicking because the renewal of his café is **behind schedule**.
그 음식점 주인은 자신의 카페의 수리 계획이 지연되어 당황하고 있다.

110 ☐ **break down**　　분류하다 ; 파괴하다 ; 쇠락하다

▶ 중요한 의미가 몇 개 있는데 주의하여 기억한다. **nervous** breakdown은 「신경쇠약」.

The file must be **broken down** into smaller groups before it is entered into the computer.
그 파일은 컴퓨터로 입력되기에 앞서 더 작은 항목들로 분류되어야 한다.

111 ☐ **break out**   갑자기 발생하다 ; 탈출하다

After the conflict, a war **broke out** between the two nations.
분쟁 후에 두 국가 간에 전쟁이 발발했다.

112 ☐ **bring about**   가져오다 ; 일어나게 하다

The appointment of a new chairman is expected to **bring about** change in the company.
새 회장의 지명은 그 회사에 변화를 가져올 것이라고 기대된다.

113 ☐ **bring together**   ~을 모으다 ; 맺어주다

The stagnant economy **brought** the two struggling firms **together**.
침체된 경제로 악전고투하는 두 회사가 뭉쳤다.

114 ☐ **boil down to**   요약하여 ~이 되다 ; ~에 귀착하다

Being a good CEO all **boils down to** having leadership skills.
훌륭한 CEO가 되는 것은 모두 지도자의 기술을 몸에 익히는 것으로 귀착된다.

115 ☐ **by and large**   전체적으로 (= in general)

By and large, the sales campaign was a huge success.
전체적으로 판매 캠페인은 대성공이었다.

116 ☐ call it a day — 하루의 일을 끝내다 ; 끝내다

Tina was very tired after working 15 hours and decided to **call it a day**.
Tina는 15시간을 근무하고 매우 피곤해서 하루의 업무를 끝마치기로 결정했다.

117 ☐ call on — 방문하다 ; 요청하다

The public relations director was talking on the phone when the client **called on** her.
고객이 홍보부장을 방문했을 때 그녀는 전화 통화 중이었다.

118 ☐ calm down — 기분을 가라앉히다 ; 진정하다 ; 잠잠해지다

▶ 예문처럼 자동사로도, 또는 목적어를 가진 타동사적으로도 사용한다.

The staff found it hard to **calm down** after the big earthquake.
그 사원들은 큰 지진이 일어난 후 진정하기가 어려웠다.

119 ☐ carry over — 이월하다 ; 옮겨 가다

The shop decided to **carry over** the summer items to fall.
그 가게는 여름 상품들을 가을로 이월시키기로 결정했다.

120 ☐ cash in on — ～에서 이익을 얻다 ; ～에서 덕보다

The independent director started to **cash in on** her success one year after her film was released.
그 독립한 감독은 그녀의 영화가 방영된 1년 후 그 성공으로 이익을 내기 시작했다.

121 ☐ come across — 우연히 만나다 ; 조우하다

Robert **came across** a former colleague on his way home from work and they had a nice chat.
Robert는 퇴근길에 옛 동료를 우연히 만나서 대화를 즐겼다.

122 ☐ come out of — ~로부터 나오다 ; (곤란 등을) 벗어나다

The convict was persuaded to **come out of** hiding and give himself up.
그 용의자는 은신처로부터 모습을 나타내어 자수하도록 설득되었다.

123 ☐ come to terms with — ~와의 합의에 도달하다 ; ~와 화해하다 ; ~을 받아들이다

▶ 계약 등에서는 「합의에 도달하다」라는 의미로 잘 사용된다.

Barbara found it hard to **come to terms with** her mother's death.
Barbara는 자신의 어머니의 죽음을 받아들이기가 어려웠다.

124 ☐ comply with — ~을 준수하다 ; ~에 준거하다

▶ comply는 자동사로 반드시 with가 필요한 동사구의 형으로 사용된다.

The restaurant must **comply with** the health and sanitation laws of the state.
그 식당은 주(州)의 건강 · 위생 법규를 준수해야 한다.

125 ☐ correspond to — ~에 일치하다 ; ~에 상당하다

None of the author's recent works **correspond to** his previous writings.
그 작가의 최근 어떠한 작품도 그의 과거 문학 작품들과 비슷하지 않다.

126 ☐ **count on** ～을 의존하다 ; 기대하다

The employees are **counting on** year-end bonuses and will be disappointed if they don't receive them.
사원들은 연말 보너스를 기대하고 있어서 그들이 보너스를 받지 못한다면 실망할 것이다.

127 ☐ **cut a figure** 이채를 띠다 ; 두각을 나타내다

Our boss loves ballroom dancing and **cuts a** fine **figure** on the dance floor.
우리의 상사는 사교 댄스를 좋아하여 댄스 무대에서 이채를 띤다.

128 ☐ **be cut out to (be)** ～에 적임이다 ; ～의 소질이 있다

Larry **wasn't cut out to** be a police officer, so he quit.
Larry는 경찰관으로 적합하지 않아서 사직했다.

129 ☐ **derive from** ～에서 유래하다 ; ～에서 나오다

▶ 예문은 **derive A from** B (A를 B에서 끌어내다)가 수동태가 되는 형.

The company's new product is **derived from** wheat and other whole grains.
그 회사의 신제품은 밀과 다른 모든 곡물들을 재료로 만들어졌다.

130 ☐ **dispose of** ～을 처분하다 ; 처리하다

Visitors to the park are asked to **dispose of** their trash in the bins provided.
그 공원을 방문한 사람들은 지정된 쓰레기통에 쓰레기를 버리라는 요구를 받았다.

131 ☐ **draw up**　　　입안하다 ; (문서 등을) 작성하다

The architect **drew up** several different plans for the new construction.
그 건축가는 새로운 건축물에 대한 여러 가지 다른 설계도를 작성하였다.

132 ☐ **drop in on**　　　잠깐 들르다 ; ~을 불쑥 방문하다

Mr. Mulligan will **drop in on** the buyer later today.
Mulligan 씨는 오늘 늦게 바이어를 잠깐 만날 것이다.

133 ☐ **drop off**　　　(탈것에서) 내리다 ; (물품 등을) 납입하다 ; 줄어들다

The driver made a mistake and **dropped** Ms. Logan **off** at the wrong location.
그 운전사가 실수를 해서 Logan 씨를 엉뚱한 곳에 내려주었다.

134 ☐ ***be* entitled to**　　　~할 권리가 있다

▶ to 이하에는 예문처럼 동사나 명사상당어구도 좋다.

Those who live in the luxury apartment building **are entitled to** use the gym facilities on the first floor.
고급 아파트에 살고 있는 사람들은 일층에 있는 체육관 시설들을 사용할 권리가 있다.

135 ☐ **every inch**　　　어느 모로 보나 ; 철두철미

Mr. Burton looked over **every inch** of the document before signing it.
Burton 씨는 서명하기 전에 서류의 모든 항목들을 구석구석 살펴보았다.

136 ☐ **every other** 하나씩 거른

Maria works at her part-time job **every other** day.
Maria는 이틀에 한 번 아르바이트를 한다.

137 ☐ **figure out** 생각해내다 ; 해결하다

The woman tried to **figure out** a way to help the needy children.
그 여자는 어려움에 처한 아이들을 도울 방법을 찾으려고 노력했다.

138 ☐ **for a change** 기분전환으로 ; 여느 때와 달리

Wendy decided to eat at a nice restaurant **for a change**.
Wendy는 기분전환으로 고급 식당에서 식사하기로 결심했다.

139 ☐ **for the sake of** ～를 위한 ; ～할 목적으로

Compassion means doing things **for the sake of** others.
동정이란 남을 위해 뭔가를 하는 것을 의미한다.

140 ☐ **from scratch** 무에서부터 ; 처음부터

Danielle is an excellent cook who makes everything **from scratch**.
Danielle은 훌륭한 요리사로, 모든 것을 무에서 시작한다.

CD 2 Track 65

141 ☐ **get along** 잘 지내다 ; 잘 진행하다 ; 떠나다

▶ 「잘 지내다」의 의미로는 **get along** with로 with 이하에 상대방을 표시할 수 있다.
It is essential that all the workers in the factory **get along**.
공장의 모든 근로자들은 일치단결하는 것이 중요하다.

142 ☐ **get to the point**　　요점을 찌르다 ; 핵심에 이르다

▶ to the point는 「요령을 터득하다」의 의미가 있다.

Ray never seems to **get to the point** during his presentations.
Ray는 발표하는 동안 요점을 찌르지 못한 것 같다.

143 ☐ **give in**　　굴복하다 ; 양보하다 ; 제출하다

The criminal **gave in** to the authorities.
그 범죄자는 당국에 자수하였다.

144 ☐ **give way to**　　～에 길을 내주다 ; ～으로 바뀌다

When driving, one must always **give way to** the driver on the right in an intersection.
운전을 할 때 운전자는 언제나 교차로에서 우측에 있는 운전자에게 길을 양보해야 한다.

145 ☐ **go in for**　　～을 좋아하다 ; ～에 참가하다 ; ～을 시작하다

Ms. Rathford really **goes in for** a good novel.
Rathford 씨는 훌륭한 소설을 매우 좋아한다.

146 ☐ **go over**　　자세히 조사하다 ; 잘 생각하다 ; 초과하다

▶ 그 외에 「되풀이하다, 퍼지다, 수정하다」 등 여러 가지 의미를 가진 동사구.

The police chief **went over** the scene of the crime.
경찰서장은 범죄 현장의 상황을 면밀히 분석하였다.

147 □ **go with**　　　　～와 조화를 이루다 ; ～와 함께 가다

Mr. Pearson's striped shirt did not **go with** his checked trousers.
Pearson 씨의 줄무늬 셔츠는 그의 체크무늬 바지와 어울리지 않았다.

148 □ **go without**　　　　～없이 지내다

Ms. Nilsson cannot **go without** a morning cup of coffee.
Nilsson 씨는 아침에 커피 한잔을 마시지 않고는 지낼 수가 없다.

149 □ **hang up**　　　　중단하다 ; 전화를 끊다 ; 정신을 빼앗기다

Budget problems **hung up** the plan for over a year.
예산 문제로 1년 이상 그 계획을 세우지 못했다.

150 □ **in a row**　　　　일렬로 ; 연속적으로

The inventory manager told his staff to stack the items **in a row**.
재고 관리 과장은 그의 직원에게 일렬로 상품들을 쌓아 올리라고 말하였다.

CD 2 Track 66

151 □ **in accordance with**　　　～ (규칙에) 따라서 ;
　　　　　　　　　　　　　　　～ (상황 등에) 부합시켜

We must pay taxes **in accordance with** the law.
우리는 법률에 따라서 세금을 납부해야 한다.

152 □ **in brief**　　　　간결하게 ; 요약하여

The supervisor told us the purpose of the meeting **in brief**.
그 상사는 우리에게 모임의 목적을 간결하게 설명했다.

153 ☐ **in due course**   순조롭게 ; 마침내

I believe I will get a promotion **in due course**.
나는 순조롭게 승진할 수 있을 것이라고 믿고 있다.

154 ☐ **in honor of**   ~에게 경의를 표하여 ; ~을 축하하여

The leader was given the prestigious award **in honor of** her achievements.
그 지도자는 그녀의 업적을 기리는 권위있는 상을 받았다.

155 ☐ **in order**   적절히 ; 규칙에 맞게 ; 순번대로

A change in the way we do business is **in order**.
우리가 하는 사업 방식에서의 변화는 적절한 것이다.

156 ☐ **in place of**   ~을 대신하여

Lawrence was sent to the headquarters **in place of** Carolyn.
Lawrence는 Carolyn을 대신하여 본사에 파견되었다.

157 ☐ **in search of**   ~을 찾아서 ; ~을 구하러

The company is always **in search of** new marketing techniques.
그 회사는 항상 새로운 마케팅 기법을 찾고 있다.

158 ☐ **iron out**   해결하다 ; 장해를 제거하다

The engineers had a meeting to **iron out** the flaws in the design.
그 기술자들은 설계의 결점들을 해결하기 위하여 회의를 열었다.

159 ☐ **lay aside** 뒤로 미루다 ; 비축하다

▶ aside (곁에 ; 옆에)와 lay(놓다)에서 「(다른 점을) 미루어 놓다」나 「(돈 등을) 저축하다」의 의미가 된다.

The two parties decided to **lay aside** their differences and settle the lawsuit.
양측은 서로의 차이를 제쳐 두고 그 소송에서 화해하기로 결정했다.

160 ☐ **lean against** ~에 기대다

▶ 「~을 기대다」처럼 타동사로도, 「기대다」처럼 자동사로도 쓰인다. Part 1에서 주의할 이디엄. 또 「~에 비우호적이다」란 의미도 있다.

Daniel's umbrella is the one **leaning against** the wall.
Daniel의 우산은 벽에 기대어 있는 것이다.

161 ☐ **let down** 실망시키다 ; 내리다

Inventors are feeling **let down** by the recent bear market.
투자가들은 최근의 약세 시장에 실망하고 있다.

162 ☐ ***be* liable for** ~에 책임을 지다

▶ be responsible for 와 같이 사용할 수 있으나, liable은 「법적 책임」을 시사한다.

The manufacturer **is liable for** any defects found in their products.
그 제조업자는 제품 중에서 발견되는 어떤 결함에 대해서도 법적인 책임이 있다.

163 ☐ **lose ground** 후퇴하다 ; 형세가 불리하게 되다

▶ gain ground는 반대의 의미로 「전진하다 ; 우세하게 되다」

Jonathan worked overtime because he didn't want to **lose ground** on the preparations for the event.
Jonathan은 그 이벤트의 준비에서 밀리고 싶지 않아서 초과 근무를 하였다.

164 ☐ **make a difference**   영향을 미치다 ; 차이를 초래하다

Even the smallest donation to a children's charity can **make a difference** in a child's life.
아이들의 자선 사업에 가장 작은 기부금도 아이들의 삶에는 큰 영향을 끼칠 수 있다.

165 ☐ **make it**   성공하다 ; 용케 수행하다 ; 시간에 대다

It is Rochelle's dream to **make it** in show business.
연예 사업에서 성공하는 것이 Rochelle의 꿈이다.

166 ☐ **mark down**   값을 내리다(↔ mark up)

The store **marked down** all its summer items by 50 percent.
그 가게는 모든 여름 상품 가격을 **50%** 인하하였다.

167 ☐ **notify ~ of ...**   ~에게 ⋯을 알리다·통지하다

The tenant was **notified of** the raise in rent.
그 세입자는 임대료의 인상을 통보받았다.

168 ☐ **off the mark**   과녁에서 벗어나다

The network engineer's guess about what's wrong with the systems is way **off the mark**.
시스템에 장애가 있다는 네트워크 기술자의 추측은 잘못 짚은 것이다.

169 ☐ **on the loose**　도망 중인 ; 자유롭게

The criminals broke out of jail and are **on the loose**.
그 범죄자는 탈옥하여 현재 도망 중이다.

170 ☐ **on the sidelines**　방관하는 ; 출전하지 못한

Ms. Kerry just wanted to remain **on the sidelines** during the big campaign.
Kerry 씨는 대대적인 캠페인 동안에 단지 방관자로만 남길 원했다.

CD 2 Track 68

171 ☐ **out of control**　통제 불능의 ; 수습할 수 없는

The car sped **out of control** and crashed into a tree.
그 차는 통제 불능의 속도를 내어 나무에 충돌하였다.

172 ☐ **part with**　～에 손을 떼다 ; ～와 이별하다

I just can't **part with** the toys I had in my childhood.
나는 어렸을 적에 가지고 있었던 장난감들에서 손을 뗄 수가 없다.

173 ☐ ***be* particular about**　～에 까다롭다

Daniel **is** very **particular about** the kind of food he eats for lunch.
Daniel은 점심으로 먹을 음식 종류에 대해서 매우 까다롭다.

174 ☐ **pave the way (for)**　(～에로의) 길을 열다 ; 용이하게 하다

The director's first film **paved the way** for the success of the sequels.
그 감독의 최초의 영화가 속편의 성공에의 길을 열었다.

175 ☐ **phase out**　　　단계적으로 폐지하다 · 제거하다

The manufacturer has started to **phase out** the unpopular item from their inventory.
그 제조업자는 그들의 재고에서 인기가 없는 제품들을 없애기 시작하였다.

176 ☐ *be* **poised to**　　　~할 준비를 하다 ; ~할 태세가 되다

The conglomerate **is poise to** take over the TV station by next month.
그 복합기업은 다음 달까지 **TV** 방송국을 매수할 태세를 하고 있다.

177 ☐ **prior to**　　　~에 앞서

Both parties must agree **prior to** the change of ownership.
양측 모두 소유권의 변경에 앞서 합의를 해야만 한다.

178 ☐ **pull over**　　　(차를) 정차하다 ; 갓길에 세우다

The tire on the car burst, so we **pulled over** to the side of the road.
차 타이어가 펑크나서 우리는 길가에 정차했다.

179 ☐ **pull through**　　　쾌차하다 ; (위기 등을) 극복하다

The man is very sick and is not expected to **pull through**.
그 남자는 중병에 걸려서 완쾌할 것으로 기대되지 않는다.

180 □ **rely on**　　　　　～에 의지하다 ; ～을 믿다

We must **rely on** our common sense when working out difficult problems.
우리는 어려운 문제를 해결할 때 우리의 상식에 의존해야 한다.

181 □ **rob ~ of ...**　　　　　～에서 …을 빼앗다

▶ deprive ~ of ...도 같은 의미.

The disease **robbed** Brad **of** his sanity.
그 병으로 Brad는 정신 건강을 잃었다.

182 □ **rule out**　　　　　제외하다 ; 고려 밖에 두다

We can't **rule out** the possibility of a takeover bid.
우리는 주식의 공개 매입 가능성을 배제할 수 없다.

183 □ **run errands**　　　　　심부름가다

▶ 사무실의 상용 표현으로 Part 2나 part 3에서 주의.

Julia was away from her desk because she had to **run errands**.
Julia는 심부름을 가야 했기 때문에 자리에 없었다.

184 □ **run into**　　　　　우연히 만나다 ; 돌입하다

I always seem to **run into** the same people on my way to work every day.
나는 매일 출근길에 항상 같은 사람들을 우연히 만나는 것 같다.

185 ☐ **run short of**　　떨어지다 ; 부족하다

We may not be able to finish as we are **running short of** funds for the project.
우리는 그 프로젝트의 자금이 떨어져서 끝낼 수 없을 것 같다.

186 ☐ **see to**　　～에 주의하다 ; 수배하다 ; 처리하다

▶ 〈see to it that ～〉으로 that 이하에 절을 놓아도 같은 의미로 사용된다.

Russ will **see to** the seating arrangements for the guests at the banquet.
Russ는 연회에서 손님들의 좌석 배치 담당이다.

187 ☐ **set forth**　　출발하다 ; 발표하다

▶ 타동사적으로 사용되면, **set forth** a plan처럼 「발표하다 ; 나타내다」의 의미가 가능.

The two sailors **set forth** on a journey around the world in their sailboat.
두 명의 선원은 범선으로 세계 일주 항해를 출발했다.

188 ☐ **show up**　　나타나다 (= appear)

Ms. Carlson didn't **show up** for work this morning, so her boss is concerned.
Carlson 씨가 오늘 아침에 직장에 출근하지 않아서 그녀의 상사가 걱정을 하고 있다.

189 ☐ **take ~ for granted** ~을 당연히[진실·타당하게] 여기다

After she survived the terrible accident, Paula vowed not to **take** anything **for granted** ever again.
Paula는 끔찍한 사고에서 생존한 이후로, 다시는 어떠한 것도 당연시 여기지 않겠다고 맹세를 했다.

190 ☐ **take ~ seriously** ~을 진지하게 여기다

Ms. Bernard **takes** hcr work **seriously** and never misses a day.
Bernard 씨는 자신의 업무를 신중하게 생각하여 하루도 쉬지 않는다.

CD2 Track 70

191 ☐ **taper off** 가늘어지다 ; (비 등이) 약해지다

Retail sales tend to **taper off** after the holidays and pick up again in the spring.
소매 판매(고)는 휴가 시즌 후에 점점 줄어들고, 봄에 다시 오르는 경향이 있다.

192 ☐ **think twice** 재고하다 ; 잘 생각하다

Without **thinking twice**, the president signed the merger agreement.
사장은 재고하지 않고, 그 합병 합의서에 서명했다.

193 ☐ **throw a party** 파티를 열다

▶ throw와 party가 결합되어 있음을 주의. 동사는 그 외에 hold, have, give 등도 사용된다.

The boss wants to **throw a party** at the end of the year to thank the employees.
상사는 직원들에게 감사를 표하기 위해 연말에 파티를 열 생각이다.

194 □ **to some extent** 어느 정도까지

▶ to the extent that ~은 「~ 하는 정도까지」의 의미로, that 이하 절로 구체적인 설명을 할 수 있다.

Everyone is unhappy with his or her work **to some extent**.
누구라도 어느 정도 자신의 업무에 불만이 있다.

195 □ **turn around** 회복하다 ; 방향을 전환하다

The company **turned around** completely once the new director came in.
그 회사는 그 새 이사가 입사를 하자마자 경영이 완전히 회복되었다.

196 □ **up in the air** 미결정으로 ; 막연하여

The fate of the law firm was **up in the air** after the head lawyer's resignation.
수석 변호사의 사임 이후에 그 변호사 사무실의 운명은 혼미 상태에 놓였다.

197 □ **wait on** 시중들다 ; 응대하다

The waiter took too long to **wait on** the couple at the restaurant, so they left.
그 웨이터가 식당에서 그 부부에게 시중을 드는 데 너무 많은 시간이 걸리자 그들은 떠나버렸다.

198 ☐ **wear out** 닳다 ; 지치게 하다

I won't buy new shoes until my old ones are **worn out**.
나는 오래된 내 신발이 닳아지고 나서야 비로소 새 신발을 산다.

199 ☐ **with regard to** ~에 관하여

With regard to your offer, I'm afraid we'll have to decline.
당신의 제안에 대하여 나는 서질해야 될 것 같습니다.

200 ☐ **zero in on** ~에 표적을 맞히다 ; ~에 전념하다

The powerful telescope was able to **zero in on** a new star formation.
그 강력한 천체 망원경으로 새로운 항성의 생성에 표적을 맞출 수 있었다.

혼돈하기 쉬운 단어 리스트

스펠링이 비슷하지만 의미가 전혀 다른 혼동하기 쉬운 어휘를 골라 정리하였다. 또 TOEIC Part 5에서 타깃이 될 가능성이 있는 단어를 소개한다. 모두 이 책에서 학습한 것이다.

☐ **adapt** ⑧ 적응시키다　▶ adapt A to B (A를 B에 적응시키다)
adept ⑲ 숙달된
adopt ⑧ 채용하다 ; 양자로 삼다

☐ **appraise** ⑲ 감정하다 ; 평가하다
apprise ⑧ 통지하다 ; 알리다　▶ apprise A of B (A에게 B를 알리다)

☐ **arise** ⑧ 일어나다, 발생하다
arouse ⑧ 자극하다 ; 각성시키다

☐ **ascent** ⑲ 상승 ; 향상
assent ⑲ 동의 ; 승인

☐ **assert** ⑧ 단언하다 ; 강력하게 주장하다
assort ⑧ 분류하다　▶ assorted 로 「여러 가지를 한 데 모은」

☐ **aural** ⑲ 청각의
oral ⑲ 구두의 ; 회화의

☐ **averse** ⑲ 몹시 싫어하여
adverse ⑲ 반대의 ; 불리한

☐ **censer** ⑲ 향로
censor ⑧ 검열하다
censure ⑧ 비난하다　⑲ 비난

☐ **cereal** ⑲ 곡물식 ; 곡류
serial ⑲ 연속된

☐ **collate** ⑧ (서류의) 순서를 맞추다
collateral ⑲ 담보　⑲ 추가의 ; 담보의

☐ **complement** ⑧ 보충하다 ; 완전하게 하다
compliment ⑧ 칭찬하다

☐ **comply (with)** 동 ~ (규칙 등을) 따르다
compile 동 집계하다 ; 편집하다

☐ **confident** 형 자신이 있는
confidential 형 비밀의 ; 비밀을 지킬 의무가 있는　명 (편지의) 친전

☐ **considerate** 형 친절한 ; 사려깊은
considerable 형 (수량 등이) 상당한 ; 중요한

☐ **contagious** 형 감염성의
contiguous 형 접촉하는 ; 인접한

☐ **curb** 명 보도의 연석 ; 억제　동 억제하다
curve 명 곡선 ; 커브　동 만곡하다

☐ **defer** 동 연기하다
deter 동 억제하다 ; 저지하다

☐ **electric** 형 전기의
eclectic 형 (취미 등이) 광범위한 ; 절충적인

☐ **ensue** 동 이어지다 ; 결과로 일어나다
ensure 동 확실히 하다 ; 보증하다

☐ **epidemic** 명 유행병 ; 전염병
endemic 명 풍토병　형 (지역에) 고유한

☐ **exalt** 동 높이다 ; 칭찬하다
exult 동 크게 기뻐하다

☐ **inclement** 형 (날씨가) 험악한 ; 냉혹한
increment 명 증가　동 증가시키다

☐ **inhabit** 동 거주하다
inhibit 동 억제하다 ; 금지하다

□ **loyalty** 명 충성(심)
　royalty 명 저작권 [특허권] 사용료 ; 인세

□ **moral** 명 도덕　형 윤리의
　morale 명 사기 ; 근로 의욕

□ **naval** 형 해군의
　navel 명 배꼽

□ **objection** 명 반대 의견
　objective 명 목표　형 목적의 ; 객관적인

□ **precede** 동 선행하다 ; 앞서다
　proceed 동 진행하다 ; 속행하다

□ **principle** 명 원칙 ; 방침
　principal 명 교장 ; 본인 ; 원금　형 주요한

□ **physician** 명 내과의사 ; 의사
　physicist 명 물리학자

□ **sensible** 형 분별 있는 ; 합리적인
　sensitive 형 민감한 ; 미묘한 문제의

□ **stationary** 형 정지된 ; 고정된
　stationery 명 문방구 ; 편지지

□ **subsidiary** 명 자회사
　subsidy 명 보조금 ; 조성금

□ **waiver** 명 권리의 포기
　waver 동 마음이 요동치다 ; 변동하다

□ **woe** 명 비애 ; 고뇌
　woo 동 구애하다 ; 간청하다

A truly great book
should be read in youth,
again in maturity
and once more in old age,
as a fine building should be seen
by morning light,
at noon
and by moonlight.

- Robertson Davies, *The Enthusiasms of Robertson Davies*

INDEX

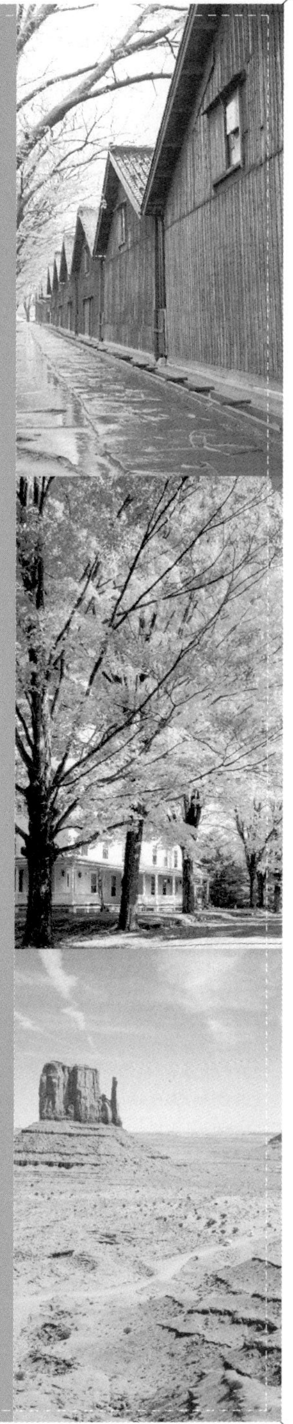

TOEIC® TEST
영단어
SPEED MASTER

저자 나리시게 히사시
번역 윤성철
발행인 양철우
발행처 (주)교학사
대표전화 02-7075-100
영업문의 02-7075-155
내용문의 02-7075-222
본사 서울시 마포구 공덕동 105-67
공장 서울시 금천구 가산동 319-7
등록 1962. 6. 26(18-7)
홈페이지 www.kyohak.co.kr
이 책의 독창적인 내용의 복사 및 전재를 일절 금합니다.